◎本书出版获得中共保定市委党校资助

◎本书出版获得教育部省属高校人文社会科学重点研究基地河北大学宋史研究中心建设经费、河北大学中国史“双一流”学科建设经费、河北大学燕赵高等研究院学科建设经费资助

宋史研究丛书·第五辑

宋代官刻书籍研究

刘潇 著

河北大学出版社·保定

出 版 人：朱文富
责任编辑：王红梅
装帧设计：王占梅
责任校对：刘景坤
责任印制：常 凯

SONGDAI GUANKE SHUJI YANJIU

图书在版编目（CIP）数据

宋代官刻书籍研究 / 刘潇著. -- 保定：河北大学出版社，2022.7

ISBN 978-7-5666-2058-3

Ⅰ. ①宋… Ⅱ. ①刘… Ⅲ. ①图书－研究－中国－宋代 Ⅳ. ① G256.1

中国版本图书馆 CIP 数据核字 (2022) 第 122330 号

出版发行：河北大学出版社

地址：河北省保定市七一东路2666号 邮编：071000

电话：0312-5073003 0312-5073029

网址：www.hbdxcbs.com

邮箱：hbdxcbs818@163.com

经　　销：全国新华书店
印　　刷：保定市北方胶印有限公司
幅面尺寸：148 mm × 210 mm
字　　数：249 千字
印　　张：11
版　　次：2022 年 7 月第 1 版
印　　次：2022 年 7 月第 1 次印刷
书　　号：ISBN 978-7-5666-2058-3
定　　价：68.00 元

如发现印装质量问题，影响阅读，请与本社联系。
电话：0312-5073023

《宋史研究丛书》(第五辑)编辑委员会

目　　录

第一章　宋代官刻书籍发展的因素

“不同的文明依赖的传播媒介各有不同”①，古代书籍的发展到宋代经历了“自篆籀变而为隶，竹简变而为缣素，缣素变而为纸，纸变而为摹印”② 的过程，知识文化的传播也因媒介的改变而速度加快，效率提升。在以纸本传播知识的时代，印刷技术的发展极大地推动了宋代新文明进程是毋庸置疑的。书籍是反映一个时代文化程度的重要标志。刻印技术的发展和普及运用，既是当时书籍发展的客观所需，又极大地推动了宋代文明的发展。在此过程中，作为宋代刻印业的主导，盛极一时的官方刻印业对宋代文明起着极其重要的推动作用。宋代官刻书籍在经济技术、政治制度、教育文化以及官刻多层机构设置等诸多因素作用下蔚为大观。

---

① ［加］伊尼斯著，何道宽译：《帝国与传播》，中国人民大学出版社 2003 年版，第 8 页。

② ［宋］罗璧：《罗氏识遗》卷 1《成书得书难》，清道光十一年六安晁氏木活字排印。

第一节　经济及技术的发展

经济基础决定上层建筑，在中国传统社会中，农业是百业之基，任何行业的发展都受到农业部门发展的影响，其中又以手工业受到的影响为最大。文化的普及同样离不开必要的物质基础，从属于手工业的刻印业的发展必然与经济发展有密切关联。经济发展水平作为思想文化发展的基础，同样对政府官刻事业有着重要的影响。

一、农业、手工业和城市的繁荣

宋朝建立之初为了尽快恢复农业生产采取了轻徭薄赋、鼓励垦荒、兴修水利、改进农具和耕作技术等一系列措施，使土地开垦率大为提高。农业很快得到了恢复与发展，手工业兴盛，城市人口聚集，规模化市场开始形成。

首先，农业是封建社会发展的基础。农业生产效率的提高，使大量荒地被开垦，土地单位亩产量增加，比唐代提高了两到三倍①，为人口迅速增多提供了物质基础。不少劳动力脱离农业生产，为手工业发展带来了大量人力资源。随着人口的增多，人多地少的矛盾增加，尤其至南宋，北方大规模人口南迁导致南方地区人口问题更加突出，许多劳动力不得不另谋生路。大批劳动力转移到手工业领域，专业化使得生产技术不断提高，纺织、陶

---

① 参见张邦炜《瞻前顾后看宋代》，《河北学刊》2006 年第 5 期，第 100 页。

瓷、印刷等行业都有突飞猛进的发展，为官刻发展提供了人力支持。

其次，农业经济的迅速发展为造纸和印刷业提供了基础。经济作物广泛种植，使刻印所需的原材料充足。藤纸、麻纸、竹纸用途各不相同，比如福建地区竹木资源丰富、刻印业较发达的建阳县（今建阳市）以此生产书籍纸，被称作“建阳扣”①。

再次，经济和手工业发展使得宋代经济型城镇数量增加，贸易和交流更为便利。城市兴起，坊市界限被打破，区域性市场初步形成。城镇人口增加，城市的发展为文化消费提供了发展空间。市场贸易的活跃，市民文化的流行，催生了精神消费需求，形成了较大的书籍消费市场，有嗜书之人“凡肆有新刊，知无不市”②。书籍成为普通商品在市场中流通，促进了印刷业的发展，也使得较为保守的官营刻印业转而面向社会需求，出现以营利为目的的刻印行为。印刷的普及降低了图书成本，图书价格更能为普通人所接受，正如胡应麟称：“凡书市之中，无刻本则抄本价十倍。刻本一出，则抄本咸废不售。”③ 图书贸易得到进一步发展。城市不仅为书籍生产提供了场所，也推动了书籍消费。

---

① ［清］郭柏苍：《闽产录异》卷3，岳麓书社1986年版，第175页。

② ［清］陆心源：《宋史翼》卷36《许裴》，中华书局1991年版，第393页。

③ ［明］胡应麟：《少室山房笔丛》甲部卷4《经籍会通四》，北京燕山出版社1999年版，第51页。

二、造纸、印刷、制墨技术的提高

（一）宋代制纸技术较前代得到长足发展

宋纸柔韧洁白，紧慢适中，质地坚韧，经久耐用，正如王令诗中所赞，“有钱莫买金，多买江东纸，江东纸白如春云”①。宋刻印书用纸更为考究，多能正反面印刷。明代张萱校对秘阁书籍时得以见宋版书，他感慨宋书“其纸极坚厚，背面光泽如一，故可两用。若今之纸不能也”②。清朝乾隆皇帝也曾评论宋纸“纸质薄如蝉翼，文理坚致”③。最负盛名的为澄心堂纸，“五代之季，江南李氏（南唐李后主）有国，造澄心堂纸，百金不许市一枚。然其幅狭，不堪草诏。及李氏入宋，其纸遂流出人间”，宋版《汉书》便使用“澄心堂纸、李廷珪墨”④。纸张种类繁多，仅徽纸就分为麦光、白滑、冰翼、凝霜等⑤多种。纸张因其不同特点又有不同用途，比如以江浙间嫩竹为纸，可“作密书，无人敢拆发之，盖随手便裂，不复粘也”⑥。并且出现了防蠹纸，即“椒纸者，谓以椒染纸，取其可以杀虫，永无蠹蚀之患也”⑦，使书籍得以较好的保存。

---

① ［宋］王令：《王令集》卷3《再寄满子权二首》，上海古籍出版社1980年版，第44页。

② ［明］张萱：《疑耀》卷3《宋纸背面皆可书》，中华书局1985年版，第68页。

③ ［清］于敏中等：《钦定天禄琳琅书目》卷2《资治通鉴考异三十卷》，中华书局1995年版，第289页。

④ ［清］叶德辉：《书林清话》卷6《宋人钞书印书之纸》，中华书局1957年版，第137页。

⑤ ［宋］罗愿：《新安志》卷2《货贿》，《宋元方志丛刊》，中华书局1990年版，第7623页。

⑥ ［宋］苏易简：《文房四谱》卷4《纸谱》，《文渊阁四库全书》，台湾商务印书馆1983年版，第843册，第44页。

⑦ 《书林清话》卷6《宋印书用椒纸》，第136页。

纸品的产出多样化与当地物产息息相关，刻印中心及其周围地区造纸多就地取材，据苏易简记载："蜀中多以麻为纸，有玉屑、屑骨之号。江浙间多以嫩竹为纸。北土以桑皮为纸。剡溪以藤为纸。海人以苔为纸。浙人以麦茎稻秆为之者脆薄焉，以麦槁油藤为之者尤佳。"[①] 但麻纸造价相对较高，为了节约成本，刻印书籍一般使用竹纸和桑皮纸。一些地区生产的纸张成为当地特产，"前辈传书，多用鄂州蒲圻县纸，云厚薄紧慢皆得中，又性与面粘相宜，能久不脱"[②]。川笺在宋代成为四川纸业品牌，"川笺取布机余经不受纬者，治作之，故名布头笺。此纸冠天下"[③]，并出现依托当地优势资源而以造纸为业的家族，"蜀有百花潭，以纸为业者家其旁，以潭水造纸故佳"[④]。

刻印书籍用纸较多，南宋时朱熹开板印刷一次需要用纸一万幅。[⑤] 印本书籍为造纸业带来了丰厚的利润，出现不少脱离农业生产的专业制纸工匠，"南亩之民，转而为纸工者，十且四五，东南之俗为尤甚焉。盖厚利所在，惰民不劝而趋"[⑥]。造纸技术及质量不断提高。一些造纸之家用专门印记来标识产品质量的优良，也从侧面反映了造纸技术家族相传，具有一定的保密性。嘉祐五年（1060），曾公亮等奉敕刊印225卷的《唐书》，所用"纸

---

① 《文房四谱》卷4《纸谱》，第42页。

② ［宋］陆游：《老学庵笔记》卷2，中华书局1997年版，第19页。

③ ［宋］苏轼：《苏轼文集》卷70《书布头笺》，中华书局1986年版，第2234页。

④ ［元］费著：《笺纸谱》卷37《格致镜原》，《文渊阁四库全书》，台湾商务印书馆1983年版，第594册，第208页。

⑤ ［宋］朱熹：《朱子全书》25之《学古》，上海古籍出版社、安徽教育出版社2002年版，第4923页。

⑥ ［宋］廖刚：《高峰文集》卷1，宋两淮马裕家藏本。

坚致莹洁，每叶有武侯之裔篆文红印在纸背者，十之九似是造纸家印记”[①]。专门纸肆的出现反映出纸张贸易的繁盛，如陆游记载在淳熙年间有“纸肆作手简卖之，甚售”[②]。纸张制作的专业化为刻印书籍的发展提供了物质基础。

（二）雕版印刷术的发展

雕版印刷术发端于宋之前，明人胡应麟认为“雕本肇于隋时，行于唐世，扩于五代，精于宋人”[③]，但宋之前印本内容多集中于佛经类，此也与当时社会对佛经有较大需求相关。即便刻印较为超前的四川地区，在唐末模板也往往限于术数、字学小书等，以至当后蜀毋昭裔花费自家巨资刻板印《文选》《初学记》等书时，还曾遭到他人嘲讽[④]，可见当时雕版技术仍未得到普遍应用，印本书籍种类和数量也较少。

印刷术对推进文明进程起了不可估量的作用，正如漆侠先生所说，雕版印刷“既保存了宋以前的传统文化，又推动了宋代创造的新文化”[⑤]。印刷规模的扩大及数量的增多，打破了手抄本流动范围狭小及传播速度慢的状况，“以木板为主的雕板印刷在宋代之所以取得很大的发展，是因为它适应了社会的广泛需要”[⑥]，使书籍走向了日常生活，正如内藤湖南所说：“印刷技术的发展

---

① 《书林清话》卷6《宋造纸印书之人》，第136页。

② ［宋］陆游：《老学庵笔记》卷3，中华书局1997年版，第37页。

③ ［明］胡应麟：《少室山房笔丛》卷4，北京燕山出版社1999年版，第60页。

④ ［清］叶昌炽：《藏书纪事诗》卷1《毋昭裔守素》，上海古籍出版社1989年版，第1页。

⑤ 漆侠：《宋代经济史》下卷，中华书局2009版，第712页。

⑥ 漆侠：《宋代经济史》下卷，中华书局2009版，第708页。

对弘扬文化是个巨大推动，随之出现了学问的民众化倾向。”①

随着雕版印刷技术在宋代日臻成熟，以及社会对图书需求量的增大，排印方便且更具灵活性的活字印书技术应运而生，“用胶泥刻字，薄如钱唇，每字为一印，火烧令坚。先设一铁板，其上以松脂、蜡和纸灰之类冒之。欲印则以一铁范置铁板上，乃密布字印。满铁范为一板，持就火炀之，药稍镕，则以一平板按其面，则字平如砥”②。此法虽在制作初期花费成本较高，一旦雕刻文字成型，单字利用率提高，则会降低印刷成本，为大规模印刷提供了效能，也节省了储藏印板的空间。南宋周必大在编印自己写的《玉堂杂记》时，参照沈括的记载，使用了毕昇发明的胶泥活字印刷术，“近用沈存中法，以胶泥铜板移换摹印，今日偶成《玉堂杂记》二十八事”③。1965 年浙江温州市郊白象塔内出土一件《佛说观无量寿佛经》印刷品残片，经与宋代雕版书比勘，具有活字版特征，又伴有同塔出土北宋文物，初步确定为宋代的泥活字印品。④ 同样，黑水城出土的四种西夏文活字印刷本《维摩诘所说经》《大乘百法明镜集》《德行集》《三代相照言集文》⑤，印证了活字印刷已在社会中应用。但由于活字印刷较适用于短期

---

① ［日］内藤湖南：《概括的唐宋时代观》，《日本学者研究中国史论著选译》，中华书局 1992 年版，第 389 页。

② ［宋］沈括：《梦溪笔谈》卷 18《技艺》，中华书局 2009 年版，第 198 页。

③ ［宋］周必大：《周益国文忠公集》卷 198《程元成给事》，《宋集珍本丛刊》，线装书局 2004 年版，第 210 页。

④ 参见金柏东《早期活字印刷术的实物见证——温州白象塔出土北宋佛经残叶介绍》，《文物》1987 年第 5 期，第 15 页。

⑤ 参见史金波《脊土耕耘——史金波论文选集》，《西夏活字版文献及其特点——世界上现存最早的活字印本探讨》，中国社会科学出版社 2016 年版，第 1—3 页。

大规模印刷，在图书总需求量相对有限、全国及区域性统一图书市场并未形成的宋代，刻印仍以雕版印刷为主。

（三）制墨业的发展为印刷发展提供了物质条件

印刷使墨的消费量加大，促进了制墨业内部分工细化，贸易得到发展。宋时的制墨中心有开封府、易水县、镇定府、洛阳府、宣州、衢州、成都府、徽州等地，其中不少地方有着悠久的制墨传统。据《新安郡记》记载："黟县南一十六里有石岭，上有石墨，土人多采以书。有石墨井，是昔人采墨之所。今悬水所淙激，其井转益深矣。"[①] 墨工技艺较高，"长沙多墨工，唯胡氏墨千金獭髓者最著"[②]。北宋中期著名墨工有潘谷、郭玉、裴言等人。[③] 制墨工艺由于具有保密性而出现家族世袭现象，"东南士大夫尚川墨。蒲大韶，恭州乐温人，婿文子安、梁杲，渠州人，皆世业此"[④]。且墨品上有印记，用来保护专利，如潘衡墨经苏轼改造后，虽有海南松煤东坡法印，仍需防墨工盗印。[⑤]

制墨的专业化丰富了印书用墨的品种，如沈括添加石油制墨，"墨光如漆，松墨不及"[⑥]，提升了印刷品质。宫廷刻书更是用墨考究，"禁中板刻《古法帖》十卷，当时皆用歙州贡墨。墨本赐群臣，今都下用钱万二千便可购得"。但至元祐中，同样刻

---

① ［宋］苏易简：《文房四谱》卷5《墨谱》，《文渊阁四库全书》，台湾商务印书馆1983年版，第115册，第52页。

② ［元］陆友：《墨史》卷下，《文渊阁四库全书》，台湾商务印书馆1983年版，第843册，第670页。

③ ［宋］苏轼：《苏轼文集》卷70《书潘衡墨》，中华书局1986年版，第2228页。

④ ［宋］周煇：《清波别志》卷上《川墨》，中华书局1997年版，第145页。

⑤ 《苏轼文集》卷70《书潘衡墨》，第2229页。

⑥ 《梦溪笔谈》卷24，第155页。

印此帖却是"用潘谷墨，光辉有余，而不甚黟黑。又多木横裂纹，士大夫不能尽别也。此本可当旧板价之半耳"①，可见用墨对书品及其价格产生的影响。高濂评价"宋人之书，纸坚刻软，字画如写。格用单边，间多讳字。用墨稀薄，虽着水湿燥无湮迹，开卷一种书香，自生异味"②，宋本流传至明代仍能闻到墨香，足见宋人制墨工艺之高。清人亦给予宋代刻本用墨很高的评价："若果南北宋刻本，纸质罗纹不同，字画刻手，古劲而雅，墨气香淡，纸色苍润，展卷便有惊人之处所谓墨香纸润秀雅古劲，宋刻之妙尽矣。"③ 可以说纸张和墨的品质直接影响着官营刻印书籍的品质，周密就曾赞贾似道所刻《九经》本最佳，因其"以抚州萆抄纸、油烟墨印造"④。因此，制作工艺水平的提高及专业化也较好地推动了官刻书籍的发展。

三、宋代雕版印刷中心的形成

（一）汴梁刻印业

北宋都城汴梁曾为后梁、后汉、后晋、后周的首都，地理位置优越，交通便利，有着良好的经济基础。北宋建立后，汴梁未受到战乱影响，经济得到继续发展，城市规模扩大，"甲第星罗，比屋鳞次。坊无广巷，市不通骑"⑤，成为宋廷经济和政治中心。

---

① ［宋］黄庭坚：《山谷集》卷 28《跋翟公巽所藏石刻》，《文渊阁四库全书》，台湾商务印书馆 1983 年版，第 1114 册，第 586 页。

② ［明］高濂：《遵生八笺》卷 14《燕闲清赏笺上・论藏书》，《文渊阁四库全书》，台湾商务印书馆 1983 年版，第 871 册，第 286 页。

③ ［清］孙从添：《藏书纪要》，士礼居 1914 年版，第 4 页。

④ ［宋］周密：《癸辛杂识后集》，《贾廖刊书》，中华书局 1988 年版，第 85 页。

⑤ ［宋］杨侃：《皇畿赋》，李濂：《汴京遗迹志》，中华书局 1999 年版，第 380 页。

城市的发展为刻印业提供了发展空间、人力资本和消费市场。汴梁人口“比汉唐京邑民庶，十倍其人矣”[①]，据统计，北宋时汴梁的官营手工业者就达到四万人左右。[②] 市场贸易发达，其中“相国寺最据冲会，每月朔望三八即开，技巧百工列肆，罔有不集，四方珍异之物，悉萃其间”[③]。相国寺东门大街“皆是幞头、腰带、书籍、冠朵铺席”[④]。“殿后资圣门前皆书籍、玩好、图画”[⑤]，且贸易种类繁多，成为读书之人常去之所，如吴处厚曾“游相国寺，买书一册，纸已熏晦，归视其表，乃五代时门状一幅”[⑥]。但宋迁都后，战乱导致汴梁经济衰败，书籍丧失严重，绍兴十年（1140）毕少董曾于“相国寺鬻故书处，得熙丰日残历数帙，无复伦序”[⑦]，虽然书籍市场仍在，但汴梁刻印业已然不振。

（二）两浙路和江南东路刻印业

两浙路和江南东路在五代时期经济已得到较好发展，“虽不及姑苏、会稽三郡，因钱氏建国始盛”[⑧]，此为地区文化的发展提供了物质条件。对佛教推崇的吴越王钱俶还特命延寿和尚召集大批工匠刊刻佛经，进而奠定了此地区刻印事业的人才和技术基础。至北宋初期，钱俶纳土归宋，使两浙地区免于战火，经济和

① ［宋］李焘：《续资治通鉴长编》卷38，至道元年九月，中华书局2004年版，第820页。

② 参见吴涛《北宋都城东京》，河南人民出版社1984年版，第30页。

③ ［宋］王得臣：《麈史》卷3，上海古籍出版社1987年版，第645页。

④ ［宋］孟元老著，邓之诚注：《东京梦华录注》卷3《寺东门街巷》，中华书局1982年版，第102页。

⑤ 《东京梦华录注》卷3《相国寺内万姓交易》，第89页。

⑥ ［宋］吴处厚：《青箱杂记》，中华书局1985年版，第3页。

⑦ ［宋］王明清：《玉照新志》卷1，《文渊阁四库全书》，台湾商务印书馆1983年版，第1038册，第619页。

⑧ 《玉照新志》卷6，第678页。

文化得到较好的保存。加之原有刻印业基础较好，在北宋又得到持续的发展，并成为全国最有实力的刻印中心之一。宋廷灭掉南唐政权后，为了尽快恢复文教，“诏学官训校《九经》，而祭酒孔维、检讨杜镐苦于讹舛”，便从金陵一带收取书籍，以备校对和出版，“及得金陵藏书十余万卷，分布三馆及学士舍人院。其书多雠校精审，编秩完具，与诸国本不类”①，足见江南东路地区书籍种类及数量繁多、质量上乘。由于拥有良好的刻印基础，宋廷在淳化五年（994）便直接将《史记》《汉书》《后汉书》等大部头史书交由杭州刻板。② 宋廷南迁之后，更带来了大批刻印人才及技术资源，官宦及文人的迁入也为地方文化注入新活力，刺激了市场对书籍的需求，使得南宋时期两浙路和江南东路地区刻印业迅速发展。一些书铺也随朝廷搬至杭州，如原在汴梁大相国寺东的荣氏书铺，绍兴年间迁至“临安府中瓦南街东，开印输经史书籍铺”③。临安著名的陈宅书籍铺刻书诸多，注重刻印江湖诗派作品。④ 临安府书市书籍品相繁多，除书籍外还有朝报、选官图、纸画儿、字本、笛谱儿、试卷等，吸引外地之人前来贸易，如岳麓书院因经籍缺少，便“遣其徒市之京师而负以归”⑤。临安及其周边造纸原材料丰富也为刻印书籍的发展奠定了物质基础，如会

---

① ［宋］马令：《马氏南唐书》卷23，《四部丛刊》影印本。

② ［宋］程俱撰，张富祥校正：《麟台故事校证》卷2《校雠》，中华书局2000年版，第281页。

③ 《抱朴子内篇·牌记》，宋绍兴二十二年临安府荣六郎书籍铺刻本，辽宁省图书馆馆藏。

④ 李传军：《南宋临安睦亲坊陈宅书籍铺考略》，《青岛大学师范学院学报》，2007年第24期，第48页。

⑤ 曾枣庄、刘琳主编：《全宋文》卷326《赠了敬序》，上海辞书出版社2006年版，第346册，第391页。

稽“劫竹，今会稽煮以为纸者皆此竹也。苦竹亦可为纸，但堪作寓钱尔”①，丰富的竹木特产为造纸提供了原材料。诸多因素促使地方官府刊刻活跃，如江阴军刻印的《宣和奉使高丽图经》《国语》《春秋经传集解》等；镇江府刻有《新定三礼图》《少仪外传》《说苑》《道德真经注》《宗忠简集》等。尤其是江阴军赵不违所刻《春秋经传集解》是奉旨依照秘阁正本字样大小刊刻发行，反映出当地刻印业发达，有实力直接承担中央下发的刻印任务。②

（三）福建地区刻印业

福建地区官刻和私刻在宋代一直十分活跃，“建阳、邵武两县，民间以印书为业”③。虽然经济开发较晚，但自宋以后也是“民安土乐业，川源浸灌，田畴膏沃，无凶年之忧；而土地迫狭，生籍繁夥，虽硗确之地，耕耨殆尽”④。人多地少，需要用商品生产作为农业生产的补充，包括经济作物的种植和从事手工业劳动等。福建地区生产竹纸闻名全国，“邵武造纸，始于唐宋，先制楮衾，后制竹纸”⑤。瓯宁县、建阳县、松溪县、崇安县、邵武军等地均出产纸被。此外，还出产水冬瓜树、梨树等，木材质地较软，适合刻板。因而一旦著出新书便能迅速将其刻版发售，“福

---

① ［宋］施宿：《嘉泰会稽志》卷17，《宋元方志丛刊》，中华书局1990年版，第1027页。

② 转引自［日］阿部隆一《阿部隆一遗稿集》第1卷，东京汲古书院1993年版，第320页。

③ ［宋］李心传：《道命录》卷4《张震乞申敕天下学校禁专门之学》，文海出版社1981年版，第134页。

④ ［元］脱脱：《宋史》卷89《地理志五》，中华书局1997年版，第2210页。

⑤ ［明］黄仲昭：《八闽通志》卷19《邵武府》，福建人民出版社1991年版，第553页。

建本几遍天下，正以其易成故也”①。且一些地方刻印注重质量，杨万里诗中称赞：“富沙枣木新雕文，传刻疏瘦不失真。纸如雪茧出玉盆，字如霜雁点秋云。”建阳还有墨丘之说，“其水注墨，毫不溅连，其水印书不虫蛀”②。刊刻书籍取材便利，缩减了运输成本，如建阳麻沙镇贸易繁华，交通便利，不但官刻发达，民间刻印也相当繁盛，所谓“麻沙、崇化两坊产书，号为图书之府”③，麻沙本成为福建刻书代表。福建部分地区滨海，如福州为交通要道“七闽奥区，三山为一都会，地大物阜，甲于东南，负山并海，绵亘数千里，举德命于大府”④，地理位置决定其不仅内陆贸易兴盛，还能广泛开展海外贸易。泉州港为当时对外出售书籍的重要港口，北宋时期商人徐戬便通过泉州港走私书籍，受高丽钱物，于杭州雕造《夹注华严经》，费用浩瀚，印板既成，公然于海舶载去交纳。⑤ 经济富庶，生活相对稳定，使福建地区人才聚集，“七闽二浙与江之西东，冠带《诗》《书》，翕然大肆，人才之盛，遂甲于天下”⑥。公私教育发达，“家乐教子，五步一塾，十步一郡学，朝诵暮弦，洋洋盈耳”⑦，对书籍的大量需求推动了刻印业的发展。市场的活跃使书籍作为一种普通商品得到大

---

① ［宋］叶梦得：《石林燕语》卷 8，中华书局 1984 年版，第 116 页。

② 《宋史》卷 89《地理志五》，第 2210 页。

③ ［宋］祝穆：《方舆胜览》卷 11《建宁府・土产》，中华书局 2003 年版，第 181 页。

④ 《全宋文》卷 5905《太府卿辛弃疾集英殿修撰知福州制》，第 262 册，第 234 页。

⑤ ［宋］苏轼：《东坡奏议》卷 6《论高丽进奉状》，《四部丛刊》影印本。

⑥ ［宋］洪迈：《容斋随笔》4 笔卷 5，中华书局 2005 年版，第 685 页。

⑦ ［宋］王象之：《舆地纪胜》卷 133《南剑州》，中华书局 1992 年版，第 3809 页。

规模刻印，且书籍种类繁多，建阳知县姚耆寅“始斥掌事者之余金，鬻书于市，上自六经下及训传、史记、子集凡若干卷以充入之”①。

（四）四川地区刻印业

四川盆地资源富饶，“地狭而腴，民勤耕作，无寸土之旷，岁三四收”②，在宋代有“吴蜀并称”的美誉。农业发展迅速。经济作物广泛种植，蜀地产麻，制作麻纸质量上乘，“成都浣花溪，水清滑胜常，以沤麻楮作笺纸，紧白可爱，数十里外便不堪造，信水之力也”③。农业发达带动了手工业生产发展，其井盐、纺织、造纸印刷等行业的发展均达到了前所未有的水平。④ 商品经济的发展，促进了城市的繁荣，成都不仅是西南地区重要的交通枢纽，还是重要的商贸中心，为重要的书籍集散地。唐末，成都是重要的图书市场，中和三年（883），“阅书于重城之东南，其书多阴阳杂说、占梦相宅、九宫五纬之流，又有字书小学，率雕版印纸，漫染不可尽晓”⑤。除成都外，眉山也是重要的刻印中心，最著名的刻印作品是井度所刻的眉山七史。入宋后，书市贸易继续发展，地区市场书籍交易频繁，北宋沈立“初在蜀，悉以

---

① ［宋］朱熹：《晦庵先生朱文公文集》卷 78《建阳县学藏书记》，《朱子全书》第 24 册，第 3745 页。

② 《宋史》卷 89《地理志》，第 2230 页。

③ 《苏轼文集》卷 70《书六合麻纸》，中华书局 1986 年版，第 2231 页。

④ 参见林文勋《宋代四川商品经济史研究》，云南大学出版社 1994 年版，第 47 页。

⑤ ［唐］柳玭：《家训序》，《爱日斋丛钞》卷 1 引，《文渊阁四库全书》，台湾商务印书馆 1983 年版，第 854 册，第 589 页。

公粟售书，积卷数万"[①]，赵缩手少年时"父母与钱令买书于成都"[②]，可见四川地区书市贸易较为发达，市场需求进一步推动了四川刻印业的发展。此外，四川地区远离中原，由于未受到战争的破坏，从书籍到印板保存相对完备，如淳熙六年（1179）六月二十七日，吏部侍郎阎苍舒曾上奏："四川州郡藏书最多，皆是边防利害、修城制度、军器法式、专司法令，不可悉数，皆三馆所当有。"[③] 此处虽谈及边防、军事用书，但也足以反映出四川各州郡藏书之丰富以及当地刻印业的发达。

在刻印业整体发展的基础上，地区发展又呈现出一种不平衡性。由于受到经济、政治、文化的影响，宋代各区域刻印发展水平存在梯度差异，即使在区域内部，发展程度也不尽相同。如四川及杭州等地自五代时便有良好的刻印基础，"建隆初，三馆所藏书仅一万二千余卷。及平诸国，尽收其书籍，惟蜀、江南最多，凡得蜀书一万三千卷，江南书二万余卷"[④]，入宋后更是得到快速发展。当地政府官员颇为重视文教事业，绍兴十四年（1144），井宪孟担任四川转运副使期间，"檄诸州学官，求当日所颁本。时四川五十余州，皆不被兵，书颇有在者，然往往亡阙不全，收合补缀，独少《后魏书》十许卷"，最后几经搜寻得宇文季蒙家本，虽然亦有缺失，但是大部分补全，"命眉山刊行"[⑤]，家本和监本之间相互补充，再一次使正史类书籍得以复原。随着

---

① 《宋史》卷333《沈立传》，第10700页。

② ［宋］洪迈：《夷坚志》丙志卷2《赵缩手》，中华书局2006年版，第377页。

③ ［清］徐松辑：《宋会要辑稿》崇儒4，淳熙六年六月，上海古籍出版社2014年版，第2245页。

④ 《长编》卷19，太平兴国三年春正月，第422页。

⑤ ［宋］晁公武：《郡斋读书志校证》，上海古籍出版社2006年版，第184页。

官刻的不断发展壮大，除传统的刻印中心之外，多个地区的刻印业也蓬勃发展，并且相对边远的地区也出现了刻书活动。

四、官刻工匠群体的扩大

随着书籍需求量增大，刻印业分工更为细致，分为写工、刻工、印工、装背工等。工匠分工所带来的专业化作业，提高了刻印的效率，提升了印本书籍的品质，如方回曾作诗称赞刊工技艺高超："镂金镌石切瑶琨，深入诗家不二门。刻画功夫初亦苦，终然芒角了无痕。"①

（一）官刻工匠的分工

写工也称为写手、书手、写字匠等。官刻对于写手书写字体要求较为规范，同一系列书出版一般采用一种样式，如宋刊本《南齐书》后牒文记载："崇文院：嘉祐六年（1061）八月十一日敕节文，《宋书》《齐书》《梁书》《陈书》《后魏书》《北齐书》《后周书》，见今国子监并未有印本，宜令三馆秘阁，见编校书籍官员，精加校勘，同与管勾使臣，选择楷书，如法书写板样，依唐书例，逐旋封送杭州开板。治平二年六月日。"写工在取法唐楷的过程中，往往兼采两家乃至三家之长，形成一种面目全新、端庄谨严的楷书字体②，如北宋刻班、范二《汉书》，"桑皮纸，白洁如玉，四傍宽广，字大者如钱，绝有欧、柳笔法。细书丝发肤致，墨色精纯，奚潘流沈。盖自真宗朝刻之秘阁，特赐两

---

① ［元］方回：《桐江续集》卷15《赠刊工程礼》，《文渊阁四库全书》，台湾商务印书馆1983年版，第1193册，第408页。

② 刘元堂：《论北宋版刻楷书及其书手、刻工》，《书画艺术》2017年第4期，第38页。

府”①。写手一般具有较高的文化素养，北宋端拱年间，国子监刻《五经正义》板由进士出身的赵安仁书写，“国子监刻《五经正义》板，以赵安仁有苍雅之学，奏留书之，逾年而毕”②。书手有时由大臣充任，太平兴国八年（983）正月，“诏以《国子监赞》九十四首，《武成王庙赞》七十五首，付监镂版。即太祖所制，判监陈鄂书”③；“淳化三年（992）以前印板，召前资官或进士写之”④。

刻工又称为雕字、做头、刊字、雕印人、雕经做头等。张秀民先生认为，宋代刻工可考者近三千人。⑤ 据《宋版古籍佚存书录》及《古籍宋元刊工姓名索引》考察，官刻可考总共 167 部书，记载刻工约 3436 人⑥，其中重名刻工约有 307 人，绝大多数工匠为南宋时期刻工。刊刻机构多以地方政府及学校为主，刻工往往云集在几大印刷中心，也从侧面反映出南宋时期地方官刻规模较大、雇佣人员众多等特点。其中以两浙东路茶盐司刊刻实力最为雄厚，雇佣刻工人数众多，刻印书籍数目也最多。宋代刻工刻字工艺水平高超，使印板文字具有艺术性。明人谢肇淛称赞宋版书“不惟点画无讹，亦且笺刻精好；若法帖然。凡宋刻，有肥、瘦二种；肥者学颜，瘦者学欧。行款疏密，任意不一，而字

---

① 《书林清话》卷 6《宋刻书著名之宝》，中华书局 1957 年版，第 130 页。

② ［宋］王应麟：《玉海》卷 43《端拱校五经正义》，江苏古籍出版社 1987 年版，第 813 页。

③ 《玉海》卷 112《建隆增修国子监》，第 1841 页。

④ 《玉海》卷 112《建隆增修国子监》，第 1841 页。

⑤ 张秀民：《中国印刷史》，浙江古籍出版社 2006 年版，第 656 页。

⑥ 由于有些书籍刻工字迹模糊无法辨认，有些书籍所列刻工不全，有些仅有单字，因而可推断出实际刻工人数应多于此数。

势皆生动”[1]，张应文也称：“藏书者贵宋刻，大都书写肥瘦有则，佳者绝有欧、柳笔法，纸质莹洁，墨色青纯，为可爱耳”[2]，足见宋人刻字工艺之高。

一书印板通常需要多名工匠合力雕成，工序有连续性。由于工匠技艺有高低之分，刻字速度也各不相同，因而多在书籍版心署名以计算工酬，如淳熙十六年（1189），南安军所刻《昌黎先生集》卷一记有“此卷十七板，共计六千七百单四字，邓鼎”。通过署名计酬既能明确工匠职责，又有利于促进刊刻效率和质量的提高。

刊刻技术较高的工匠自然受到雇主青睐。南宋绍兴年间，杭州地区知名刻工王政先后受雇于八个不同的政府机构，刻书种类多样，既有史书又有文选，可见其经验丰富，刊刻技艺纯熟。刻工毛昌从绍兴二十八年（1158）在明州刊刻《文选》，绍兴年间（1131—1162）于两浙东路茶盐司刻《旧唐书》《尚书正义》及《周礼疏》，乾道三年（1167）于绍兴府刻《论衡》，乾道四年（1168）为两浙东路安抚使司刻《元氏长庆集》，乾道九年（1173）在绍兴府学刻《诸史提要》，直至绍熙三年（1192），为两浙东路茶盐司刊刻《尚书正义》及《周易注疏》，可以推断其以刊刻为职业而长期受雇于官府。再如绍熙三年（1192）两浙东路茶盐司刊刻《礼记正义》与庆元六年（1200）绍兴府刊刻《春秋左传正义》，所雇刻工有葛昌、宋瑜、张谦、何澄、张晖、毛俊等人，皆为浙江地区技艺较高的工匠。

由于刻工职业化，往往一名刻工会承担多部书的刻印，如生活

---

① ［明］谢肇淛：《五杂组》卷13事部1，中华书局1959年版，第266页。

② ［明］张应文：《清秘藏》卷上《论宋刻书册》，《文渊阁四库全书》，台湾商务印书馆1983年版，第872册，第15页。

在南宋杭州地区的陈寿参与过绍兴刊淮南路转运司本《史记集解》补板，宋眉山七史本《南齐书》原板、《陈书》等多部官刻。[①] 一些刻工受雇于多个政府机构和私人刻印机构，如生活于南宋初期的章宇刊刻过赣州州学《文选》、绍兴三年（1133）两浙东路茶盐司《资治通鉴》、绍兴十五年至绍兴二十一年（1145—1151）临安府《周易正义》、绍兴二十一年（1151）两浙西路转运司《临川先生文集》、绍兴年间（1131—1162）江南东路转运司《汉书注》等。南宋中期的吴志曾担任过淳熙八年（1181）池州《文选》《丽泽论说集录》、淳熙九年（1182）江西转运司《吕氏家塾读诗记》、绍熙三年（1192）两浙东路茶盐司《礼记正义》、庆元六年（1200）绍兴府《春秋左传正义》的刊刻工作。有的工匠到不同地区刻印同一种书籍，如张仲实、张明哲、戴世荣、戴良臣和蔡清于淳熙五年（1178）和淳熙十年（1183）受雇于滁州和象山县学刻印《汉隽》；浙江地区刻工上官玲参与了绍兴二十八年（1158）明州刻《文选》的补修本后，又参与了赣州州学《文选》刻本。有些刻工参加同一本书的原刻及补板工作，如黎友直参加了抚州公使库的《春秋公羊经传解诂》和《周易》的原刻，《春秋经传集解》淳熙年间的原刻及绍熙四年（1193）、嘉泰二年（1202）、嘉定六年（1213）三次补刻，时间跨越三十多年，表明其长期居住在抚州地区专门从事刻印。

（二）官刻工匠的来源

从事官刻的工匠往往脱离了农业生产，生活在城市中，被官府及学校等处雇用。部分工匠姓名反复出现在多部书中，且时间

---

① 王肇文：《古籍宋元刊工姓名索引》，上海古籍出版社 1990 年版，第 261 页。

及区域跨度较大，应为以刻印为生计的职业刻工。还有不少刻工姓名仅出现一次，排除统计不到等多种因素外，有可能为在农闲时短期受人雇用。有些刻工名字前面还会加上户籍地，如淳熙四年（1177）抚州公使库所刻《礼记》中，出现崇仁邹郁、南昌严诚等署名，说明其职业具有流动性，并未在自己家乡从事刻印。

随着刻印工队伍扩大，刻工群体及家族刻印出现，如绍兴年间安吉州所刻《新唐书》，有董明、董暄、董晖、董昕、董旸，从名字上推断应是以刻印为业的家族。① 其中董明、董晖、董昕多次被官府和私人雇用，又分别见于江南东路转运司所刻《汉书注》《后汉书注》，两浙东路茶盐司的《资治通鉴》《外台秘要方》，安吉州所刻《北山小集》《思溪藏》，严州的《世说新语》，明州的《文选》，临安府的《唐文萃》② 刻印工人姓名中。绍兴年间，湖北提举茶盐司刻《汉书注》中出现刻工名蔡伯远、蔡伯达、蔡伯道；淳熙九年（1182），江西转运司所刻《吕氏家塾读诗记》记载刻工有高安国、高安道、高安礼、高安宁，从姓名推断应为兄弟。庆元五年（1199），成都府学所刊《太平御览》中，出现刻工单桂、单桂一、单桂二、单寿、单寿一、单寿二、单寿三、单寿四；杨阿回、杨阿成、杨阿宜；张彭一、张彭二、张福祖、张福孙。从其姓名排序看，多为兄弟或是家族成员从事刻印。成都为刻印中心，刻印技术较发达，图书有较大的市场需求。在官私刻印服务需求量增多的情况下，上述材料出现的刻工很有可能来自长期从事刻印的家庭，刻书手工技艺有一定的传承

① 参见张秀民《中国印刷史》，浙江古籍出版社 2006 年版，第 658 页。

② 参见夏其峰《宋版古籍佚存书录》，三晋出版社 2012 年版，第 1001—1004 页。

性。此外，还有嘉定六年（1213）汀州所刊《周髀算经》和《张丘建算经》，其中的刻工媿才、媿元、媿茂、媿中、媿甫，极有可能是出自同一家族的专业刻工。

刻印中心所处位置交通较为便利，如“苏杭间一苇可通”，也推动了各地区的刻印发展，其中以两浙路和江南东路刻工相互支援现象最为常见。绍兴初年，刻工张明往返于两浙路和江南东路各官方机构和学校从事刻书；南宋中期杭州地区著名刻工陈彬参与了庆元年间绍兴府刻《春秋左传正义》，又至杭州刻《渭南文集》。在两浙东路茶盐司刻有《资治通鉴》《资治通鉴目录》《尚书正义》《孟子注疏解经》，江南东路转运司刻《后汉书注》，严州刻《通鉴纪事本末》《新刊剑南诗稿》《刘宾客文集》，绍兴府刻《春秋左传正义》，瑞安府学刻《大唐六典》，广德军学刻《史记集解索引》，赣州州学刻《文选》，徽州刻《皇朝文鉴》。有些刻印工赴较远地区从事刻印，如抚州公使库除招揽本地刻工外，还广招两浙路刻工进行刻印。明州蒋辉在明州刻《徐工文集》，后被唐仲友招致台州刊刻《荀子》《扬子》等书。①

刊刻行业相较于其他手工业部门文化含量较高，因而从业工匠大都有一定的识文断字能力，尤其是写工，文化素质较高，如“蜀刻经史及官刻监本诸书，其字皆颜、柳体，其人皆能书之人”②。其中不乏有学识之人，如宋徽宗时期著名刻工常安民，“多收隋、唐铭志墨本，亦能篆”③。即便是未曾受过教育的刻工，在常年接触文字的劳作中，也会或多或少地积累识字经验。而刻

① 参见《晦庵集》卷19《按唐仲友第六状》，《朱子全书》第20册，第866页。
② 《书林清话》卷2《刻书分宋元体字之始》，中华书局1957年版，第26页。
③ 《邵氏闻见录》卷16，第176页。

板的字体优美，手法古劲雅致，也反映出工匠的艺术水平。从事官营刻印业工匠的文化素养高低从一定程度上影响着官刻质量的优劣，就“一两黄金，一页宋版”书的质量而言，官刻应当拥有大批文化水平较高的工匠。

官刻除了雇用工匠外，一些杂务会役使士兵，如陈师道上奏，州学所卖监本书籍“乞止计工纸别为之价，所冀学者，益广见闻，以称朝廷教养之意，及乞依公使库例量差兵士般取”①。

（三）官刻工匠的报酬

官刻机构多雇用工人刊刻，如两浙东路茶盐司在南宋初年雇用大批工匠刻印《周易注疏》《周礼疏》等经书。官刻书籍由于部头庞大，所以雇工时间相对较长，比较稳定，报酬也较为统一，不会有太大变动。官刻工匠具体报酬由于史料缺乏难以统计，但大多数工匠属于普通手工业劳动者，报酬不会太高。下面列举一些能或多或少地反映出工价的材料：绍兴十七年（1147），黄州刻《小畜集》八册，四百三十二版，装印工食钱四百三十文足。② 据朱迎平测算，十六余万字需要八百贯的刊刻工钱、二十四石米钱。③ 绍兴二十七年（1157），沅州公使库刻印《续世说》六册，一百五十八板，共花费八百十五文足。如印造纸墨工食钱共五百三十四文足，工墨钱二百四文足，面蜡工钱二百十五文足，等等。④ 淳熙三年（1176），舒州公使库印《大易粹言》二十

---

① ［宋］陈师道：《后山集》卷10《论国子卖书状》，《文渊阁四库全书》，台湾商务印书馆1983年版，第1115册，第208页。

② ［宋］王黄州：《小畜集》跋，《宋集珍本丛刊》第1册，第744页。

③ 朱迎平：《宋人文集刻印的经济考察》，《上海商学院学报》2010年第5期，第92页。

④ 《宋版古籍佚存书录》之《续世说十二卷》，第322页。

册，“纸副耗共一千三百张、装背饶青纸三十张、背青白纸三十张、棕墨糊药印背匠工食等钱共一贯五百文足”。庆元六年（1200）刊成的《二俊文集》也提及装背工糊钱、印匠等款项，“二俊文集一部共四册，印书纸共一百三十六张，书皮表背并副叶共大小纸二十张，工墨钱一百八十六文，赁版钱一百八十六文，装背工糊钱，右具如前”①，证实匠人与地方官府之间为雇佣关系。嘉泰二年（1202），绍兴刻《会稽志》的牌记记载，绍兴府刊《会稽志》共三十卷。用印书纸八百幅，古经纸一十幅，副页纸一十幅，背古经纸平表十一幅，工墨钱八百文。嘉定二年（1209），安州郡刊刻宋庠、宋祁兄弟的文集《元宪集》和《景文集》，大概八十多万字，“工以字计，为钱几四百万，米以石计，百有二十”②。四千贯折算下来，如果以省陌计算，刻一字约3.85钱。米一百二十石应为除工钱之外，用食物代替货币的支付方式。这些大致能反映出宁宗时期地方学校雇用刻工的报酬情况。

在雇佣钱款上，中央部门如国子监印书匠工钱由卖书钱支出，治平三年（1066）六月，“乞将本监官食钱、库子粮课、剩员酱菜钱并印书匠工钱，系本监事，即于卖书钱内支”③。工钱有时预先借支，元祐三年（1088），国子监雕印小字《伤寒论》等医书出卖，“契勘工钱，约支用五千余贯，未委于是何官钱支给应副使用。本监比欲依雕《四子》等体例，于书库卖书钱内借

① 《书林清话》卷6《宋监本书许人自印并定价出售》，第121页。

② ［宋］陈之强：《元宪集》卷首《元宪集序》，《文渊阁四库全书》，台湾商务印书馆1983年版，第1087册，第402页。

③ 《宋会要辑稿》职官28，治平三年六月，第2974页。

支”[①]。地方机构及学校则由公使库、学田收入等公帑支出。

有时地方官府授权印匠承揽刻印，嘉泰元年（1201）吉州刊《文苑英华》，“选委成忠郎、新差充筠州临江军巡辖马递铺、权本府使臣王思恭，专一手抄《文苑英华》，并校正重复，提督雕匠，今已成书，计一千卷。其纸札工墨等费，并系本州印匠承揽，本府并无干预”[②]。从上文可看出，地方官府将刻印书籍任务交由印匠承揽，而刻印过程官府不再参与管理。承揽印匠应有一定的经济实力，在官府的授权下，独立承揽印刷业务。

总体而言，刻工、印工等以雇佣方式从事工作，工价较为低廉[③]，有些地方官府不能按时发放工钱，工匠会产生消极对抗心理，如淮西路转运司分给诸州雕版《圣惠方》的任务，舒州刊匠因工钱未能按时发放，而故意刊刻错字或更改药物分量。[④] 除了一些名家刻工外，绝大多数工匠地位较低，处于社会底层。刻印工作繁重，刻印一书通常需要合作，在本地工匠人数不足的情况下招揽异地工匠从事刻币。书籍版心多写有刻工姓名，主要目的是实行刻书责任制，明确责任。此外，由于不同刻工刻印字数多少、刻印速度快慢及质量存在差异，可以此计算工酬，便于管理。

---

① ［宋］成无己：《宋刻伤寒论敕文》，《注解伤寒论》卷首，第 7 页。

② ［宋］张时举：《刊印文苑英华声说》，《全宋文》第 272 册，卷 6156，第 274 页。

③ 参见杨绳信《历代刻书概况》，印刷工业出版社 1991 年版，第 558—559 页。

④ ［宋］王明清：《投辖录》之《舒州刊匠》，《宋元笔记小说大观》4，上海古籍出版社 2001 年版，第 3887 页。

第二节　文官政治制度的推行

宋太祖通过黄袍加身立国，亟须在政治及思想上进行整合，以得到官员及民众对宋廷皇权合法性的认同，且五代时期“礼乐崩坏，三纲五常之道绝，而先王之制度文章扫地而尽于是矣”①。儒学所提倡的忠、义、孝等传统道德一再受到挑战，恢复伦理秩序及统一王朝思想成为新任统治者的当务之急。宋廷在加强中央集权的同时，认为五代藩镇割据、海内失驭的根本在于忽视了儒术文化建设，因而自宋初起，王朝便采取了重文抑武的大政方针。通过施行包括重用文官、制衡文武、扩大和完善科举等一系列制度建设，使以文治国的理念贯穿整个宋代统治过程。

一、文官政治的建设

宋立国后，如何避免五代时期短命王朝的悲剧复现是统治者亟待解决的难题。为了解决武人藩镇割据的局面，宋廷实施了守内虚外、以文官压制武将等一系列政治措施。如削夺武将军权，实行“更戍法”；武将职位由文官来担任，设置枢密院控制和制约三衙，使将帅的权威及地位逐步下降；贯彻重文轻武的理念，推行修文教的政策，扭转士风，进而稳定社会以实现宋王朝的长治久安。

① ［宋］欧阳修：《新五代史》卷 17《晋家人传》，中华书局 1974 年版，第 188 页。

（一）重视文教政策的推行

崇文抑武理念首先体现在任免官吏上。立国之初，宋太祖便提出“宰相须用读书人”[①] 的选人方针，“用天下之士人，以易武臣之任事者”[②]，以儒立国自是被确定为基本治国理念，并逐渐形成了独有的从中央到地方各层级权力机构的政治运行模式。其后继位者宋太宗认为“王者虽以武功克定，终须用文德致治”[③]，更是极力推行右文国策。至仁宗朝，已然出现了“今世用人，大率以文词进：大臣，文士也；近侍之臣，文士也；钱谷之司，文士也；边防大帅，文士也；天下转运使，文士也；知州郡，文士也”[④] 的政治局面。重视文人，使文人参政热情高涨，又提出不杀士大夫的口号，士人能享受相对较多的自由，针砭时弊及描写民生的诗文增多，对促进文学艺术的发展产生了积极作用。在地方上以文臣代替武将治理州县，文学素养较高的文官喜好书籍，注重对地方文化的保存和传播，也间接推动了地方政府刊刻书籍的进程。

其次，重视文教政策还具体体现为充分重视和发挥馆阁编修书籍的职能和提升馆阁之臣的政治地位。此举着眼于制衡文武，进而营造出尊卑次第氛围。如宋太宗常去秘阁等处观书，不但赐饮从臣和馆阁大臣以示恩宠，还“纵观群书，上意欲使武臣知文

① 《长编》卷 7，乾德四年五月甲戌，第 171 页。

② 《宋史》卷 436《陈亮传》，第 12940 页。

③ 《长编》卷 23，太平兴国七年冬十月辛酉，第 528 页。

④ ［宋］蔡襄：《蔡忠惠公集》卷 22《国论要目・任材》，《文渊阁四库全书》，台湾商务印书馆 1983 年版，第 1092 册，第 512 页。

儒之盛也”[①]。这些举措向朝廷上下展现出重文臣、兴文教的理念，致使武将也开始转变观念而注重自身文化修养，如真宗时冯守信认为“自天子至于士，不可以无学”，“虽在军旅，数以《孝经》《论语》为人讲说，人尚以儒者目之”[②]。咸平三年（1000）和庆历二年（1042）的武举和武学中开始复试墨义，虽然本意是出于以文治国和提倡武学之人读书，但也致使“武士舍弃弓矢，更习程文，褒衣大袖，专效举子。夫科以武名，不得雄健喜功之士”[③]，相对削弱了宋的军事实力。

再次，政府大规模组织修书刻印亦含有政治目的，尤其在北宋前期，太平兴国中“诸降王死，其旧臣或宣怨言，太宗尽收用之，置之馆阁使修群书，如《册府元龟》《文苑英华》《太平广记》之类，广其卷帙，厚其廪禄赡给，以役其心，多卒老于文字之间云”[④]。宋廷借此笼络旧臣及文人以维护政权稳定，为国家储备了后备人才，进而促进了文官政治的形成。宋廷多将校勘成果刻印成书并发行，推动了宋代文治方针的实施，扩大了知识传播的广度。至南宋中期，“近年所至郡府，多刊文籍，且易得本传录。仕宦稍显者，家必有书数千卷”[⑤]。知识普及既宣扬了官方思想，加大了社会民众对宋王朝的认同感，又维护了社会基层的稳定。

---

① ［元］佚名撰，汪圣铎点校：《宋史全文》卷4《宋太宗二》淳化三年九月，中华书局2016年版，第156—157页。

② ［宋］王安石：《王文公文集》卷84《侍卫亲军步军副都指挥使勤威冯鲁公神道碑》，上海人民出版社1974年版，第899页。

③ 《宋史》卷157《选举三》，第3687页。

④ ［宋］王明清：《挥麈录》后录卷1，中华书局1961年版，第108页。

⑤ 《挥麈录》前集卷1，第10页。

（二）文官政治对书籍及文化的影响

推行文治主要依托的媒介便是书籍，所谓“教化之本、治乱之原，苟非书籍，何以取法”。五代时期，战乱及政治时局的不稳定对书籍造成了严重破坏，出现“唐季乱离，中原多故，儒雅之风，几将坠地。故百王之书，荡然散失，兰台延阁，空存名号”[①]的现象。至宋初“三馆书才万三千余卷”，如此少的馆藏不足以发展文教事业，实现思想统一及“以文治国”的方针。于是宋廷率先在新征服地区征收书籍以扩充朝廷库藏，乾德四年（966）五月乙亥，在四川地区，宋廷“收伪蜀图书付史馆凡一万三千卷”，及“开宝九年（976）又得江南图书二万余卷”[②]。随着政权稳定，宋廷展开了更大规模民间范围的征书，以求发展文教事业。从宋初至宣和四年（1122）的150年之中，“下诏求书和派专使到地方征集图书，就有十五六次，几乎平均每十年一次”[③]。征收上来的大量书籍为官方刻印业的发展奠定了良好基础。

政治稳定推动了学术及文化的繁荣，诸如宋真宗、仁宗期间，大量的经史书籍得到系统性的校勘和刻印。这一方面反映出宋廷内外时局相对稳定，社会和经济发展推动了学术发展，学者大量著书立说，阐释观点；另一方面也反映出社会对书籍的需求增大。但当时所存的经史类等书籍却相对匮乏，版本缺失严重，且不少书籍内容未经过核校，错误纰漏之处较多；加之科举考试的推动，客观需要官方整理经史类书籍以树立统一的思想，并满

① 《麟台故事校证》卷1《沿革》，第8页。
② 《玉海》卷43《乾德求书》，第812页。
③ 王晟：《北宋时期的古籍整理》，《史学月刊》1983年第3期，第44页。

足社会对此类书籍的需求。

战乱因素对文化的发展影响最为直接。两宋之交的宋金战争对宋代文化事业的破坏是巨大的，史称“始建炎兵火后，史院片纸不存”①，官方刻印业受到较大冲击。虽然南宋初期战乱频仍，财政捉襟见肘，但朝廷对编修刻印的重视并未减少，很快便着手恢复官刻。一方面，南渡之后书籍的严重流失，给当代史编修、档案整理及文官制度的重构带来了很大的困难；另一方面，南宋朝廷需要稳固统治，标榜祖宗以文治国的方针来掩饰军事上的败绩，并力图笼络知识阶层，凝聚民心与共识来实现对新政权合法性的认同。面对书籍丧失严重、祖宗之书无存的现状，高宗屡次下诏求访书籍以续北宋文治：“南渡以来，祖宗御府旧藏举皆散失，计士庶之家应有存者，可委诸路转运司遍下逐州县寻访。”②后人评价南宋虽然“国步艰难，军旅之事，日不暇给，而君臣上下，未尝顷刻不以文学为务，大而朝廷，微而草野，其所制作、讲说、纪述、赋咏，动成卷帙，垒而数之，有非前代之所及也”③。

相较而言，宋代版图比唐代有较大幅度的缩减，且面临外患。尤其靖康之变之后，军事上的冲突致使朝廷需要内抚外御的政治宣传，加之不少文人寄希望于收复故土，重振华夏，此种精神也间接地反映到地理图志等编修之中。正如南宋吕午点明编写《方舆胜览》的主要目的是“学士大夫端坐窗几而欲周知天下，操弄翰墨而欲得助江山，当留览此书，毋庸他及。所谓执睿玑发

① ［宋］李心传：《建炎以来朝野杂记》卷上，中华书局2002年版，第109页。

② 《宋会要辑稿》崇儒4，绍兴十三年七月，第2243页。

③ 《宋史》卷202《艺文志一》，第5034页。

观大运，据要会以观方来，不劳余力，尽在目中，信乎胜览矣。虽然我瞻四方，禹迹茫茫，思日辟于先王，慨未归于故疆，必也志存乎修攘，步极乎亥章”①。地方官员视组织修撰并刻印图书为发展地方文教事业的政绩，间接推动了地方官刻事业发展。一些图经和方志等实用类书籍的编纂更是为地方官员上任之后施政提供了方便，因而得到地方政府的重视。

地方政府多以安抚地方、教化民众、转变民风为重要职责而大力发展文教事业，如汀州宁化县学在镂板《群经音辨》序中说：“渡江之后，峩冠博带传习益多。汀与虔邻也，民喜弄兵，盗贼蜂起，郡城坐甲，仰食如蚕，方邻壤用师，日疲馈运治赋。余暇独与诸生雍容俎豆，闲谈经究微，从事音辨几于不达时务也。镂板于学，虽秀民隶业沥恳有陈，亦长此邦者之所愿欲也”②，可见刻书业对加强地方教化、稳定社会秩序起到一定的积极作用。地方政府也多用公钱购买书籍，惠及学者，如绍兴年间，江东漕周彦约以“诸司所饷不欲却，乃留公库。迨移官，悉分遗官属，仍以缗钱买书，以惠学者”③。

（三）宋帝对书籍的重视

宋代不少皇帝自身文化素养普遍较高，勤学苦读，身先垂范，倡导读书。北宋太宗尝谓侍臣曰：“朕万几之暇，不废观

① ［宋］吕午：《方舆胜览》序，第1页。

② ［宋］贾昌朝：《群经音辨》后序，《四部丛刊续编》第1册，高等教育出版社2016年版，第9页。

③ ［宋］周煇撰，刘永翔校注：《清波杂志校注》卷12，中华书局1997年版，第522页。

书。”[①] 南宋孝宗认为苏辙之文“平淡而深造于理”，而其《栾城集》“天下无善本，朕欲刊之”，后得筠州公帑刻本，“置诸御案下。上日阅五板”[②]。皇帝对于文教的提倡和追求，上行下效，后人评价为“君汲汲于道艺，辅治之臣莫不以经术为先务，学士搢绅先生，谈道德性命之学，不绝于口”[③]。皇帝爱好读书与宋代重视皇储教育，将提倡文教的理念贯彻到皇储教育中息息相关。其主要措施包括设立专门讲学场所资善堂，选择学识渊博之人充当东宫僚属，以引导皇储崇尚文学。皇储培养课程设置内容，通常以儒家经史为主。皇帝还经常赐书于皇子，如真宗赐皇太子“《元良述》《六艺箴》《承华要略》十卷、《授时要略》十二卷，又以《国史》《两朝实录》《太宗文集》并《御集》《御览群书》”[④]。而且赐书并不局限于传统经史类书籍，其涵盖范围较广，因而宋代皇储也具有较高的文化素养。

二、科举入仕

宋代科举制度在隋唐的基础之上有了较大的革新和完善。宋廷强调文治，重用科举出身的文臣，科举考试成为取士入官的风向标，决定了当时士子的读书方向和学习内容。为了加强政治舆论引导，宣扬官方意识形态，培养人才，科考用书自始至终是宋代官方刻印的重点。

---

① [宋] 李攸：《宋朝事实类苑》卷3《圣学》，上海古籍出版社1981年版，第22页。

② [宋] 苏辙：《栾城集》下《宋开禧刻本苏森序》，上海古籍出版社1987年版，第1854页。

③ 《宋史》卷202《艺文志序》，第5031页。

④ 《长编》卷94，天禧三年九月丙子，第2167页。

科考在社会层面的扩大必然导致对书籍需求量增大。无论是从录取人数，还是开科次数而论，宋代科举规模都远远超过前代。宋初科举分为三级，即解试、省试及殿试，并自英宗治平三年（1066）始定为三年一次。殿试制度的形成更加凸显了科举考试的荣耀，出现“每殿庭胪传第一，则公卿以下无不耸观，虽至尊亦注视焉。自崇政殿出东华门，传呼甚宠，观者拥塞通衢，人摩肩不可过”[①] 的现象。由于宋初各级官吏缺乏，故在“科场中广求俊彦”[②]，太宗太平兴国二年（977），放进士 500 人左右，比旧制多 20 倍。[③] 此后为进一步稳固政权，收拢民心，更加大了录取规模，如真宗咸平三年（1000），录取进士 409 人、诸科 1129 人，总人数达 1538 人。[④] 据张希清统计，“两宋通过科举共取士 115 427 人，平均每年 361 人。若除武举、宗室应举之外，亦有 110 411 人，平均每年 345 人；若再除特奏名之外，正奏名者仍有 60 059 人，平均每年 188 人”[⑤]。

不但增加了录取人数，且降低了考试门槛，士、农、工、商类民众皆可报考。科举考试愈发趋于平民化，据统计，南宋宝祐四年（1256）中举的 601 名进士中，70％为平民出身[⑥]；仅兴化府在宋三百年间“举进士者九百七十余人，预诸科特奏名者六百

---

① ［宋］田况：《儒林公议》卷上，《文渊阁四库全书》，台湾商务印书馆 1983 年版，第 1036 册，第 278 页。

② 《石林燕语》卷 1，第 72 页。

③ ［宋］王栐：《燕翼诒谋录》卷 1，中华书局 1981 年版，第 4 页。

④ ［元］马端临：《文献通考》卷 32《选举考五》，中华书局 1986 年版，第 305 页。

⑤ 张希清：《论宋代科举取士之多与冗官问题》，《北京大学学报》1987 年第 5 期，第 106 页。

⑥ 俞兆鹏：《南宋人才之盛及其原因》，《杭州日报》2005 年 11 月 14 日。

四十余人。其间冠天下者五人，登宰辅者六人，有文武并魁者，有魁亚联擢者，其盛极矣”①。中进士者步入仕途后多有较为优厚的待遇和地位，“时取材唯进士、诸科为最广，名卿巨公，皆由此选，而仁宗向用之，登上第者不数年，辄赫然显贵矣”②，这便刺激了社会各阶层考取功名的热情。至南宋时，应举士人“大郡至万余人，小郡亦不下数千人”③。

在“取士不问家世”④ 的理念下，各社会阶层民众均有机会参与其中。社会阶层上升渠道的相对通畅，不但有利于社会稳定，而且能使国家得到所需人才。宋廷制定了一系列政策保障民众参与科考的权利，“如工商杂类人内有奇才异行，卓然不群者，亦许解送；或举人内有乡里是声教未通之地，许于开封府、河南府寄应”⑤。一直被排斥在外的群体亦有了通过科举考试上升的渠道。通过高官厚禄的激励举措，使得社会科考热情高涨，中举入仕意味着人生成功及价值的实现，“今世之取人，诵文书，习程课，未有不可为吏者也。其求之不难，而得之甚乐，以是群起而趋之。凡今农工商贾之家，未有不舍其旧而为士者也”⑥。由于参加科考人数众多，庆历六年（1046）礼部贡院“请自今试进士并如诸科例，印所出经义题”⑦，避免手写传抄过程中带来的笔误，

---

① ［明］黄仲昭：《未轩文集》卷3《兴化府乡贡进士题名记》，《文渊阁四库全书》，台湾商务印书馆1983年版，第1254册，第421页。

② 《宋史》卷155《选举志》，第3611页。

③ 《宋会要辑稿》选举22，嘉定三年七月，第4598页。

④ ［宋］郑樵：《通志》卷25《氏族略第一》，中华书局1987年版，第439页。

⑤ 《宋会要辑稿》选举4，淳化三年三月，第4490页。

⑥ ［明］黄淮、杨士奇编：《历代名臣奏议》卷267《理财》，上海古籍出版社1989年版，第3505页。

⑦ 《长编》卷158，庆历六年正月癸卯，第3819页。

使宋代科举更加规范和制度化。

科举规模的迅速扩张，单靠手写本和现有藏本书籍无法满足社会的巨大需求。从中央到地方便开始了对经史及科举用书大规模的整理和刊刻，宋廷需要通过规范考试内容和阅卷录取标准，并以科考方式将朝廷意旨传达到知识阶层，进而推动科举普及。此举有利于科举考试选拔出优秀的人才，也对经典文献的保存及传承起着至关重要的作用。

宋代科考用书相对固定，但并非一成不变，每次变化必然导致官刻内容上的改变，比如太宗淳化年间“御试进士，以《儒行篇》为论题”，而后国子监新印《礼记·儒行》①；王安石三经新义成为科举必考书目后，便出现“新学经解纷然，日夜摹刻不暇”② 的现象。神宗熙宁年间（1068—1077），王安石对科举制度进行改革，考试方式也由诗赋、帖经、墨义转为试策、试论及经文大义。由于策论“以博综古今、参考典制相尚，而又苦其浩瀚不可猝穷。于是类事之家，往往排比连贯，荟萃成书，以供场屋采掇之用”③，推动了官方大部头类书的编纂和雕版发行。

虽然科举制通过“岩野无遗逸，而朝廷多君子”④ 的理念笼络了士人，但能通过科举制入仕者仍是少数。大量落第士人选择直接或间接地参与到地方基层治理中。他们或是著书立说，寻找理想受挫下的心灵寄托；或是参与到地方文教事业中，如北宋时

---

① 《玉海》卷 55《淳化赐儒行篇》，第 1054 页。

② ［宋］邵博：《邵氏闻见后录》卷 20，中华书局 1997 年版，第 160 页。

③ ［清］永瑢：《四库全书总目提要》卷 135《源流至论》，中华书局 1965 年版，第 1151 页。

④ 《长编》卷 24，太平兴国八年六月戊申，第 547 页。

期李觏“举茂才异等不中，亲老，以教授自资，学者常数百人”[①]。这些“隐士”提升了地方教育水平，推动了书籍和知识在基层社会的流动与传播。

第三节　教育及文化的发展

一、学校教育的普及与兴盛

与科举制度紧密相关的学校教育在宋代得到了长足发展。随着政府对教育的重视，学校逐步从“宋初定天下，惟汴有学”[②]，发展至“设遍天下，而海内文质彬彬”[③]。北宋时期就有过庆历、熙丰和崇宁三次著名的兴学活动。自庆历兴学之后，中央到地方学校系统日臻完善，学院及私塾如雨后春笋般出现，对推动教育的普及发挥了重要作用。中央除设有国子学、太学外，尚有四门学、宗学、武学、律学、医学、算学、书学、画学等，形成“都城内外，自有文武两学。宗学、京学、县学之外，其余乡校、家塾、舍馆、书会，每一里巷须一二所，弦诵之声，往往相闻。遇有大比之岁，间有登第补中舍选者”[④] 的景象。此外，中央政府在元丰年间还设置有官办小学，至政和四年（1114），“小学生见

---

① 《宋史》卷 432《李觏传》，第 12839 页。

② 《全宋文》卷 270《南丰县兴学记》，第 330 页。

③ 《宋史》卷 155《选举志一》，第 3605 页。

④ ［宋］耐得翁：《都城纪胜・三教外地》，上海古籍出版社 1993 年版，第 12 页。

近一千人”①。

兴学、重学的举措及日益扩大的办学规模，使图书成为大宗文化需求品，直接推动了官方刻印业的发展。官方刻印业将大量书籍提供给官办学校使用，在国子监的学生用书和饮食等均由政府负担，“熙宁初，诏用经术取士，广辟黉舍，分为二学，增置生徒，总二千八百人。日给以食，皆有赐钱充费，而刊印给纳书籍有官，疗治疾苦有医”②。

同时，中央政府注重地方学校的发展，除了批准和鼓励各地建学外，常常以拨学田、拨款、免除捐税、赏赐书籍等方式扶植地方教育事业的发展，“自明道、景祐间累诏州郡立学，赐田给书，学校相继而兴。近制，惟藩镇立学，颍为支郡，齐以为（请）而特许之，故有是命。又蔡齐请立学时，大郡始有学，而小郡犹未置也。庆历诏诸路州府军监各令立学，学者二百人以上，许更置县学，于是州郡不置学者鲜矣”③。地方政府公使钱也常被用来教育兴学，神宗时期，知应天府兼南京留守司曾肇“积公帑之余，大兴学校，亲加训导，养成人材为多”④。

书院及乡学也日渐兴盛，时人评价：“州县之学，有司奉诏旨所建也。故或作或辍，不免具文。乡党之学，贤士大夫留意斯文者所建也，故前规后随，皆务兴起。后来所至，书院尤多，而其田土之锡，教养之规，往往过于州县学。”⑤ 据统计，至崇宁三

---

① 《宋会要辑稿》崇儒 2，政和四年二月，第 2198 页。

② 《宋会要辑稿》职官 28，治平三年六月，第 2974 页。

③ 《宋会要辑稿》崇儒 2，宝元元年二月，第 2198 页。

④ ［宋］杨时：《龟山集》卷 29《曾文昭公行述》，《文渊阁四库全书》，台湾商务印书馆 1983 年版，第 1125 册，第 378 页。

⑤ 《文献通考》卷 46 学校考 7，第 198 页。

年（1104）全国学生总数多达 210 000 余员。[①]“虽荒服郡县必有学”[②]的局面必然使书籍存在巨大的需求，刻印学校教育用书为官方刻印机构主要职责之一，也就决定了官刻书籍以经史类书籍为主体。中央及地方政府会直接将刻印书籍赐予州县学校，如咸平四年（1001）六月丁卯，诏：“州县学校及聚徒讲诵之所，并赐《九经》。”[③]除却赐书外，中央及地方政府经常赐予学田，且在神宗熙宁三年（1070）规定“列郡修辟学馆，其都府置学官者，给公田十顷，著为令”[④]。学用所得收入也用来自行购置及刻印书籍，带动了图书市场的发展。

除了地方官学外，书院的发展也得到政府的资助，包括赐额、赐书、赐田等。尤其南宋中后期官立书院兴起，政府对其财政投入甚至超过州学，“今岳麓、白鹿复营之，各自养士，其所廪给礼貌乃过于郡庠”[⑤]。士人学习和传授知识的空间扩大，知识和书籍需求进一步提升。

公私学校的兴盛，尤其私学的长足发展推动了教育的普及，即便贫困人家也开始重视教育，“负担之夫，微乎微者也，日求升合之粟，以活妻儿，尚日那一二钱，令厥子入学，谓之学

---

① ［清］黄以周等辑补：《续资治通鉴长编拾补》卷 24，崇宁三年十一月丙申，上海古籍出版社 1986 年版，第 828 页。

② 《苏轼文集》卷 15《南安军学记》，中华书局 1986 年版，第 374 页。

③ 《宋史》卷 6《真宗一》，第 177 页。

④ ［宋］梁克家等：《淳熙三山志》卷 12《版籍类三 · 赡学田》，《宋元方志丛刊》，中华书局 1990 年版，第 7885 页。

⑤ ［宋］洪迈：《容斋随笔》3 笔卷 5《州郡书院》，中华书局 2005 年版，第 488 页。

课”[①]。于是出现了“人人尊孔孟，家家读诗书”[②] 的场景，而刻印中心的吴越闽蜀地区更是“家能著书，人知挟册”[③]。经济富庶的家庭往往花费重金聘请家庭教师，如播州首领杨选“为人嗜书而下士，推择知名士为塾师以课子，闻四方贤士，辄不惜金币以迎，岁常千百数”[④]，孝宗时铅山周氏“岁又以十万钱招延儒士，俾其幼稚学礼无缺者”[⑤]。民间教育类书籍需求量大幅增长，刺激了官刻的发展。

学校教育的普及使教育理念更新，重视书籍的观念深入人心，宋祁强调“要得数百卷书在胸中，则不为人所轻诮矣”[⑥]。蒙学教育得到重视，“教育之法，始于童子”[⑦]，社会对《千字文》《蒙求》《三字经》等基础教材和读物需求量增大，也促使不少专门为儿童编写的教材出现，如吕本中所编《童蒙训》、俞观能的《孝悌类鉴》等。同时女性接受教育的理念也为社会接受，宋代妇女多能诗，除了才女辈出外，不少女性接受教育，妇女文化素养的提升促进了家庭教育的发展，如进士张密、张亢之母宋氏

---

① 《长编》卷150，庆历四年六月戊午，第3646页。

② ［宋］陈傅良：《止斋先生文集》卷3《送王南强赴绍兴签幕四首》，《四部丛刊初编》第2册影印本。

③ ［宋］叶适：《叶适集》卷九《汉阳军新修学记》，中华书局1961年版，第140页。

④ ［宋］宋濂：《宋学士文集》卷11《杨氏家传》，《四部丛刊》第14册影印本。

⑤ 《全宋文》第216册《铅山周氏义居记》，第215页。

⑥ ［宋］宋祁：《景文集》卷48《治戒》，《文渊阁四库全书》，台湾商务印书馆1983年版，第1088册，第438页。

⑦ ［宋］欧阳修：《欧阳修全集》卷58《州名急就章并序》，中华书局2001年版，第843页。

“不爱金帛，市书至数千卷，亲教督二子使读书”①。此外，学无贫贱、尊重知识的观念已为社会普遍接受，如程颐收徒“无贵贱高下，但有志于学者，即授之”②，洪州胡仲尧“构学舍于华林山别墅，聚书数万卷。大设厨廪以延四方游学之士”③。

教育促使社会整体文化水平提高，各个阶层识文断字人数增多，呈现出“平民化”的倾向，“为父兄者，以其子与弟不文为咎；为母妻者，以其子与夫不学为辱”④。而一些贫困士人往往以教学谋生，如饶州人齐据，“温厚好学，家苦贫，教生徒以自给”⑤。这不仅促使教育用书需求量增大，也使一些日常生活用书、农业用书及休闲用书需求量激增，进而使得官刻书籍内容更加多样。

二、文化的发展

陈寅恪先生认为：“华夏民族之文化，历数千载之演进，造极于赵宋之世。”⑥ 邓广铭先生也曾评价：“宋代是我国封建社会发展的最高阶段。两宋期内的物质文明和精神文明所达到的高度，在中国整个封建社会历史时期之内，可以说是空前绝后的。

---

① ［宋］司马光：《涑水记闻》卷10《宋氏教子》，中华书局1997年版，第179页。

② ［清］黄宗羲：《宋元学案》卷30《刘李诸儒学案》，中华书局1986年版，第1071页。

③ 《宋史》卷456《胡仲尧传》，第13001页。

④ ［宋］洪迈：《容斋随笔》4笔卷5《饶州风俗》，中华书局2005年版，第683页。

⑤ ［宋］洪迈：《夷坚志》甲志卷16《水府判官》，第32页。

⑥ 陈寅恪：《金明馆丛稿二编》之《邓广铭〈宋史职官志考证〉序》，上海古籍出版社1982年版，第245页。

从文化上看，唐朝代表了中国封建文化的上升期，宋朝则是由中唐逐步发展起来的新型文化的定型期和成熟期”[①]。自唐至宋，社会文化环境发生了较大改变，正如陈寅恪先生指出：“综括言之，唐代之史可分为前后两期，前期结束南北朝相承之旧局面，后期开启赵宋以降之新局面，关于政治社会经济者如此，关于文化学术者莫不如此。”[②] 日本学者内藤湖南认为：“唐和宋在文化性质上有明显差异：唐代是中世的结束，而宋代则是近世的开始。”[③]

文化发展及传承离不开载体，宋文明发展与传播离不开刻本书籍。正如钱穆所言，唐中叶后，中国发生了绝大的变迁，首要一点是文化传播更广泛，其中第一就是“雕版印书术发明，书籍之传播愈易愈广”[④]，以生产书籍为主的官方刻印产业的兴衰和文化发展息息相关。

（一）宋学与官刻相互促进发展

宋学承上启下，广义宋学包括经学、史学、绘画等诸多文化层面。而狭义宋学主要指经学，“实是一种以儒学为主体，吸收改造释、道哲学，在涵泳三教思想精粹上建立起来的伦理主体性本体论”[⑤]。宋学的发展不仅是儒学自身建构的需要，还与现实政

---

① 邓广铭：《谈谈有关宋史研究的几个问题》，《社会科学战线》1986年第2期，第138页。

② 陈寅恪：《金明馆丛稿初编·论韩愈》，上海古籍出版社1984年版，第338—339页。

③ ［日］内藤湖南：《概括的唐宋时代观》，《日本学者研究中国史论著选译》，中华书局1993年版，第10页。

④ 钱穆：《国史大纲》第41章《社会自由讲学之再兴起》，商务印书馆1994年版，第786—787页。

⑤ 钱穆：《中国文化传统中之史学与文学》上册《港台及海外学者论中国文化》，上海人民出版社1956年版，第511—512页。

治密切关联。入宋后，佛、道二教发展迅速，宋代士人面对儒学式微的境况，开始在义理层面对儒学进行阐发，重新构建了儒学体系，让儒家经典更好地适应新形势，为政治服务。不少士人开始关注佛、道之学，援佛入儒，如程颢“泛滥于诸家，出入于老释者几十年，返求诸六经”①。宋人疑经的风气，宋学的产生和发展为社会文化带来了深远影响。宋人打破章句训诂的桎梏，重策论阐发，借此弘扬和践行儒学经典的微言大义。疑古和辨伪与求真和致用相结合，在文化上呈现出自由而兼容并蓄的融通特质。宋人敢于质疑经典权威，创新和开拓精神的学术氛围使得宋代学派林立，北宋有濂溪学、洛学、关学、新学、蜀学等，南宋有闽学、永嘉学、婺学等。各学派为扩大影响力著书立说，各抒己见。《四库全书》收录宋人解经著作有 185 部。而学术上的研究、讲习和传承都离不开书籍。刊刻著作不仅是对作者的尊崇，更宣扬了儒家代表人物的学说、理论和思想。学术的发展成为官刻发展的内在动力。书籍本身不仅是学术的构成要素，更是思想传播的重要载体。

文化风气转变，文人不断推陈出新，著书立说，“人持私见，家为异说，支离经训，无复统一”②，使书籍数量和种类蔚为大观。《宋史・艺文志》所载经部著作（包括乐类、小学类著作）即有 1304 部，13 608 卷，其中宋人著述占大多数，所谓“大而朝廷，微而草野，其所制作、讲说、经述、赋咏，动成卷帙，累

---

① ［宋］程颢、程颐：《二程外书》卷 12《明道先生行状》，《二程集》，中华书局 1981 年版，第 638 页。

② 《河南程氏文集》卷 1《请修学校尊师儒取士札子》，448 页。

而数之，有非前代之所及也”[①]。宋人经史类注疏之作，在社会上流行普及。由于社会需求量较大，印刷刻板成为大势所趋，如胡旦作《演圣通论》及余靖作《三史刊误》书卷帙虽多，因其流行得到刊行，市场上购买方便易得。[②] 同时宋廷也鼓励文人上献著述，并选取质优者刊刻成册，入中央留存，孝宗年间汪晫的《曾子子思子全书》被“印造二部四册，黄绫装褙，黄罗夹复封全，内一部二册”入尚书省。[③] 此举对士人是一种荣耀，更激励其创作作品。

刊刻加速了思想传播的速度。如理学虽然诞生于北宋，但一直未受到朝廷重视，直到南宋后期，才逐渐定为教育和科举考试的官方思想。福建建阳、福州等地区刻书持续兴盛也与理学活跃在此文化带相关。尤其程朱理学成为官方正统学说后，其著作作为科举和学校教育参考书需求量激增。而大量理学著作被刊刻，也反过来推动了理学的传播和发展。

（二）官刻宗教类书籍的整理和刻印

佛教及道教在宋代得到继续发展，信徒众多，据官方统计，至天禧三年（1019）八月，“普度天下道士、女冠、僧、尼”，凡度二十六万二千九百四十八人。天禧末，天下僧三十九万七千六百一十五人，尼六万一千二百三十九人[④]，实际人数远多于此。寺院及道观规模扩大，致使信徒对宗教书籍需求量大增，手抄经书远不能满足实际需求。佛、道二教宗派林立，又与儒学三教合

---

① 《宋史》卷 202《艺文志一》，第 5034 页。

② 《通志》卷 71《校雠略·求书之道有八论》，第 833 页。

③ 《全宋文》卷 8261《曾子子思子全书进表》，第 3 页。

④ 《宋朝事实类苑》卷 7《道释》，第 91 页。

一趋势加强。除校对和刊印现有佛、道经典外，更需要刊刻并发行新的著述以传播教义，其中尤以禅宗发展为盛。佛教世俗化和平民化对民众信仰及生活产生很大影响，大量禅宗灯录问世，推动了宗教书籍刻印的发展。

因佛、道二教“有裨政治”① 而得到宋廷的支持，使大部头佛教及道教书籍得以刊刻并发行。北宋开宝四年（971），宋太祖下诏四川雕佛教《大藏经》十三万板②，凡五千零四十八卷，历时二十年。在宋初雕版书籍没有很普及的时候，由政府上层主持的大规模刻印工程无疑对官刻产业整体性发展产生了较大影响。皇室也参与编写《灯录》等书，景祐三年（1036），“驸马都尉李遵勖广《传灯》为三十卷，进上，赐名《天圣广灯录》，御制序”③。

道教经典《道藏》也在真宗时期得到两次整理及刊刻，大中祥符九年（1016）二月己酉，王钦若上详定《道藏经》，凡三洞四辅、四千三百五十九卷④，卷帙浩繁的经书从翻译、校对到刻印均由政府组织实施。为了宣扬教化，经书常被中央摹印赐予地方，如真宗天禧元年（1017）七月，“诏赐台州东掖山智者教文印本四千六百二十卷”⑤。

此外，颁赐经书也是中央与国外文化交流的一种方式，如雍

---

① 《长编》卷 22，太平兴国八年十月，第 554 页。

② ［宋］志磐：《佛祖统纪校注》卷 44，上海古籍出版社 2012 年版，第 1022 页。

③ 《佛祖统纪校注》卷 44，第 1071 页。

④ 《玉海》卷 52《祥符宝文统录》，第 996 页。

⑤ 《佛祖统纪校注》卷 44，第 1061 页。

熙元年（984）应日本僧人奝然请求赐予印本《大藏经》。①

（三）社会尚文之风的形成

宋代学术文化变革表现在知识普及促成崇尚文化的社会风气。大量文学作品在民间得到流传，民众对文学作品的喜爱也推动了刻书及图书市场的发展。

读书蔚然成风，士人阶层嗜书，北宋时期王质“不治生业，惟畜书仅万卷”②，宗室赵子思“月入俸度所费外，皆以市经史”③，真宗时期的赵安仁“尤嗜读书，所得禄赐，多以购书”④。社会平民阶层尚文之人众多，“《醉翁亭记》初成，天下莫不传诵，家至户到，当时为之纸贵”⑤。再如宋代刻印中心之一的四川地区，“蜀之俗大抵好文，其后生往往知敬先达，先达之所是亦是之。范公以文名，其毫端之珠玉，纸上之云烟，蜀士大夫争宝之”⑥。甚至连朝廷党禁之令都未能阻止民间对文学作品的追求和喜好，“崇宁、大观间，海外诗盛行，后生不复有言欧公者。是时，朝廷虽尝禁止，赏钱增至八十万，禁愈严而传愈多，往往以多相夸。士大夫不能诵坡诗，便自觉气索，而人或谓之不韵”⑦。

---

① 《宋史》卷491《外国七》，第14131—14135页。

② ［宋］范仲淹：《范文正集》卷13《尚书度支郎中充天章阁待制知陕州军府事王公墓志铭》，《文渊阁四库全书》，台湾商务印书馆1983年版，第1403册，第658页。

③ ［宋］范祖禹：《范太史集》卷47《封遂宁侯墓志铭》，《文渊阁四库全书》，台湾商务印书馆1983年版，第1100册，第505页。

④ 《宋史》卷287《赵安仁传》，第9654页。

⑤ ［宋］朱弁：《曲洧旧闻》卷3《醉翁亭记初成天下传诵》，中华书局1961年版，第120页。

⑥ ［宋］陆游：《渭南文集》卷14《范待制诗集序》，《陆放翁全集》，中国书店出版社1900年版，第78页。

⑦ 《曲洧旧闻》卷8《东坡诗文盛行》，第205页。

书籍与文人生活息息相关，这种好文之风使书籍存在巨大的市场空间，仅凭抄写难以满足社会需要，由此推动了印刷业的发展。

注重习文的社会风气同时助长了嗜书、藏书之风，宋初郭延泽“聚书籍万余卷，手自刊校”①，宋敏求“家藏书三万卷，皆略诵习”②。民间藏书家也为数众多，叶梦得称“四方士民如亳州祁氏、饶州吴氏、荆州田氏等，吾皆见其目。多至四万许卷”③。据统计，宋代有明确文献记载的藏书家就达七百人，是周至唐五代藏书家总和的近三倍。④ 民间收藏之风一方面促使图书需求量激增，另一方面又对官刻所缺书籍补充提供了便利，像“田伟藏书三万七千卷，无重复者。黄鲁直与其子游，曰：‘文书之富，未有过田氏者。’政和中，诏求遗书，尝上千卷，补三馆之阙”⑤。

虽然不同的社会阶层对书籍文化消费存在着较大差异，但教育及科举类书籍始终是社会需求量的最大部分，书籍成为文人实现政治理想和权力价值的媒介，官刻书籍的主体即为此类。随着刻印的发展及书籍的普及，知识的垄断被打破，底层社会能够更多接收文化知识，反过来民众对书籍需求量的激增又促进了官方刻印业的发展。刻印业扩大了书籍在社会各阶层的影响力，并对人们在社会生活各个层面产生了深远影响。

两宋期间经济、政治与文化之间的互动表现得愈加明显。由

① 《宋史》卷271《郭廷谓传附》，第9299页。

② 《宋史》卷291《宋绶传》，第9738页。

③ 《藏书纪事诗》卷1《宋宣献绶、子敏求次道》，北京燕山出版社2008年版，第22页。

④ 范凤书：《中国私家藏书史》，大象出版社2001年版，第60页。

⑤ ［清］叶昌炽：《藏书纪事诗》卷1《田伟、子镐、亳州祁氏、饶州吴氏》，第23页。

于受到经济、政治、文化的多方面影响，宋代各区域刻印发展水平存在梯度差异，即使是区域内部发展程度也不尽相同。至南宋，除传统的刻印中心之外，多地区刻印蓬勃发展，相对边远地区也有刻书活动。但总体而言，官方刻印从儿童发蒙的教本到州县学生的课本，从经史类书籍到杂家著述，从为科举考试准备的“时文”到经济活动中的交子、关会、契约文书，这些需求共同促进了宋代官刻书籍的兴盛。

第四节　官刻多层机构的设置

宋代官刻从中央到地方已形成一整套较为完备的机构体系，并制定了相关规章制度以保证其正常运行。中央刊刻机构以国子监及馆阁为主，其他机构则依据所司职能而承担相应刻书任务。随着官刻的发展，不少机构增加刻印职能，并开始有一定的分工。同时宋廷会根据需要临时设置刻印机构，其主修人员相对固定，参与编修及刊刻人员根据客观需求随时调动。地方则多以路、州、县及各级学校为主要刊刻机构，且各刻书机构间相互联系，相互影响。官刻机构的专业化和多样化特征为官刻发展提供了保障。

一、中央官营刻印机构

由于官刻从属于文化教育事业，因而中央刻印机构主要是以国子监及馆阁为主体。在刊刻实际运作过程中，通常先由皇帝批准，诸多部门人员参与校对，再由中书门下审核并发文，国子监等部门执行国家出版任务。中央承担刻印任务的部门主要有以下几个。

（一）国子监书库

宋初国子监下设印书钱物所，“掌印经史群书，以备朝廷宣索赐予之用，及出鬻而收其直以上于官”①，由专职管理人员司掌印书、卖书及钱物。淳化五年（994）依判国子监事李志请求将印书钱物所更名为国子监书库，且由京官兼任。随着国子监刻书规模的扩大，藏书和书板数量剧增，书库不断地扩充场所及增加人员编制。第一次扩充于真宗景德二年（1005）五月，“国初不及四千，今十余万，经、传、正义皆具”，可谓“板本大备，士庶家皆有之”②，但“书库迫隘，与钱傲居第相接，因命易第中隙地十步以益之”③。书库印本不断增加，至天禧五年（1021）七月，内殿承制、兼管勾国子监刘崇超言，国子监管理仅经书印板一项即有六十六件。④ 中兴后，国子监书库随国子监并入礼部。此后书库官时废时立，与政治环境相关。而单设专门机构和专职人员管理刻印、印本出售和颁赐等，能更好地使官刻事务按时保质进行。此外，国子监还有雕造供备库⑤，其详细情况因史料缺失不能考证。

国子监集中了人力、物力优势，是官刻机构中最主要的部门，对宋代刻书业整体的影响是无可替代的。首先，大规模监本

---

① 《宋史》卷165《职官志五》，第3916页。

② 《宋史》卷431《邢昺传》，第12798页。

③ 《宋会要辑稿》职官28，景德二年五月，第2972页。

④ 《宋会要辑稿》职官28，景德二年五月，第2972页。

⑤ 《日本足利学校藏宋刊明州本六臣注文选》，图版4，跋中提及管勾雕造供备库副使官职，人民文学出版社2008年版。

的刻印丰富了书籍的种类和数量，增加了知识传播的广度和深度。尤其是经史类的广泛刻印和传播，打破了权贵对知识的垄断，对学校教育的普及、科举考试的发展起到推动作用，对书籍的传承也起到不容忽视的作用。其次，国子监通过对出版发行物的管理，规范出版行为，控制书籍流通，统一了学校和科考用书，借此宣扬了官方主导思想。通过审核书肆出版程文及书籍，将符合规范的优秀科举程文及时文印刷颁行[①]等方式，引导社会舆论，灌输官方意识形态，以加强皇权。监本书籍的对外颁赐也起到了文化传播和树立华夏正统观念的作用。此外，反复的校对及考证纠正了旧典籍之谬误，不断完善的监本树立了版本的权威性，也为后世再版提供了蓝本。

（二）馆阁

馆阁主要指崇文院（三馆、秘阁）及元丰改制后的秘书省等部门。宋廷推行右文政策，一直重视馆阁建设。宋初三馆（昭文馆、史馆、集贤殿）位于右长庆门东北，有庐舍十数间。太平兴国三年（978）二月书院成，并赐名崇文院。重新修建后的崇文院"轮奂壮丽，冠于内庭，近世鲜比"，并开有便门，以备行幸，足见皇帝之重视。

随着所收书籍日渐增多，以及"太宗皇帝慕唐文皇之英风，特建秘阁，与三馆并崇，听朝之暇，时或游幸，此祖宗盛事，不

---

① 《宋会要辑稿》选举 5，第 399 页。庆元五年（1199）"凡书坊雕印时文，必须经监学官看详。比年所刊，醇疵相半，未足尽为楷则。策复拘于近制，不许刊行……省试前二十名三场程文，并送国子监校订。如词采议论委皆纯正，可为矜式，即付板行"。

为不重"①。端拱元年（988），宋太宗下诏分三馆之书万余，别为秘阁，"以藏奇书，总群经之博要"。至淳化二年（991）五月，又以史馆所藏天文、历算、阴阳、术数、兵法之书共五千十二卷，天文图画一百十四卷，交于秘阁保管②，秘阁书籍为之大增。元丰三年（1080），改官制时废馆职，以崇文院为秘书省，将三馆秘阁事务归入秘书省，"掌凡邦国经籍图书、常祭祝版之事"③。其所刊写书籍分贮集贤院、史馆、昭文馆、秘阁。经籍图书，"以秘书郎主之；编辑校定，正其脱误，则校书郎、正字主之"④。而其对图书的征集、整理和刻印等职能也一同归入秘书省。

宋廷南迁伊始，朝廷力图追复祖宗之制，仍由秘书省负责官刻校对等事项。但因时局不稳，无力开展文教事业，其办公场所也为临时设置，"寓法慧寺，与居民相接"⑤。秘书省先在建炎三年（1129）废止，后于绍兴元年（1131）恢复。随着南宋时局的逐渐稳定，文化传承和正统重建被提上日程，秘书省的整体情况才得以改观。绍兴十三年（1143）十二月，秘书丞严抑上书请求重建秘书省，"于是建省于天井巷之东，以故殿前司基为之，上自书'右文殿''秘阁'二榜，命将作监米友仁书'道山堂'榜，且令有司即直秘阁陆宰家录所藏书来上"。南宋秘阁重建后，其中西廊"次三间为印板书库。内设绿橱七，藏诸州印板书"⑥。据

① ［宋］范仲淹：《范仲淹全集》卷565《奏杜杞等充馆职》，四川大学出版社2002年版，第264—265页。

② 《文献通考》卷174，第1508页。

③ 《宋会要辑稿》职官18，元丰三年三月，第2755页。

④ 《文献通考》卷174，第1509页。

⑤ 《建炎以来系年要录》卷150，第2413页。

⑥ ［宋］陈骙：《南宋馆阁录》卷2，中华书局1998年版，第13页。

淳熙四年（1177）《馆阁录》所载，秘阁诸库书目中诸州印版书有六千九十八卷、一千七百二十一册。① 与刻板印刷直接相关的部门为秘书省下属印板书库及印板库，此部门的单独设立也反映出南宋时期官方印刷业的持续发展及印刷术的普及，刻板印刷行为在国家文化事业中比重上升。

（三）编修院（实录院、校正医书所）

编修院的前身是临时机构修史院和编修历代君臣事迹局，后因编修《册府元龟》和国史而成为常设机构，“大中祥符中修《册府元龟》，王文穆为枢密使领其事，乃就宣徽南院使厅以便其事。自后遂修国史、会要，名曰编修院。史馆领日历局，置修撰二员，宰相为监修。自置编修院，以修撰一人主之，而日历等书，皆析归编修院”②。其设立于真宗大中祥符年间③，元丰四年（1081）废罢，并入史馆④，专掌修纂国史、实录、会要、日历等事项。其中修日历为日常性工作。国史和实录多在编修时临时组织官员，参与编修官员多为兼职。实录院也奉诏编修御制御集。如宁宗开禧元年（1205）七月二十四日，实录院上《高宗御集》100 卷。编修人员虽为临时组织，但也有考核措施，如在景德四年（1007）修《册府元龟》时规定：“自初修官至杨亿，各依新式。递相检视，内有脱误，门目不类，年代、帝号失次者，并署历，仍书逐人名下，随卷奏知。异时比较功程，等第酬奖，庶分勤惰。委刘承珪专差人置历。”⑤

---

① 《玉海》卷 52，第 999 页。

② ［宋］宋敏求：《春明退朝录》卷中，中华书局 1980 年版，第 25 页。

③ 王盛恩：《北宋编修院初探》，《中州学刊》2009 年第 2 期，第 162 页。

④ 《长编》卷 186，元丰四年十一月，第 2990 页。

⑤ 《长编》卷 67，景德四年十二月乙未，第 1509 页。

为了方便大量医书的编校和刻板工作顺利开展，宋廷设立了专门医学校对机构。嘉祐二年（1057），韩琦上言："医书如《灵枢》《太素》《甲乙经》《广济》《千金》《外台秘要》之类，本多讹舛。《神农本草》，虽开宝中尝命官校定，然其编载尚有所遗，请择知医书儒臣与太医参定颁行。"依其请求"以直集贤院崇文院检讨掌禹锡、秘阁校理林亿、张洞、苏颂，太子中舍陈检，并为校正医书官"①，于是置校正医书所于编修院，后迁至太学。元丰四年（1081）罢散，其间共整理出11部医书。校正医书所的设置使医书得到系统性大规模校订，"大凡医书行于世，皆仁庙朝所校定也"②，为医学的普及和传播奠定了良好的基础。

（四）刑部、礼部

刑部统一整理并刊刻赦书既能有效地避免多个部门在整理文案过程中容易出现的前后重复情况，又避免了传抄过程中有可能出现的错误，提高了行政效率。因赦文"集书吏分录，字多舛误，四方覆奏，或致稽违"，仁宗天圣二年（1024）时规定赦书由刑部摹印颁行。③ 敕令格式等一般不对外发行，学习刑法之人可到刑部复印，哲宗绍圣二年（1095），刑部言："诸习学刑法人合用敕令式等，许召官委保，纳纸墨工直，赴部陈状印给，诈冒者论如盗印法。"④ 部分御笔手诏也由刑部刊行，如大观年间规定"六曹及诸处被受御笔手诏，实时关刑部，别策编次，专责官吏，分上下半年，雕印颁行"后，尚书户部侍郎蔡居厚等认为"六曹

---

① 《长编》卷186，嘉祐二年八月庚戌，第4487页。

② 《直斋书录解题》卷13《外台秘要方》，上海古籍出版社1987年版，第385页。

③ 《长编》卷102，仁宗天圣二年十月辛巳，第2368页。

④ 《宋会要辑稿》刑法2，绍圣二年正月，第6515页。

之司二十有四，逐司颁降，各有先后，而日月不次，检照实难”，于是请求由刑部“别策编次，专责官吏，分上下半年，雕印颁行”①。

南宋初，各种礼法制度亟须建立，高宗绍兴十三年（1143）夏四月癸亥，下诏礼部“以乡饮酒仪制镂板，遍行郡国”②，礼部此次镂板显然与其职能相关。同时礼部也负责印造用于颁赐邻国的历日，淳熙十年（1183）十月，诏：“甲辰岁历字误，令礼部更印造，颁诸安南国。”③ 礼部还负责刊印科举考试试题，“礼部贡院请自今试进士并如诸科例，印所出经义题，从之”④。绍熙三年（1192）“括责拘收已故僧道度牒”的文告也是由“礼部镂板遍牒诸路州军守臣、通、签判”⑤。此外，礼部还刻印礼制样度，如朱熹在给黄灏的信中提及宣和礼制的礼部印本，“朝廷所用宣和礼制，虽未必皆合古，然庶几近之。不知当时礼部印本何故只用旧制”⑥。

（五）司天监印历所、榷货务

北宋时期，司天监负责“掌察天文祥异，钟鼓漏刻，写造历书，供诸坛祀祭告神名版位画日”⑦，元丰改制后更名为太史局。司天监设有印历所，专“掌雕印历书”⑧。南宋时期，印历所“并

---

① 《宋会要辑稿》崇儒6，大观三年四月，第2273页。
② 《建炎以来系年要录》卷148，绍兴十三年，第2387页。
③ 《宋史》卷82《律历志》，第1937页。
④ 《长编》卷158，庆历六年正月癸卯，第3819页。
⑤ 《宋会要辑稿》职官13，绍熙三年三月，第2684页。
⑥ 《朱子全书》25册《答黄商伯》，第4963页。
⑦ 《宋史》卷165《职官志五》，第3923页。
⑧ 《宋史》卷164《职官志四》，第3879页。

同隶秘书省，长、贰、丞、郎轮季点检”①。历日的颁行关系到中央权威，一旦历日出现错误，相关人员会受到处罚，如淳熙十一年（1184）历日内有错字，“李继宗放罢，吴泽、荆大声、刘孝荣各特降一官，令临安府根追书写及雕字人各一名，从杖一百科罪”②。除印历书外，司天监也对相关书籍进行校订并收藏，元丰元年（1078）十二月二十三日，提举司天监所言：“先被旨，应馆阁所藏及私家所有阴阳之书，并录本校定，置库收掌。今编成七百一十九卷，乞上殿进呈。”③

隶属太府寺的榷货务在南宋时最初负责历日小本的雕印出卖，后于乾道年间也开始定价并售卖大本历日，“秘书省辖下太史局，每岁笺注到大、小历日，小本依年例令榷货务雕印出卖，大本止是印造颁赐毕，发送太史收管，便为无用之物。其转运司雕造上件印板，费用不资。又缘印匠递年循习，衷私印造出外，侵夺官课。乞自今后大本历日颁赐数足，将上件历板下太史局，候历日进呈毕，牒送榷货务措置定价，出卖施行”④。

（六）译经院（印经院）

太平兴国五年（980），“诏中使郑守均就太平兴国寺大殿西度地作译经院。中设译经堂，其东序为润文堂，西序为正义堂，译经僧以次分设堂室”⑤。太平兴国八年（983）“赐译经院额曰传

① 《宋史》卷164《职官志四》，第3879页。
② 《宋会要辑稿》职官18，淳熙十一年十月，第2802—2803页。
③ 《宋会要辑稿》职官18，元丰元年十二月，第2796页。
④ 《宋会要辑稿》职官18，乾道元年八月，第2770页。
⑤ 《宋会要辑稿》道释2，太平兴国五年二月，第7891页。

法，令两街选童子五十人就院习梵学、梵字，从天息灾等所请也”①，又置印经院。由于佛经有补于治道，雍熙元年（984）九月，“诏自今新译经论，并刊板摹印，以广流布”②。随后印经院持续翻译并刻印了一大批经书。咸平二年（999），礼部侍郎陈恕上书“译经院久费供亿，乞罢之”③，但未得到批准。宋廷给予传法院资金支持，如庆历三年（1043）十月，“赐传法院、寺务司钱岁五百千”④。神宗熙宁四年（1071）三月，废印经院，“以所印板赐显圣寺”⑤。元丰五年（1082）又罢译经史、润文官，废译经使司印。印经院遂被废止。

（七）敕令所

敕令所为专门编修和整理敕令而设立。由于宋廷修改及颁行敕令较为频繁，其基本为常设机构。敕令所设立于天圣五年（1027）⑥，神宗时曾名为详定重修编敕所、详定编修诸司敕式所、详定一司敕式所。元祐年间，“改熙丰之法，则又以重修敕令所为名”⑦。大观年间，曾更名为详定一司敕令所。南宋绍兴初年修敕时，沿用北宋详定敕令所之名。⑧ 但至绍兴三十一年（1161）

---

① ［清］毕沅：《续资治通鉴》卷 12，太平兴国八年，中华书局 1979 年版，第 522—523 页。

② 《宋会要辑稿》道释 2，雍熙元年九月，第 7891 页。

③ 《佛祖统纪校注》卷 44，第 1182 页。

④ 《宋会要辑稿》道释 2，庆历三年十月，第 7892 页.

⑤ ［宋］高承：《事物纪原・真坛净社・印经院》，中华书局 1989 年版，第 373 页。

⑥ 孔学：《宋代专门编敕机构——详定编敕所述论》，《河南大学学报》2007 年第 1 期，第 39 页。

⑦ 《建炎以来朝野杂记》卷 5《炎兴以来敕局废置》，第 592 页。

⑧ 《宋会要辑稿》刑法 1，绍兴初年，第 6478 页。

六月，宋廷因财政困难，将敕令所归刑部。乾道四年（1168）十一月恢复敕令所进行编敕。至乾道六年（1170），又以详定一司敕令所为名。[①] 淳熙十五年（1188）六月，罢敕令所。[②] 绍熙二年（1191），由于修订敕书需要复置详定敕令局。[③] 敕令所的设定从制度上保证了编敕活动的进行，敕书编修完毕由提举官上呈，参修官员会受到迁官、减磨勘、赏赐钱物等奖励。敕令所除了编修及详定敕令外，也雕版印刷敕令，如宣和二年（1120），详定一司敕令所奏："新修《明堂敕令格式》一千二百六册，乞下本所雕印颁降施行。"[④]

（八）太医局

北宋时设置，隶属太常寺，负责医学教育及医学人才的培养，医书、药方等编写，并承担刊刻任务。元丰年间印有《太医局方》十卷，"诏天下高手医各以效秘方进，下太医局验试，依方制药鬻之，仍模本传于世"[⑤]。南宋承袭，乾道八年（1172），曾遭罢废，但绍熙二年（1191）恢复，仍归太常寺。南宋时期刻印有《小儿卫生总微论方》《脉经》[⑥] 等书。

（九）宫廷

宫廷出版书籍多是围绕皇族需要，如仁宗时，为教育小皇子将《观文览古》《三朝宝训》《卤簿图》制成绘本，"镂板于禁

① 《建炎以来朝野杂记》卷5《炎兴以来敕局废置》，第593—594页。
② 《建炎以来朝野杂记》卷5《炎兴以来敕局废置》，第594—595页。
③ 《建炎以来朝野杂记》卷5《炎兴以来敕局废置》，第595页。
④ 《宋会要辑稿》刑法1，宣和二年八月，第6477页。
⑤ 《郡斋读书志校证》卷15《太医局方三卷》，第729页。
⑥ 《郡斋读书志校证》卷15《脉经》，第708页。

中”[①]。皇祐年间，御府刻有《三朝训鉴图》十卷。[②] 睿思殿刻有《春秋加减》，“作小缋册，才十余板，前有睿思殿书籍印，末称臣雩校正，盖承平时禁中书也”[③]。禁中太清楼除藏书外，还刻有古法帖，如元代市面流传有宋版《大观太清楼帖》。[④] 南宋时，德寿宫刻有刘球的《隶韵》。[⑤] 左廊司局为供皇帝阅读，于淳熙三年（1176）刻《春秋经传集解》三十卷，“左廊司局内曹掌典秦玉桢等奏闻:《壁经》《春秋》《左传》《国语》《史记》等书，多为蠹鱼伤牍，不敢备进上览。奉敕用枣木椒纸各造十部。四年九月进览。监造臣曹栋校梓。司局臣郭庆验牍”[⑥]。此外，还有南宋内府刊本《昌黎先生集》。[⑦] 南宋时期修内司参与了医书出版工作，如《绍兴校定本草》三十卷便由医官王继先等奉诏撰写，于“绍兴二十九年（1159）上之，刻板修内司”[⑧]。此外，修内司单独刊有《混成集》，内容为古今歌词之谱[⑨]，以及淳熙年间刊《古法帖》十卷[⑩]。

---

① 《挥麈后录》卷 1，中华书局 1961 年版，第 53 页。

② 《直斋书录解题》卷 5《三朝训鉴图》，第 163 页。

③ 《直斋书录解题》卷 3《春秋加减》，第 57 页。

④ ［元］赵孟頫:《松雪斋集》卷 10《阁帖跋》，《文渊阁四库全书》，台湾商务印书馆 1983 年版，第 1196 册，第 742 页。

⑤ ［清］莫友芝:《郘亭知见传本书目》卷 3《经部》10，中华书局 2009 年版，第 180 页。

⑥ 《钦定天禄琳琅书目》后编卷 3《春秋经传集解》，第 258 页。

⑦ 贾贵荣:《宋元版书目题跋辑刊》第 1 册，国家图书馆出版社 2003 年版，第 155 页。

⑧ 《直斋书录解题》卷 13《绍兴校定本草》，第 286 页。

⑨ ［宋］周密:《齐东野语》卷 10《混成集》，中华书局 1983 年版，第 187 页。

⑩ 《松雪斋集》卷 10《阁帖跋》，《文渊阁四库全书》，台湾商务印书馆 1983 年版，第 1196 册，第 742 页。

除常设专门印刷机构外，宋廷会根据实际为需求临时设置机构或召集一些部门参与编修和刻板印刷。如嘉祐年间为修《新唐书》而设置唐书局①，以及讲议司于崇宁二年（1103）镂板颁行《诸州县学敕令格式》。在皇权集中的情况下，皇帝本人及权臣的喜好对国家刻印编修有很大的影响。如宋徽宗爱好文事，崇尚道教，于是设立经局，招募道士编修道教经文。② 工部因管理刊刻工匠，也负责雕刻印版，板成后交由国子监摹印，如哲宗时高丽献《黄帝针经》九卷，“此书久经兵火，亡失几尽，偶存于东夷。今此来献，篇帙具存，不可不宣布海内，使学者诵习。伏望朝廷详酌，下尚书工部，雕刻印版，送国子监依例摹印施行……令秘书省选通晓医书官三两员校对”③。由此可见中央官刻书籍刊刻的过程一般是由秘书省先选官校对，工部负责雕刻印板，再由国子监印刷，三部门分工协作而完成。

二、地方刻印机构

自北宋至南宋，地方刻印日益活跃，所谓“近年所至郡府多刊文籍，且易得本传录”④。地方刻印主要是由地方各级政府及学校承担，其刻印书籍品类繁多，刻印精良，在书籍刻印中占有重要地位。由于地方刻印书籍数量增多且刻印内容丰富，南宋时期政府多次向地方征收书籍入中央收藏，如淳熙十三年（1186）九

---

① 《欧阳修全集》112《免进五代史状》，第 1706 页载：“昨日还朝，便蒙差在唐书局，因之无暇更及私书，是致全然未成次第。”

② ［宋］元妙宗：《太上助国救民总真秘要》卷首《太上助国救民总真秘要序》，《中华道藏》第 30 册。

③ 《宋朝事实类苑》卷 31《词翰书籍・藏书之府》，第 397—398 页。

④ 《挥麈录》卷 1，中华书局 1964 年版，第 10 页。

月，秘书省令各路按《中兴馆阁书目》比对，将未收录之书“移文本处取索印本”[①]。

（一）路级刻印机构

转运司掌握路级行政、司法和监察权，因有财政权利而广泛开展刻印事务。一些经济富裕、文化发达的地区因资金宽裕多刊刻及售卖大部头书。仅福建路转运司于绍兴年间就刊有晁补之的《鸡肋集》70卷[②]、《太平圣惠方》100卷等十多种书籍[③]。转运司刻书涉及内容广泛，不仅有经史类，还有医学、佛经及文集等时下畅销书。北宋元祐元年（1086），两浙转运司刻《大方广佛华严经疏》等；绍圣三年（1096），广西转运司刻《脉经》《墨经》；绍兴二十一年（1151），两浙西路转运司雇用48名刻工刻印出版《临川先生文集》。[④]

提举常平茶盐司主管常平及茶盐事务等，也从事图书刻印。所刻书籍质量优良，行宽字大，纸墨考究，反映出其财力充裕。根据相关资料统计，以两浙东路茶盐司所刊书籍为最多，时间跨度较大，刻有如《周礼正义》70卷、《资治通鉴》294卷、《太玄经》10卷、《外台秘要方》40卷等20多种书籍。这些都反映出两浙路茶盐司财力雄厚，且从事刻印的部门较为完备，能够长期刻印书籍。

提点刑狱司为路级司法、监察机构，同时监管地方的文化教

---

① 《南宋馆阁续录》卷6《故实》，第222页。

② 《全宋文》第185册《鸡肋集跋》，第269页。

③ 《全宋文》卷4424《印行太行平圣惠方申福建转运司状》，第230页。

④ 《古籍宋元刊工姓名索引》集部，第382页。

育、法律宣传，包括搜访及刊印书籍①，如南宋时期，福建提点刑狱司刊印《河南二程先生文集》。② 提点刑狱司还与其他监司部门配合刻印出版书籍，如绍兴年间，湖北提举盐茶司刻板的《汉书》120 卷是由提点刑狱司校正整理而成的。③ 同时期四川地区提点刑狱司与转运司合刊《春秋三传》。④

市舶司主管海外贸易，其中福建路市舶司于元祐二年（1087）在泉州设立，乾道年间刻有《王状元集百家注分类东坡先生诗》。李纲之孙李大有担任福建提举市舶司干办公事期间，在郡守章颖和尚书郎赵德甫资助下，将《梁溪集》180 卷及《附录》6 卷鸠工刻板。⑤

安抚司最初是为削减兵权，分散地方行政权力而设置，后逐步演变成为管理地方军政及民政的常设机构。此机构也参与官刻，如绍兴十八年（1148），荆湖北路安抚司刊刻许嵩撰《建康实录》20 卷⑥；乾道四年（1168），两浙东路安抚司刻《元氏长庆集》六十卷⑦。

路级机构刻书地域广泛，集中于两浙路、福建路、江南路等刻印中心，与其财力充足、文化发达、刻印基础良好有着密切关系。刻板内容多为经史类书籍，反映出地方官刻侧重科举及学校

---

① 王晓龙：《论宋代提刑司在地方文化教育、法律宣传中的作用》，《中国古代社会与思想文化研究论集》（三），黑龙江人民出版社 2008 年版，第 210—211 页。

② 《二程集》附录卷下，中华书局 1981 年版，第 676 页。

③ 严绍璗：《日藏汉籍善本书录》上册，中华书局 2007 年版，第 334 页。

④ ［宋］洪迈：《容斋随笔》续笔卷 14《周蜀九经》，中华书局 2005 年版，第 394 页。

⑤ 《宋集珍本丛刊提要》第 33 册《梁溪集》，第 163 页。

⑥ 《书林清话》卷 3《宋司库州军郡府县书院刻书》，第 63 页。

⑦ 《书林清话》卷 3《宋司库州军郡府县书院刻书》，第 61 页。

教育的需求。如两浙茶盐司刻书还会根据市场需求做出调整创新，如其刻板的《六经疏义》，一改以往京本、监本、蜀本“省正文及注，又篇章散乱”的弊病，将“正经注疏萃见一书”[①]，精加雠正，用锓诸木，在当时颇有流布。

（二）州、县刻印机构

由于地方首要行政长官拥有实际治理权，掌握地区财力、物力和人力资源，便于将刻印付诸行动。地方官刻的发展规模及其刻印内容与地方长官意愿密切相关。更有不少官员利用担任地方官员的便利条件，或是直接动用公款，或是利用官方资源，将自己先祖或是私藏家集刻印发行，也有自己出资刻板的情况。相较而言，经费充足且便于调动的公使库钱常为地方政府刻书经费的重要来源，其他经费来源还有“积节仪、折色”[②]“帑藏之余”等。

较为灵活的公使钱供地方行政长官支配，能够有效地解决刻印书籍经费问题。公使库成为地方刻书主要出资及刊刻机构之一，如抚州公使库集中刻印了《诗》《书》《易》《礼》《春秋》《乐》《公羊传》《左传》《榖梁传》《春秋经传集解》《周易注》《春秋公羊传解诂》等经书。但并不是所有公使库本都在公使库进行刊刻，绍兴二年（1132），两浙东路提举茶盐司刻《资治通鉴》即由公使库拨钱款，“下绍兴府余姚县刊板”[③]。部分公使库内设专门刊印部门，淳熙十年（1183），泉州公使库印造的《司马太师温国文正公传家集》标“泉州公使库印书局”字样。[④] 公

① 《书林清话》卷6《宋刻经注疏分合之别》，第123页。

② ［宋］胡澄：《庆湖遗老诗集序》，《宋集序跋汇编》，中华书局2010年版，第817页。

③ 国家图书馆藏《资治通鉴》文记。

④ ［清］黄丕烈：《士礼居藏书题跋记》，书目文献出版社1989年版，第230页。

使库雕造所和印书局设有专门负责人，从业工匠多为雇佣。为了保存印板印刷，部分地区公使库还设有书板库，临安府公使库内设书板库。①

教化民众、发展教育是地方政府的重要职责之一，也是考核地方官员的重要指标。宋代地方政府在财力宽裕的情况下，将物力、人力投入到刻印之中，故一批刻印精良的书籍纷纷出版。地方政府刻印的书籍多上报中央，以备观览、储藏及赏赐宗室和近臣。此外，地方政府会接受中央政府委托代以刊刻，如太宗淳化五年（994）校对并整理完《史记》及前后《汉书》，便“遣内侍裴愈赍本就杭州镂板”②。利用地方刻印资源，由中央派官员监督雕造，不失为省钱省力的方法。

（三）州县、各级学校及书院

宋代学校从事刻印多基于教学及科举所需，兴国军学绍兴年间刻有五经书板，嘉定九年（1216），又大规模刻印《春秋左传正义》《毛诗正义》《尚书正义》《周易正义》《礼记正义》等书。宋人文集也为学校刊刻首选之一。地方官员重视当地先贤人物著作，因而多借助地方学校资源进行刊印，以宣扬地方文化，推行教化。得到地方官员支持的学校刻书活跃，宋代州学刻本留存下来的数量相对较多。南宋时期县学刻书活动也较为活跃，淳熙元年（1174）黄岩县学刻《横浦心传录》《横浦日新录》。

除学校外，官办书院也刻印书籍。据陈谷嘉等所言，宋代能明确主体的书院有 610 所，其中官办书院有 108 所，政府会以赐

---

① ［宋］汪远孙：《咸淳临安志》卷 55《临安府》，《宋元方志丛刊》，第 3846 页。

② 《宋会要辑稿》崇儒 4，淳化五年七月，第 2230 页。

予书籍、调拨经费及学田等方式进行资助。[①] 官办书院有校书和藏书的传统，多为教学所需刊印书籍，且书院学者云集，经常对书籍精加校雠，刻印质量较高。如绍定三年（1230），丽泽书院刊刻司马光的《切韵指掌图》。书院刻书也反映出学术思想的变动及传承，如建安书院奉理宗之命而建，重视对理学著作的刊刻，成为程朱理学的传播之地。其山长多由理学家担任，在淳祐时期和咸淳元年（1265），分别刻《晦庵先生朱文公文集》一百卷、《续集》十卷、《别集》十一卷。[②]

此外，州学或县学内大都存放书板，如潮州州学存放“《新修潮阳图经》《古瀛乙丙集》三百二十五板”[③]。

总体而言，地方机构刻印书籍经历了一个逐步发展和完善的过程，南宋时期地方机构刻印规模、种类、产量和质量远远超过北宋时期。究其原因，首先与刻印持续发展相关。北宋初期，刻印处于起步阶段，图书需求量有限，不少书籍还是以抄本形式传布，而且地方财政多用于恢复生产等，难以有额外支出从事刻书。随着刻印技术的发展，科举规模扩大，图书市场的形成，图书需求量成几何倍数增长，刻书不但有助于地方政府宣扬文教，也成为有利可图之事，地方刻印热情高涨。其次，北宋前期对地方出版有一定限制，出版物必须经过国子监审核，此限制到熙宁后放宽，“宋兴，治平以前犹禁擅镌，必须申请国子监。熙宁后，

---

① 陈谷嘉、邓洪波：《中国书院制度研究》，浙江教育出版社 1997 年版，第 354—355 页。

② ［清］陆心源：《皕宋楼藏书志》卷 85《晦庵先生朱文公文集跋》，中华书局 2007 年版，第 207 页。

③ ［明］解缙：《永乐大典》卷 5343《学舍》《三阳志》，中国书店 2013 年版，第 2463 页。

方尽弛此禁"[①]。相对宽松的出版环境为地方刻印发展提供了空间。此外，北宋期间中央编修完书籍后多赐书给地方，尤其是科举考试用书多颁赐州学，如淳化元年（990），太宗"赐诸路印本《九经》"[②]。还有不少经史书籍摹印仅需缴纳工本费，在图书需求量不大的情况下没有必要对书籍进行刻印。

宋代官刻书籍发达与当时经济、政治和社会文化等密切相关。农业、手工业、商业的发展，城市经济的繁荣等诸多要素为官刻书籍的发展提供了必要的经济基础。科举制度的革新和完善，学校教育的普及直接刺激了官刻书籍规模性的生产。文官政治的施行、学术文化的发展、重视读书风气的形成推动了官刻书籍的发展。官刻机构逐步完善、工匠技艺水平不断提高为官刻书籍长足发展提供了物力和人力的保障。

---

① ［宋］罗璧：《识遗》卷1，《文渊阁四库全书》，台湾商务印书馆1983年版，第854册，第510页。

② 《续资治通鉴》卷15《宋纪十五》，淳化元年，第72页。

第二章　官刻经部史部书籍（上）

作为儒学思想重要载体，经史类书籍起着宣扬官方思想，教育和选拔人才的作用。此类书籍不但具有权威性，而且存在巨大需求，因而备受宋廷重视，为宋代官刻书籍的主体。

第一节　经部书籍

经部书籍包括十三经（《易》《书》《诗》《周礼》《仪礼》《礼记》《春秋左传》《春秋公羊传》《春秋穀梁传》《论语》《孝经》《尔雅》《孟子》）及历代学者为十三经所作的注疏本，还包括释读经籍内容的训诂、字书和韵书。经书及经学注疏类古籍是流传最为深远的文献。官方统一刊刻经类书籍能从内容及形式上规范科举考试标准，塑造经典的权威性，进而统一思想，使官方主流思想得到极大推广。

宋建立之初着重于对前人著述及经文原本的刊刻，因能体现宋廷尊经重儒及推行教化的意旨，编修工作受到朝廷重视。自北宋中期开始，宋儒重新解释儒家经典条文，延展儒家精神的经史类著作得到大规模刊刻发行，经书版本走向多样化。据张丽娟统计，现存的宋刻经书注疏版本有 104 种①，对经学的传播和儒学的复兴起到重要的作用。

一、经类及注疏书籍的刊刻

自五代始，经类书籍率先由政府组织刊刻，后唐明宗长兴三年（932）二月辛未，“初令国子监校定《九经》，雕印卖之”②。中央统一经书版本不但解决了江南、四川地区各自刻印带来的经书文字内容混杂的弊端，“吴蜀之人，鬻印板文字，色类绝多，终不及经典”③，而且官方大规模售卖保证了传统经典“虽乱世，《九经》传布甚广”④。

（一）北宋时期经类及注疏书籍的刊刻

宋朝初立，文教事业百废待兴，招揽人才、恢复科举、稳定朝纲被视为立国之本，因而政府格外重视与科举考试和学校教育密切相关的经类书籍的刻印，并对经书进行了系统的大规模的整理及刻板，其勘校较为细致，出版书籍精良，为后世留下了传世的底本。

在战争尚未结束期间，宋政府便着手对儒家文献进行了整理及刻印。建隆三年（962），“判监崔颂等上新校《礼记释文》。开宝五年（972），判监陈鄂与姜融等四人校《孝经》《论语》《尔雅》释文上之。二月，李昉、知制诰李穆、扈蒙校定《尚书释文》。德明《释文》用《古文尚书》，命判监周惟简与陈鄂重修定。诏并刻板颁行”⑤。为解决科考用书短缺问题，中央政府率先

---

① 张丽娟：《宋代经书注疏刊刻研究》，北京大学出版社 2013 年版，第 14 页。
② 《资治通鉴》卷 277《唐书·明宗纪九》，第 2930 页。
③ 《册府元龟》卷 608《学校部·刊校》，第 7018 页。
④ 《资治通鉴》卷 291《后周纪二》，第 9495 页。
⑤ 《玉海》卷 43《开宝校释文》，第 812 页。

着眼于考试书籍的校勘及刊刻。开宝六年（973），卢多逊等上所修《开宝通礼》二百卷、《义纂》一百卷，付有司施行，“诏改乡贡《开元礼》为乡贡《通礼》，本科并以新书试问”①。端拱元年（988）三月，“司业孔维等奉敕校勘孔颖达《五经正义》百八十卷，诏国子监镂板行之。《易》则维等四人校勘，李说等六人详勘，又再校，十月板成以献；《书》亦如之，二年（989）十月以献；《春秋》则维等二人校，王炳等三人详校，邵世隆再校，淳化元年（990）十月板成；《诗》则李觉等五人再校，毕道升等五人详勘，孔维等五人校勘，淳化三年（992）壬辰四月以献；《礼》则胡迪等五人校勘，纪自成等七人再校，李至等详定，淳化五年（994）五月以献……至道二年（996）至请命礼部侍郎李沆，校理杜镐、吴淑，直讲崔偓佺、孙奭、崔颐正校定。咸平元年（998）正月丁丑，刘可名上言诸经板本多误，上令颐正详校。可名奏《诗》《书》正义差误事。二月庚戌，奭等改正九十四字。沆预政。二年（999），命祭酒邢昺代领其事，舒雅、李维、李慕清、王涣、刘士元预焉。《五经正义》始毕”②。从开始校勘到咸平三年（1000）印板长达十二年，其间反复核对，可见朝廷对官刻书籍质量的重视。

即便经过详细审校，宋初所刊一系列经书内容尚存纰漏，因而至雍熙年间，宋太宗又命“学官重加刊校”。此次对九经的勘校也引发学者对选取底本的争论。“史馆先有宋藏荣绪、梁岑之敬所校《左传》，诸儒引以为证。祭酒孔维上言，其书来自南朝，不可案据。章下有司，检讨杜镐引贞观四年敕：‘以经籍讹舛，

① 《长编》卷14，开宝六年四月辛丑，第299页。

② 《玉海》卷43《端拱校五经正义》，第813页。

盖由五胡之乱天下，学士率多南迁，中国经术浸微之致也。今后并以六朝旧本为正。’持以诘维，维不能对。王师平金陵，得书十余万卷，分配三馆及学士舍人院，其书多雠校精审，编帙全具，与诸国书不类。”① 选取版本优劣和刻印经书质量高低密不可分，也可见五代时期金陵地区官刻书籍出版严谨，且质量较高。此时期中央还对经书印板加以垄断，如太宗至道三年十二月规定“国子监经书，外州不得私造印板”②，确立了国子监为唯一有权刻板经书的政府机构。

随着《五经正义》出版完成，七经疏义的校对及刻印被提上日程，咸平三年（1000）三月癸巳：“命祭酒邢昺代领其事，杜镐、舒雅、李维、孙奭、李慕清、王焕、崔偓佺、刘士元预其事。凡贾公彦《周礼》《仪礼》疏各五十卷，《公羊》疏三十卷，杨士勋《榖梁》疏十二卷，皆校旧本而成之。《孝经》取元行冲疏，《论语》取梁皇侃疏，《尔雅》取孙炎、高琏疏，约而修之，又二十三卷。”③ 至咸平四年（1001），“十月九日命杭州刻板”④。随后，景德二年（1005）六月庚寅，“国子监上新刻《公》《榖》传、《周礼》《仪礼》正义印板。先是，后唐长兴中雕九经板本，而正义传写踳驳。太宗命刊板雕印，而四经未毕。上遣直讲王焕就杭州刊板，至是皆备”⑤。同年，国子监还对《尚书》《孝经》《论语》《尔雅》等参照五代国子监版本进行雕印。⑥

---

① 《宋朝事实类苑》卷 30《江南书籍》，第 389 页。
② 《宋会要辑稿》职官 28，至道三年十二月，第 2972 页。
③ 《玉海》卷 41《咸平孝经论语正义》，第 779 页。
④ 《玉海》卷 41《咸平孝经论语正义》，第 779 页。
⑤ 《玉海》卷 42《咸平校订七经疏义》，第 803 页。
⑥ 《玉海》卷 43《景德群书漆板刊正四经》，第 814 页。

入宋后，孟子地位较前代大有提高，宋仁宗时期《孟子》一书也正式由子部类书籍被提升为经书之列。大中祥符五年（1012）十月，“诏国子监校勘《孟子》，直讲马龟符、冯元，说书吴易直同校勘，判国子监、龙图阁待制孙奭，虞部员外郎王勉覆校，内侍刘崇超领其事。奭等言：‘《孟子》旧有张镒、丁公著二家撰录，文理舛互。今采众家之善，削去异端，仍依《经典释文》刊《音义》二卷。是年（大中祥符六年）四月以进。诏两制与丁谓看详，乞送本监镂板’”[①]。

随后大中祥符七年（1014）九月，“《易》《诗》重刻板本，仍命陈彭年、冯元校定”，并规定九经及释文如发现有讹缺，都要重校刻板。[②] 官刻书籍在更改刻印内容上也颇为慎重，大中祥符八年（1015）十二月己未，龙图阁待制孙奭认为李林甫所注《礼记·月令》“抉擿微瑕，蔑弃先典”，于是缮写后汉司农郑康成注《月令》一本，希望能付国子监雕印颁行。翰林学士晁迥等则认为一旦更改《月令》，则“国家四时祭祀，鋟须更改。详究事理，故难轻议”，最终依旧施行李林甫之《月令》。[③] 天禧五年（1021）五月辛丑，国子监对使用时间长而有残损的经书印板重新刻印[④]，也可见经类书籍印板使用频率较高，印刷数量较多。其中包括“《孝经》《论语》《尔雅》《礼记》《春秋》《文选》《初学记》《六帖》《韵对》《尔雅释文》等十件，年深讹阙，字体不全，有妨印造。昨礼部贡院取到《孝经》《论语》《尔雅》《礼记》

① 《宋会要辑稿》崇儒 4，大中祥符五年十月，第 2231 页。注：入宋后，《孟子》由子集书类上升为经书经历了一个过程，本书将此列入经书中。

② 《玉海》卷 43《景德群书漆板刊正四经》，第 814 页。

③ 《长编》卷 85，大中祥符八年九月己未，第 1950 页。

④ 《玉海》卷 43《景德群书漆板刊正四经》，第 814 页。

《春秋》，皆李鹗所书旧本，乞差直讲官重看，榻本雕造。内《文选》只是五臣注本，切见李善所注该博，乞令直讲官校本别雕李善注本。其《初学记》《六帖》《韵对》《尔雅释文》等四件，须重写雕印”[①]。天圣八年（1030）九月十二日，重刊《诗》《书》《释文》。[②]

政治势力的变动也会影响到官刻书籍的出版，使官方刻印书籍反映出时代特点。王安石主政期间，改革科举考试，为《诗》《书》《周礼》三经作《三经新义》，其中《周官新义》由王安石亲撰。其一系列经书注解之作付国子监刊刻颁行，由此专门设立经义局。熙宁八年（1075）六月，《三经新义》于同月乙卯以副本送国子监镂板颁行。后王安石又上《三经新义》序，“诏付国子监置之三经义解之首”[③]。至同年十二月时，王安石再上《诗》中《关雎义解》，“诏并前改定诸诗序解付国子监镂板施行”[④]。另外，绍圣二年（1095）三月甲辰，依国子司业龚原等奏，将王安石之子王雱所撰《论语解》《孟子注》下国子监雕印颁行。《三经新义》的版本最终被确定下来，并由官方组织大规模刻印，成为科举考试及学校教育指定用书，为王安石变法奠定了思想理论基础，并借此选拔和培养了变法人才。其影响及于北宋中后期至南宋前期，成为熙宁、元丰及徽宗朝时期官方主要秉持的执政理念。但统一的取士标准也间接导致士子知识面狭窄，南宋初期朱弁记载“科举自罢诗赋以后，士趋时好，专以三经义为捷径，非徒不观史，而于所习经外，他经及诸子无复有读之者。故于古今

---

① 《宋会要辑稿》职官28，天禧五年五月，第2972页。

② 《宋会要辑稿》职官28，天禧五年十二月，第2972页。

③ 《长编》卷265，熙宁八年六月甲寅，第6516页。

④ 《长编》卷271，熙宁八年十二月辛亥，第6650页。

人物及时世治乱兴衰之迹，亦漫不省”①。“是时《三经新义》行，天下学者非王氏不道，《春秋》且废弗讲”②。

北宋时期，宋廷通过对经籍系统性的整理和颁行，以邢昺和孙奭等人梳理版本为主，树立了儒家经书的权威，形成了定本，对后世影响深远。

现将北宋官刻经类书籍制成下表，通过史料搜集到官刻书籍目录做成表格，未能查到出处的依据夏其峰《宋版古籍佚存书录》进行补充，表格中未标明作者年代的即为宋代。

表 2-1　北宋官刻经类书籍表

时间	刻印机构	作者	书名	出处
开宝六年(973)	有司	卢多逊等编	《开宝通礼》《义纂》	《长编》卷一四，开宝六年四月辛丑
雍熙二年(985)	国子监	[唐]孔颖达等编	《周易正义》《尚书正义》《春秋左传正义》《毛诗正义》《礼记正义》	《宋史》卷二八七《赵安仁传》
端拱二年(989)	国子监	[唐]孔颖达等编	《周易正义》《尚书正义》	《玉海》卷四三《端拱校五经正义》
淳化元年(990)	国子监	[唐]孔颖达等编	《春秋左传正义》	《玉海》卷四三《端拱校五经正义》
淳化三年(992)	国子监	[唐]孔颖达等编	《毛诗正义》	《玉海》卷四三《端拱校五经正义》
淳化三年(992)	崇文院	[汉]戴德编	《儒行中庸编》	《潞公文集》卷三〇《奏赐儒行中庸篇并七条事》

① 《曲洧旧闻》卷 3《王介甫文不为人深许》，第 123 页。

② ［宋］陈傅良：《陈傅良先生文集》卷 48《修旧墓表》，浙江大学出版社 1999 年版，第 609 页。

续表 1

时间	刻印机构	作者	书名	出处
淳化五年(994)	国子监	[唐]孔颖达等编	《礼记正义》	《玉海》卷四三《端拱校五经正义》
咸平二年(999)	国子监	邢昺等编	《礼记疏》	《玉海》卷三九《咸平礼记疏》
咸平四年(1001)	国子监下杭州	邢昺等编	《孝经正义》《论语正义》	《玉海》卷四一《咸平孝经论语正义》
咸平六年(1003)	国子监	[唐]孔颖达等编	《周礼正义》	《玉海》卷三九《咸平礼记疏》
景德元年(1004)	国子监	[唐]贾公彦等疏	《周礼疏》《仪礼疏》①《景德崇和殿尚书礼记图》《中庸九经图》	《玉海》卷三九《咸平礼记疏》
景德二年(1005)	国子监		《尚书》《孝经》《论语》	《玉海》卷二七《景德群书漆板刊正四经》
景德二年(1005)	国子监下杭州		《公羊疏》《穀梁疏》《周礼疏》《仪礼正义》	《玉海》卷四二《咸平校订七经疏义》
景德三年(1006)	国子监	邢昺等编	《仪礼注疏详校》	《宋版古籍佚存书录》
大中祥符七年(1014)	国子监		《孟子》《易》《诗经》《孝经》《论语》《春秋》《礼记》	《玉海》卷四三《咸平校订七经疏义》
大中祥符七年(1014)	国子监		《孝经正义》《论语正义》《公羊传正义》《穀梁传正义》《周礼正义》《仪礼疏》《周易正义》《尚书正义》《春秋左传正义》《毛诗正义》《礼记正义》	《玉海》卷四三《咸平校订七经疏义》

① 清覆刻本卷末北宋列衔记有“大宋景德元年六月”。

续表 2

时间	刻印机构	作者	书名	出处
大中祥符七年(1014)	国子监	孙奭编	《孟子章句》	《郡斋读书志校证》卷三《孟子章句》
大中祥符八年(1015)	国子监	[后汉]郑康成注	《月令》	《长编》卷八五,大中祥符八年九月己未
天禧五年(1021)	国子监		《易》《书》《诗》《左传》《礼记》《周礼》《孝经》《论语》《孟子》	《宋会要辑稿》职官二八之二
天禧五年(1021)	国子监		《孝经正义》《论语正义》《公羊传正义》《穀梁传正义》《周礼正义》《仪礼疏》《周易正义》《尚书正义》《春秋左传正义》《毛诗正义》《礼记正义》	《玉海》卷四三《景德群书漆板刊正四经》
天圣七年(1029)	江阴军学	[三国]韦昭注	《国语》	《宋会要辑稿》崇儒四之七
天圣八年(1030)	国子监		《诗经》《尚书》	《宋会要辑稿》职官二八之二
庆历八年(1048)	国子监	[唐]陆淳编	《春秋集传纂例》	《宋版古籍佚存书录》
皇祐五年(1053)	不详①	阮逸、胡瑗	《皇祐新乐图记》	《直斋书录解题》卷一四《皇祐新乐图记》
熙宁八年(1075)	国子监	王安石、王雱	《诗经新义》《尚书新义》《周官新义》	《长编》卷二六五,熙宁八年六月乙卯
元祐年间(1086—1093)	不详	刘敞	《春秋传》《春秋权衡》《春秋意林》《春秋说例》	《藏园群书经眼录》②卷一

① 据张金吾藏影写《新乐园记》卷末载:“皇祐五年十月初三日奉旨开板印造。”

② [清]傅增湘:《藏园群书经眼录》,中华书局1983年版。

续表3

时间	刻印机构	作者	书名	出处
大观四年(1110)	不详	议礼局	《大观新编礼书》	《宋史》卷九八《礼志一》
政和三年(1113)	不详	郑居中等	《政和五礼新仪》	《宋史》卷九八《礼志一》

（二）南宋时期经类及注疏书籍的刊刻

南渡之初刻板及书籍散佚严重，宋廷开始从民间征集原国子监版书籍，以便重新镂板印刷。绍兴九年（1139）九月七日“诏下诸郡索国子监元颁善本校对镂板。绍兴十五年（1144）闰十一月，博士王之望请群经义疏未有板者令临安府雕造。盖二《礼》、二《传》、《孝经》《论语》《尔雅》正义其板皆在杭州，唯太宗刊所刊五经正义板在旧都，时为金人辇之而北，具未有板者复行雕造。二十一年（1150）五月诏令国子监访寻五经三馆旧监本刻板。上曰：‘其它阙书亦令次第镂板，虽重修所费，亦不惜也。’繇是经籍复全”①。经过一系列有组织、有规模的征集、校对及镂板，经书书籍版本又得以复全。但此时期所刊监本存有讹误，“南渡草创，则仅取版籍于江南诸州，与京师承平监本大有径庭，与潭、抚、闽、蜀诸本互为异同，而监本之误为甚”②。

宋人对经书所做讲解也得到国子监刊行，如绍兴三十二年（1162）三月己未，“刑部侍郎兼侍讲黄祖舜进《论语解义》。诏给事中金安节等看详。安节等言词义明粹，令国子监板行，赐诏奖谕”③。嘉定十六年（1223），“朝廷命胄监刊定经籍”，根据现

① 《玉海》卷43《景德群书漆板》，第814—815页。

② ［宋］魏了翁：《鹤山集》卷53《毛义甫居正六经正误序》，《四部丛刊》影印本。

③ 《玉海》卷41《绍兴论语解义》，第773页。

存史料，此次为南宋集中大规模对经籍最后一次刊刻。此次刊刻仅完成四经修改，最终因主修者毛居正患眼疾而终止，《礼记》和《春秋三传》终究未成。①

由于监本书籍校对精细，南宋时期地方政府常以监本为底版进行覆刻，如两浙东路茶盐司刻《周易注疏》十三卷，“陈仲鱼谓即《九经沿革例》中所称绍兴初监本”②。江西地区原有淳熙四年（1177）抚州公使库刻印的郑玄《礼记注》二十卷。咸淳九年（1273），黄震又依据旧版重新印刷，并依据国子监版本刊刻其他未刻三书以补足九经，“抚州旧板惟六经三传，今用监本添刊《论语》《孟子》《孝经》以足九经之数”③。

刊行增注及注疏类经书是南宋前期到中期较为常见的学术现象④，反映出官府从注重对前人注疏的刊刻逐步转向刊刻宋人注疏，如淳熙年间抚州公使库刻《春秋公羊经传解诂》，绍熙四年（1193）又重修刻印。绍熙年间两浙东路茶盐司刻邢昺注疏的《论语注疏解经》及嘉泰年间出版的孙奭注疏的《孟子注疏解经》。⑤ 为便于宋廷实施礼教，卫湜融合汉唐各家学说编订《礼记集说》⑥，后由江南东路转运司、严州分别对其进行了刊刻。

---

① 《鹤山集》卷53《毛义甫居正六经正误序》，《四部丛刊》影印本。

② 《铁琴铜剑楼藏书目录》卷1，清光绪常熟瞿氏家塾刻本。

③ ［宋］黄震：《黄氏日抄》卷91《修抚州六经跋》，《文渊阁四库全书》，台湾商务印书馆1983年版，第708册，第985—986页。

④ ［日］尾崎康：《以正史为中心的宋元版本研究》，北京大学出版社1993年版，第52页。

⑤ 张允亮：《故宫善本书目·天禄琳琅外书目》，北平故宫博物院1934年铅印本，第2页。

⑥ ［宋］卫湜：《礼记集说》卷首《进礼记集说表》，《文渊阁四库全书》，台湾商务印书馆1983年版，第117册，第4页。

表 2-2 南宋官刻经类及注疏类书籍表

时间	刻印机构	作者	书名	出处
绍兴初年	建康府学		《周易》《尚书》《毛诗》《周礼》《仪礼》《春秋》	《景定建康志》卷三三《文籍志一·书籍》
绍兴初年	国子监	[唐]孔颖达疏	《周易注疏》	《宋版古籍佚存书录》
绍兴四年(1134)	高邮军	孙觉	《春秋经传集解》	《书林清话》卷三《郡斋本》
绍兴九年(1139)	绍兴府	[唐]孔颖达疏	《毛诗正义》①	《中国版刻图录》图版 7
绍兴九年(1139)	临安府	[唐]孔颖达疏	《汉官仪》②	《中华再造善本》一期目录编号 226
绍兴十二年(1142)	秘书省	董自任	《春秋总鉴》	《建炎以来系年要录》卷一四七
绍兴十二年(1142)	常州	陈瓘	《了翁易说》	《四库全书提要》卷二《了翁易说》
绍兴十五年至绍兴二十一年(1145—1151)	临安府	[唐]孔颖达疏	《孝经正义》《论语正义》《周礼疏》《仪礼疏》《毛诗正义》《周易正义》《礼记正义》《春秋左传正义》《春秋公羊传疏》《春秋穀梁传疏》《尚书正义》③	《玉海》卷四三《景德群书漆板》
绍兴十七年(1147)	婺州州学	不详	《古三坟书》④	《中华再造善本总目》

① 日本金泽文库存 30 卷。
② 国家图书馆藏 2 卷。
③ 除《尚书正义》为日本宫内省图书馆藏，其余为国家图书馆藏。
④ 国家图书馆藏。

续表 1

时间	刻印机构	作者	书名	出处
绍兴二十一年(1151)	国子监		《周易传》《尚书传》《毛诗传》《周礼注》《仪礼注》《春秋经传集解》《春秋穀梁传集解》《孝经注》《论语集解》《孟子章句》	《玉海》卷四三《景德群书七板刊正四经》
绍兴二十一年(1151)	鄱阳县	孙复	《春秋尊王发微》	《宋版古籍佚存书录》
绍兴二十二年(1152)	兴国军学		《周易》《尚书》《毛诗》《周礼》《仪礼》①	《鹤山先生大全文集》卷五三《毛义甫居正六经正误序》
绍兴三十二年(1162)	国子监	黄祖舜	《论语解义》	《玉海》卷四一《绍兴论语解义》
绍兴年间(1131—1162)	两浙东路茶盐司	[唐]孔颖达等撰,贾公彦等疏	《周易注疏》《尚书正义》②《周礼疏》	《铁琴铜剑楼藏书目录》卷一《周易注疏》
绍兴年间(1131—1162)	荆湖北路转运司	范正国或范寅秩③	《政和五礼撮要》	《直斋书录解题》卷六《政和五礼撮要》
乾道元年(1165)	抚州州学	杨甲	《六经图》	《天禄琳琅书目》卷一《杨甲六经图》
乾道元年(1165)	资州	[唐]李鼎祚	《周易集解》	《周易集解·周易集解序》
乾道三年(1167)④	浙江西路转运司	刘牧	《易数钩隐图》《遗论九事》	《四库全书总目提要》卷二《易数钩隐图》

① 日本宫内厅书凌部藏。

② 国家图书馆藏 20 卷,其中卷 7—8、卷 19—20 配日本影宋抄本。

③ 此据《直斋书录解题》卷 6《政和五礼撮要》所载:“绍兴中,有范其姓者为湖北漕,取品官、士庶冠昏、丧祭为一编,刻板学宫,不著名。以《武昌志》考之,为漕者有范正国、范寅秩,不知其为谁也。”

④ 据《四库全书总目提要》卷 2 所载,刘牧之书由刘敏士刻于浙右漕司。《咸淳临安志》载刘敏士为乾道三年转运判官,五年姚宪代之。此书应刻于乾道三、四年间。

续表 2

时间	刻印机构	作者	书名	出处
乾道四年(1168)	隆兴府	胡安国	《春秋传》①	《春秋传》卷末《春秋传跋》
乾道五年(1169)	婺州州学	程颐	《周易程氏传》	《周易程氏传》卷末《周易程氏传跋》
乾道六年(1170)	婺州	李衡	《周易义海撮要》	《四库全书总目提要》卷三《周易义海撮要》
乾道八年(1172)	两浙路转运司	张淳	《仪礼》《释文》《识误》	《仪礼》卷首《仪礼识误序》
乾道年间(1165—1173)	江阴军	[西晋]杜预	《春秋经传集解》②	《春秋经传集解》卷末《春秋经传集解跋》
乾道年间(1165—1173)	章贡	张淳校	《古礼》《识误》	《直斋书录解题》卷二《古礼》
淳熙元年至淳熙四年(1174—1177)	抚州公使库		《诗》《书》《易》《礼》《春秋》《乐》《公羊传》《左传》《穀梁传》	《中华再造善本总目》
淳熙二年(1175)	镇江府学	[后汉]聂崇义	《新定三礼图》③	《中华再造善本总目》
淳熙二年(1175)	建宁府	韩元吉	《大戴礼记》	《中华再造善本总目》
淳熙三年(1176)	左廊司局	[西晋]杜预	《春秋经传集解》	《天禄琳琅书目后编》卷三《春秋经传集解》
淳熙三年(1176)	舒州公使库	曾穜辑	《大易粹言》④	《中华再造善本总目》

① 北京大学图书馆藏。

② 故宫博物院藏。

③ 国家图书馆藏，公文纸印本 20 卷。

④ 国家图书馆藏残 60—67、68 卷。

续表 3

时间	刻印机构	作者	书名	出处
淳熙四年(1177)	抚州公使库	[东汉]郑玄撰,陆德明释	《礼记》①	《中华再造善本总目》
淳熙六年(1179)	安吉州学	蔡节	《论语集说》	《书林清话》卷三《宫本》
淳熙七年(1180)	筠州公使库	苏辙	《诗集传》②	《日本藏宋人文集钩沉·宋人别集》
淳熙九年(1182)	江南西路转运司	吕祖谦	《吕氏家塾读诗记》③	《中华再造善本目录》
淳熙十二年(1185)	婺州	洪迈辑	《左传法语》	《直斋书录解题》卷一四《左传法语》
淳熙十三年(1186)	建康府	赵善誉	《易说》	《赵氏易说》卷首《赵氏易说序》
淳熙十三年(1186)	瑞安县学	刘敞	《春秋传》《春秋权衡》《春秋意林》《春秋说例》	《刘氏春秋传》卷首《春秋传原序》
淳熙年间(1174—1189)	抚州公使库	[西晋]杜预	《春秋经传集解》④	《中华再造善本总目》
淳熙年间(1174—1189)	抚州公使库	[三国]王弼撰,韩康伯注	《周易》⑤《略例》	《宋版古籍佚存书录·周易注》
淳熙年间(1174—1189)	抚州公使库	[东汉]何休撰,陆德明撰	《春秋公羊传解诂》⑥	《中华再造善本总目》

① 国家图书馆藏,淳熙四年刻,咸淳九年重修本。

② 国家图书馆藏。

③ 国家图书馆藏。

④ 国家图书馆藏残卷 1、2、19;台北故宫博物院存卷 3—16、18、21—24。

⑤ 国家图书馆藏残本。

⑥ 国家图书馆藏淳熙年间刻绍熙四年重修本。

续表 4

时间	刻印机构	作者	书名	出处
淳熙年间(1174—1189)	江西转运司	[东汉]赵岐注	《孟子注》	《书林清话》卷三《宋司库州军郡府县书院刻书》
绍熙三年(1192)	两浙东路茶盐司	[唐]孔颖达等	《礼记正义》①、《毛诗正义》《尚书正义》《周易注疏》	《宝礼堂宋本书录》经部著录
绍熙四年(1193)	高邮军	孙觉	《春秋经解》	《春秋经解》卷首《春秋经解跋》
绍熙年间(1190—1194)	两浙东路茶盐司	邢昺等疏	《论语注疏解经》	《宋版古籍佚存书录》
绍熙年间(1190—1194)	中央机构②	范正国或范寅秩	《政和冠昏丧祭礼》	《直斋书录解题》卷六《政和冠昏丧祭礼》
庆元初年	福州	朱熹刊订	《易经》《诗经》《书经》《春秋》	《西山先生真文忠公文集》卷三六《跋朱文公帖》
		童伯羽	《四书集成》	《蒲城詹氏族谱》卷一五《四书集成序》
		张栻	《论语解》	《朱文公文集》卷三四《答吕伯恭书》
庆元六年(1200)	绍兴府	[唐]孔颖达等	《春秋左传正义》③	《中华再造善本总目》
庆元六年(1200)	绍兴府	[东汉]郑玄注，贾公彦疏	《周礼注疏》	《宋版古籍佚存书录》
庆元六年(1200)	建昌军学	陈旸	《乐书》④	《涉园所见宋版书影》第一辑《乐书》

① 国家图书馆藏宋元递修本。《礼记正义》据《古籍宋元刊工姓名索引》第 304 页载，为绍熙二年刊刻。实为绍熙二年开始刻板，绍熙三年完工。

② 据《直斋书录题解》卷 6《政和冠昏丧祭礼》所载："绍熙中，南康黄灏商伯为礼官，请于《政和五礼》内掇取品官、庶人礼摹印颁之郡县，从之。"

③ 国家图书馆藏 36 卷，宋元递修本。

④ 日本昌平学藏元明补刊本。

续表 5

时间	刻印机构	作者	书名	出处
嘉泰元年(1201)	潮阳县学	朱熹	《大学章句》	《勉斋黄文肃公文集》卷二〇《书晦庵先生正本〈大学〉》
嘉泰年间(1201—1204)	瑞安府	陈傅良	《止斋春秋后传》《左氏章指》	《攻媿集》卷五一《止斋春秋后传左氏章指序》
嘉泰年间(1201—1204)	两浙东路茶盐司	[东汉]赵岐注,孙奭疏	《孟子注疏解经》①	《文禄堂访书记》②卷一《孟子注疏解经十四卷》
开禧元年(1205)	南剑州	叶梦得	《春秋传》《春秋考》《春秋谳》	《全宋文》第 325 册《石林先生春秋传后序》
嘉定二年(1209)	临川县学	朱熹	《元亨利贞说》《损益象说》	《勉斋集》卷 27《跋损益象说》
嘉定二年(1209)之后	吉州	杨万里撰,张敬之校	《张先生校正杨宝学易传》③	《书林清话》卷三《宋州府县刻书》
嘉定三年至四年(1210—1211)	婺州	吕祖谦	《左传类编》	《中华再造善本总目》
嘉定四年(1211)	江南东路转运司	[汉]董仲舒	《春秋繁露》④	《中华再造善本总目》
嘉定四年(1211)	严州	卫湜	《礼记集说》⑤	《中华再造善本总目》
嘉定六年(1213)	国子监		《周易》《毛诗》《尚书》《周礼》《春秋》《仪礼》	《宋版古籍佚存书录》

① 北京大学图书馆藏残存 4 卷。

② 王文进:《文禄堂访书记》,上海古籍出版社 2007 年版。

③ 国家图书馆藏。

④ 国家图书馆藏。

⑤ 国家图书馆藏。

续表 6

时间	刻印机构	作者	书名	出处
嘉定六年(1213)	瑞安府	陈傅良	《春秋后传》	《春秋后传》卷首《春秋后传左氏章指原序》
嘉定九年(1216)	兴国军学	[唐]孔颖达	《春秋左传正义》《毛诗正义》《尚书正义》《周易正义》《礼记正义》	《书林清话》卷三《州军学本》
嘉定九年(1216)	兴国军学	[西晋]杜预	《春秋经传集解》①《经传识异》《春秋左氏音义》②	《宋版古籍佚存书录》
嘉定九年(1216)	余杭县	朱熹	《家礼》	《勉斋黄文肃公文集》卷二〇《书晦庵先生〈家礼〉》
嘉定十年至淳祐十二年(1217—1252)	太平州	朱熹注	《四书章句集注》③	《朱子全书·四书集注》卷首《点校说明》
嘉定十六年(1223)	南康军	黄榦	《仪礼经传通解续集》④	《仪礼经传通解续集》卷首《仪礼经传通解续集序》
嘉定十六年(1223)	国子监		《易》《尚书》《诗经》《乐经》	《鹤山集》卷五三《毛义甫居正六经正误序》
嘉定十六年(1223)	建康府学	戴溪	《春秋讲义》	《春秋讲义》卷首《春秋讲义原序》

① 日本宫内厅书陵部藏。

② 日本尊经阁文库藏。

③ 国家图书馆藏。

④ 东京大学东洋研究所藏。

续表 7

时间	刻印机构	作者	书名	出处
嘉定年间(1208—1224)	南剑州学	黄榦	《论语通释》	《全宋文》第305册《跋论语集义或问通释》
嘉定年间(1208—1224)	安溪印书局	司马光	《司马温公书仪》	《复斋先生龙图陈公文集》卷五《跋安溪县刊司马温公书仪》
嘉定年间(1208—1224)	兴化军学	朱熹、黄榦	《论语集义》《论语或问》《论语通释》	《全宋文》第305册《跋论语集义或问通释》
嘉定年间(1208—1224)	建安书院	项安世	《周易玩辞》①	《郘亭知见传本书目》卷一《周易玩辞》
嘉定年间(1208—1224)	嘉兴府	[汉]董仲舒	《春秋繁露》	《宋版古籍佚存书录》
宝庆元年(1225)前后	静江府学	李如圭	《仪礼释宫》《仪礼集释》	《四库全书总目提要》卷二十《仪礼释宫》
绍定四年(1231)	江南东路转运司	卫湜	《礼记集说》	《中华再造善本总目》
绍定四年(1231)	福州	朱熹等	《仪礼经传通释祭礼》	《皕宋楼藏书志》卷七《仪礼经传通释祭礼序》
绍定四年(1231)	鄱阳县	袁燮	《絜斋家塾书钞》	《絜斋家塾书钞》卷首《絜斋家塾书钞序》
绍定五年(1232)	福建路转运司	郑汝谐	《易翼传》	《经义考》卷三四《易三十三》
绍定五年(1232)以后	明州州学	朱熹	《文公大学章句》《文公中庸章句》	《宝庆四明志》卷二《书板》

① 台北“国家图书馆”藏。

续表 8

时间	刻印机构	作者	书名	出处
绍定五年(1232)以后	明州州学	不著撰人	《洪范讲义》	《宝庆四明志》卷二《书板》
端平二年(1235)	临江军学	张洽	《春秋集注》①《纲领》	《春秋集注》卷末《春秋集注序》
端平二年(1235)	富川县学	朱熹	《诗传遗说》《诗集传》	《全宋文》第 317 册《诗传遗说序》
宁宗末年、理宗初年	建宁府	朱熹	《论语详说》《孟子要略》	《西山文集》卷二九《孟子要略序》
理宗初年	吉州州学	朱熹	《四书章句集注》	《巽斋文集》卷一二《四书集义序》
嘉熙四年(1240)	严州	卫湜	《礼记集说》②	《中华再造善本总目》
淳祐二年(1242)	秘书省下温州	王与之	《周礼订义》③	《宋版古籍佚存书录》
淳祐三年(1243)	袁州军学	程公说	《春秋分纪》	《书林清话》卷三《宋司库州军郡府县书院刻书》
淳祐六年(1246)	安吉州州学	蔡节	《论语集说》④	《论语集说》卷首《论语集说跋》
淳祐六年(1246)	郴州州学	刘克	《师说》⑤《总说》	《国家珍贵古籍名录》,第 00308 号
淳祐六年(1246)以后	明州州学		《诗》《礼》	《宝庆四明志》卷二《书板》
淳祐六年(1246)以后	明州州学	刘黻	《濂洛论语》	《宝庆四明志》卷二《书板》

① 故宫博物院藏。
② 国家图书馆藏卷 34—40、93—95、100—106 配清抄本。
③ 国家图书馆藏。
④ 国家图书馆藏 10 卷。
⑤ 国家图书馆藏残存 1、3—8、11—12 卷。

续表 9

时间	刻印机构	作者	书名	出处
淳祐十二年(1252)	建阳县学	朱熹	《晦庵先生朱文公易说》	《书林清话》卷三《县学本》
淳祐十二年(1252)	紫阳书院	魏了翁	《大易集义》①《周易要义》②《仪礼要义》③《礼记要义》④	《大易集义》卷首《周易集义跋》
淳祐十二年(1252)	太平州	朱熹	《大学章句集注》《中庸章句集注》⑤	《铁琴铜剑楼藏书目录》卷六《四书章句集注》
宝祐三年(1255)	临江军学	张洽	《春秋集注》⑥	《中华再造善本总目》
景定二年(1261)	南剑州学	杨时	《论语解》《经说》	《全宋文》第353册《龟山年谱序》
景定年间(1260—1264)	严州	钱时	《融堂四书管见》	《景定新安续志》卷五《书籍》
理宗年间(1225—1264)	兴国军学	朱熹	《四子章句》《或问》《集注》《辑略》	陈宓《复斋文集》卷十《跋四子章句或问集注辑略》
咸淳元年(1265)	建宁府	朱熹	《周易本义》⑦《易图》《五赞》	《宋版古籍佚存书录》
咸淳二年(1266)	徽州	孙荣叟	《读易管见》	《宋版古籍佚存书录》

① 国家图书馆藏存64卷。淳祐十二年刻,至正二十五年重修本。
② 国家图书馆藏残存1—2、7—10卷。
③ 国家图书馆藏存目录、卷1—6、25—28、41—43。
④ 国家图书馆藏残存3—33卷。
⑤ 国家图书馆藏。
⑥ 国家图书馆藏11卷。
⑦ 国家图书馆藏12卷。

续表 10

时间	刻印机构	作者	书名	出处
咸淳九年(1273)	抚州公使库		《论语》《孟子》《孝经》	《慈溪黄氏日抄分类》卷九二《修抚州六经跋》
咸淳九年(1273)	衢州州学	朱熹注	《朱子章句集注》	《铁琴铜剑楼藏书目录》卷六《朱子章句集注》
德祐元年(1275)	华亭书院	张洽	《春秋集注》	《中华再造善本》一编
南宋	两浙西路转运司	刘牧注	《新注周易》	《直斋书录解题》卷一《新注周易》
南宋	国子监	[东汉]赵岐注	《孟子古注》	《宋版古籍佚存书录》
南宋	衢州州学	朱熹	《四书朱子集注》	《宋版古籍佚存书录》
南宋	国子监	郑居中	《政和五礼新仪》	《宋版古籍佚存书录》
南宋	国子监	程颐	《周易程氏传》	《宋版古籍佚存书录》
南宋	国子监	李衡	《周易义海撮要》	《宋版古籍佚存书录》
南宋	睿思殿	不著撰人	《春秋加减》	《直斋书录解题》卷三《春秋加减》
南宋	两浙西路转运司	刘牧	《卦德统论》《略例》	《直斋书录解题》卷一《易类》
南宋	富川县学	朱熹	《晦庵先生朱文公易说》	《宋版古籍佚存书录》
南宋	建康府	洪皓	《春秋纪咏》	《景定建康志》卷三三《书版》
南宋	建康府	曾原一	《选诗演义》	《景定建康志》卷三三《书版》
南宋	建康府	张栻	《余山南读易记》	《景定建康志》卷三三《书版》

续表 11

时间	刻印机构	作者	书名	出处
南宋	建康府	张栻	《余山南南轩讲义》	《景定建康志》卷三三《书版》
南宋	广德军	[汉]扬雄	《二十四箴》	《文献通考》卷二三〇《经籍考》五七《二十四箴》
南宋	瑞安府学	陈傅良	《左氏章指》	《攻媿集》卷五一《止斋春秋后传左氏章指序》
南宋	建康府	戴溪	《春秋讲义》	《景定建康志》卷三三《书版》
南宋	建康府	田畴	《学易蹊径》	《景定建康志》卷三三《书版》
南宋	江西转运司	朱熹	《诗集传》	《宋版古籍佚存书录》
南宋	瑞安府学	朱熹	《家礼附注》	《读书附志》卷上《家礼附注》
南宋	建康府	张载	《横渠易说》	《景定建康志》卷三三《书版》
南宋	建康府	不详	《周易终说》	《景定建康志》卷三三《书版》
南宋	建康府	不详	《李公易解》	《景定建康志》卷三三《书版》
南宋	建康府	不详	《孝经集遗》	《景定建康志》卷三三《书版》
南宋	越州州学	尹焞	《孟子解》	《郡学读书附志》卷上《孟子解》
南宋	建康府	刘克	《诗说》	《景定建康志》卷三三《书版》
南宋	建康府	苏辙	《语孟拾遗》	《景定建康志》卷三三《书版》
南宋	建康府	不详	《论语约说》	《景定建康志》卷三三《书版》

续表 12

时间	刻印机构	作者	书名	出处
南宋	建康府	苏轼	《东坡论语》	《景定建康志》卷三三《书版》
南宋后期	福州州学	林希逸	《庸斋考工记》	《古籍宋元刊工姓名索引》
南宋后期	潮州州学	朱熹	《论孟或问》《中庸辑略》	《永乐大典》卷五三四三引《三阳志》
宋代	明州公使库	［秦］孔鲋	《孔从子》	《宋版古籍佚存书录》

通过南北宋两表对比可以看出，中央官刻经类书籍以国子监刊刻为主，所刊经书及刻板经过了不断的修改和完善。表中所载北宋期间 27 次刊刻中，除天圣七年（1029）江阴军学刻《国语》外，绝大多数为国子监组织刊刻。南宋所载 239 次刊刻，中央政府仅占 13 次，其中淳祐二年（1242）所刊王与之撰《周礼订义》是由秘书省下温州雕版刻，反映出从北宋至南宋，中央刊刻行为逐渐减少，而地方政府及学校刻印蓬勃发展的趋势。

中央政府刊刻经书白文本集中在景德二年（1005）、大中祥符七年（1014）、天圣八年（1030）、天禧五年（1021）、绍兴二十一年（1151）、嘉定六年（1213）及嘉定十六年（1223）七个时段。重新刻印的原因除了南宋初年因战乱散失书籍外，多为印板由于长时间使用字迹不清，或是发现原刻板有讹缺而重刻。北宋期间，地方官刻白文本经类书籍很少，至南宋，地方政府及学校刊刻经类书籍较为活跃，与中央政府鼓励州县刻印，学校兴盛以及地方和民间刻印发展等相关。地方刊刻经书白文本有明确记载的为绍兴初年的建康府学刻六经、绍兴二十二年（1152）兴国军学郑仲熊刊刻五经、淳熙年间抚州公使库刻六经三传、绍熙年间婺州刻五经，及明州州学淳祐年间置《诗》《礼》印板。

官方对经类注疏书籍的刊刻次数远多于经书白文本刊刻。宋初，为了统一学校及科考教材，中央政府于太宗年间由国子监先后三次刊刻孔颖达注释五经正义。此后，中央刊刻经书一般由国子监主导，而崇文院单独印刷《儒行中庸编》是为太宗赏赐近臣，意欲激励士人敦修儒行。① 真宗景德年间，国子监先后三次补充刻印十一经正义，邢昺等人勘校经书得到出版，对经书权威性的解释，是宋廷中央集权在思想和学术上的反映。此系列注疏章句训诂较为细密，成为学校教育及科举考试用书而被官方多次翻刻。至仁宗、神宗、哲宗年间，中央不再刊刻孔颖达注本，熙宁八年（1075）起以刊刻王安石注疏为主，新学成为官方主导思想，此外也补充印刷宋人一些注疏版本。北宋时期地方刊刻注疏类鲜有记载，其中刊刻较多的杭州多是由国子监下发任务而进行刊刻。

南宋初年，中央分别对孔颖达及邢昺等注疏进行了刊刻。除国子监主持刊刻外，秘书省和左司廊局也参与其中。此后，中央对注疏类著作基本未有集中刊刻，但临安府部分刊刻有可能是受到国子监委托而进行。相较而言，地方政府及学校刊刻更为活跃。各地区学校刊刻涉及地域范围较广，多是围绕中央政府所颁考试及教学用书进行刊刻。自嘉定后多刻印朱熹、黄榦等理学家注疏，足见理学影响力的提升。地方政府刊刻地域范围较小，但刊刻规模较大，刊刻活动持续性强。其中以两浙东路茶盐司、抚州公使库系统性刊刻经类注疏为代表，数量较多，质量也较高。

① ［宋］文彦博：《潞公文集》卷30《奏赐儒行中庸篇并七条事》，《文渊阁四库全书》，台湾商务印书馆1983年版，第1100册，第759—760页。

如两浙东路茶盐司首创将经文、注文与疏文合刻在一起，成为注疏合刻本，被称为“越刻八行本”；抚州将《礼记释文》附在《礼记》文后刊刻，以便读者查阅。同样质量精良的还有咸淳元年（1265），吴革于建宁府刻朱熹撰、吕祖谦考订的《周易本义》，采用半页六行的大字①，足见地方政府刊刻财力充足，且为宋以后科考用书提供了较好的版本。

从刊刻内容看，北宋年间对《书》《诗》《礼记》经书及其注疏分别刊刻 8 次，次数最多；《周易》《春秋》《孝经》《论语》《周礼》分别刊刻 6 次；《仪礼》刊刻 4 次；《公羊》《穀梁》《孟子》刊刻 3 次，次数最少。南宋年间，《周易》类著述刊刻多达 40 次，其次为《春秋》类 33 次，《论语》22 次，《诗》18 次，《孟子》15 次，《礼》14 次，《书》11 次，《仪礼》和《中庸》10 次，《大学》9 次，《周礼》8 次，《孝经》4 次，《公羊》《穀梁》《乐》3 次。北宋时期九经的刊刻次数较多，至南宋《周易》和《春秋》类著作猛增，与易学和春秋学盛行相关。《易》具有变通思想，能更好地阐发义理，《春秋》著述则阐明尊王及正统观念等。《论语》和《孟子》刊刻次数大幅提高，与《孟子》入经及朱熹《四书集注》被确立为科考参考书目相关。《乐经》也自南宋被刊刻。这些刊刻从一定程度上反映了不同时期政府对经书的侧重及社会流行趋势。

官方刊刻经书影响了经学史发展的历程。经籍的地位和权威性会随着时代需要而不断发生变化。只有经过官方认可才拥有其法定性、权威性和适用性。自西汉始，经学内部就存在着争论，

① 李致忠：《宋版书续录》，《周易本义》，北京图书馆出版社 1997 年版，第 23 页。

包括今古文之争、郑学和王学之争、南学和北学之争等。经学斗争往往又与朝廷政治斗争相关联，而选取不同的注释本并颁行反映了官方思想舆论及价值观念引导方向上的变化。唐代孔颖达所作五经注疏使经文有了官方定本，消除了经文解释不同的弊病。为了统一思想，宋初沿袭唐代做法，刻印孔颖达注释版本作为教育书目和考试标准。随着佛道二教的兴盛，以及三教融合的趋势，宋代经学对之前注疏有所扬弃，逐渐形成新的对经学的诠释。因而至咸平年间，邢昺等注释经典付诸刻印成为中央及地方刊刻主流。神宗熙宁年间王安石注疏的三经新义由中央统一刻印发布，并被视为科举考试答卷标准。但孔颖达注释版本并未因此废止，仍旧得到持续刊刻，直至宁宗嘉定年间兴国军学选择刊刻五经时，仍选择孔颖达注释本，可见当时学校教育还是对此版注疏存有需求。

度宗咸淳时期，地方学校多刻印朱熹注疏章句也同样反映出科举考试指导思想的变化。宋廷大规模的刊刻经书，对十三经的最终形成起到重要作用。《十三经注疏》的刻印是对整个儒家经典著作与研究的一次大总结，有利于思想统一。科举考试对经类著作的需求不仅影响了宋人对经书的阐释，也带动了地方政府及学校的刊刻印刷。

除了上述颁布的官方版本注疏外，不少士人借经抒议，将经文作为阐发自己思想的基础，为经文作注，对经类书籍重新解读，讲求融会贯通，从经文中寻求义理以发挥儒家的仁义之道。官方刊刻也反映出了宋学不断发展的脉络，如新学在北宋时得到重视，并成为变法的理论支持，直至南宋前期为官方主流思想。南宋后，新学地位日益下降，元祐学术逐渐流行，其作品及思想为官方认可，在地方学校得到刊刻。南宋建康府学藏有苏辙撰《语孟拾遗》书板共 19 板。宋初三先生重新释读经学，但在北宋时期并未得到重视，直到绍兴二十一年（1151）鄱阳县刊刻孙复的《春秋尊王发微》。南宋期间，王学学说因政治、学术传承等原因影响力不断下降，而理学经过不断发展，渐成体系，影响力从民间走向官学，尤其是经过宋理宗的推崇，至南宋中后期不少理学家的著作得到宋廷重视及刊刻，如程颐、张栻、吕祖谦、黄榦、张洽、杨时等。与此同时，其他学派著作也在地方得到刊刻，如淳熙七年（1180），筠州公使库刻苏辙撰《诗集传》；嘉定六年（1213），瑞安府学刻陈傅良撰《春秋后传》。

宋廷对经书注疏类著作的刊刻发行，一方面反映出宋人好注疏疑经的学风，诸多注疏类著作在社会中流行，进而推动了宋学的繁荣；另一方面得到官方认可及刻印的著作，必然是在符合儒家政治统治思想框架下的著作。得到宋廷刻印的经学著作又对宣扬官方思想、培养宋廷所需人才发挥了重要的作用。

二、韵书、字类书籍的刊刻

韵书、字类书籍是研读经书的重要参考工具。除刊刻儒家经典外，官府对流传及使用范围较广的字典及韵书之类的校订和刻印出版，有利于规范科考标准和国家统一思想的施行，也符合读者实际需求。

释文类书籍是最早一批由中央政府主持刊刻的书籍。《经典释文》校对是自后周始，一直至宋才渐次完成。后周显德年间，田敏、尹拙、聂崇义先是奉诏校勘《易》《书》《周礼》《仪礼》四经释文，后又相继校勘《礼记》《春秋三传》《毛诗》。宋建国后，释文校勘在此基础上继续展开。建隆三年（962），崔颂上新校订《礼记释文》，开宝五年（972），“判监陈鄂与姜融等四人校《孝经》《论语》《尔雅》释文，上之。二月，李昉、知制诰李穆、扈蒙校定《尚书释文》”。此版《尚书释文》选用的是《古文尚书》，因而命周惟节与陈鄂重修订，并刻板颁行。[①] 咸平二年（999）十月十六日，直讲孙奭“请摹印《古文尚书音义》与《新定释文》并行从之”。景德二年（1005），因国子监版印《尔雅释文》讹误颇多，命孙奭等人详定，至天圣四年（1026）五月，国子监摹印颁行《德明音义》。[②]

字典类书籍出版始自宋太宗，以“许慎《说文》差缪，学者无所依据，乃诏右散骑常侍徐铉、著作郎直史馆句中正等精加雠校”，此项工作至雍熙三年（986）十一月完成，新校订《说文解字》共三十卷，模印颁行。[③] 大中祥符六年（1013）九月，中央又核校另一部字书《玉篇》，“翰林学士陈彭年、集贤校理吴锐、直集贤院丘雍上准诏新校定《玉篇》三十卷，请雕印颁行。诏令两制官详定改更之事。至天禧四年（1020）七月，刻板成，赐雍金紫”[④]。地方政府及学校还刊刻翻译字典类书籍，如庆元六年（1200），浔州刻《輶轩使者绝代语释别国方言》十三卷。[⑤]

宋代是音韵文献的成熟期，集前代韵书大成，也是一个转型

---

① 《玉海》卷43《开宝校释文》，第812页。

② 《玉海》卷43《开宝校释文》，第812页。

③ 《长编》卷27，雍熙三年十一月乙丑，第625页。

④ 《宋会要辑稿》崇儒4，天禧四年七月，第2231页。《玉海》卷45为“诏两制详定改更之字”，第845页。

⑤ 中华再造善本工程编纂出版委员会：《中华再造善本总目》，国家图书馆出版社2015年版，第27页。

期，音韵开始走向实用，并开启了古音学研究。[①] 科举考试需要统一的官方韵书来审定音律，因而宋廷注重对注音类书籍刻印颁行。

宋太祖时期，刘熙古所作《切韵拾玉》二篇，“摹刻以献，诏付国子监颁行之”[②]。随着科举考试推行及学校教育的普及，社会对经类书籍需求量逐渐增大，宋廷不断扩大经类著作刊刻范围，如景德四年（1007），因考试举人所用音韵多有讹误，崇文院上校定《切韵》五卷，并依照《九经》例颁行。此本《切韵》于大中祥符元年（1008）六月五日，改名为《大宋重修广韵》。[③] 与《广韵》同时出版的还有《韵略》，景德四年（1007）十一月，“诏以新定《韵略》送国子监，镂板颁行”。《韵略》内容较《广韵》有所减少，主要集中在诗赋常用字上，对南北考试用音韵进行了统一规定，使科举考试诗赋评判有了统一标准。景祐四年（1037），因太常博士、直史馆宋祁、郑戬建言彭年和邱雍所修《法言韵》“多用旧文，繁略失当”，诏“祁、戬与直讲贾昌朝、王洙同修定，知制诰丁度、李淑典领”。宝元二年（1039）九月，修成新的韵书《集韵》，收字“五万三千五百二十五，新增二万七千三百三十一字，分十卷”。庆历三年（1043）八月，雕印成书。[④] 在纂修《集韵》的同时，贾昌朝又请修《礼部韵略》。此版《礼部韵略》行用至神宗年间，因科举考试取消诗赋，改试经义、策论，遂被废置。

宋哲宗绍圣年间，对王安石另一部著作《字说》进行刊刻。

---

① 李洪华：《宋代“小学”文献考略》，山东大学2008年博士学位论文，第1页。

② 《宋史》卷263《刘熙古传》，第9101页。

③ 《玉海》卷45《祥符重修广韵》，第847页。

④ 《玉海》卷45《景祐集韵》，第849页。

先是绍圣元年（1094）六月癸未，依太学博士詹文奏解除元祐时贡举进士不得引用《字说》之禁令。十月丁亥，国子司业龚原奏将王安石《字说》二十四卷“差人就王安石家缮写定本，降付国子监雕印，以便学者传习”①。

至南宋绍兴十一年（1141），福州进士黄启宗认为《礼部韵略》尚多阙漏，因而“采摭经传诸常用字与夫同类，皆韵所不载者，缮写上进”，所增补之字附于《礼部韵略》之后颁行。② 绍兴二十六年（1156）三月十九日，宋高宗下诏再次令国子监印造《礼部韵略》，此次印刷缘由是有举人将作弊文字夹入所带韵书之中，“自来举人许带《礼部韵略》入试院，致有司难以检察。自今可令国子监多印造《韵略》，并从官给，庶几怀挟之弊可革，当得真贤硕能之士，以副选择”③，遂由宋廷统一为举子配备韵书以杜绝科场怀挟之弊。绍兴三十二年（1162），毛晃上《增修互注礼部韵略》④，后经其子毛居正复加校正、重增，于嘉定十六年（1223）前后刊行于世。⑤

除以《广韵》为中心的一系列韵书刻印外，其他韵书也得到刻板发行，如天圣四年（1026）五月戊戌，由国子监摹印德明《音义》二卷颁行。⑥ 而“朝廷见行文字多系声律对偶，非学问该洽不能成章”⑦，因而有必要对读音进行规范，如贾昌朝《群经音

① 《续资治通鉴》卷 84，绍圣元年十月，第 2130 页。

② ［宋］郭守正：《紫云先生增修校正押韵释疑》卷首《韵字沿革》，宋理宗年间建阳刻本。

③ 《宋会要辑稿》崇儒 4，绍兴二十六年三月，第 2231 页。

④ 《玉海》卷 45《景祐集韵》，第 850 页。

⑤ 《魏鹤山先生大全集》卷 63《跋毛氏〈增韵〉》，《四部丛刊初编》影印本。

⑥ 《玉海》卷 43《开宝校释文》，第 812 页。

⑦ 《长编》卷 482，元祐八年三月庚子，第 11472 页。

辨》七卷，“此书以古今多通借音诂乃辨正之，凡五门”①，于宝元二年（1039）十一月三日令崇文院雕印颁行。绍兴九年（1139），临安府学将此版《群经音辨》进行了覆刻。② 宋廷也直接从地方取印板印造韵书，如淳祐元年（1241），郑起潜所编《声律关键》先在建宁书肆印板发行，后宋廷于吉州州学取其印板，令国子监印造，并分授各地学校诵习。③ 嘉熙三年（1239），嘉兴军刻欧阳德隆撰《押韵释疑》四卷、《拾遗》一卷。④

表 2-3　官刻韵书、字书类书籍表

时间	刻印机构	作者	书名	出处
建隆三年(962)	国子监	[唐]陆德明释	《礼记释文》《孝经释文》《论语释文》	《宋版古籍佚存书录》
乾德三年(965)	国子监	[唐]陆德明释	《经典释文》	《宋版古籍佚存书录》
开宝五年(972)	国子监	[唐]陆德明释	《尚书释文》《孝经释文》《论语释文》《尔雅释文》	《玉海》卷四三《开宝校释文》
开宝九年(976)	国子监	刘熙古	《切韵拾玉》	《宋史》卷二六三《刘熙古传》
太平兴国四年(979)	国子监	[东汉]许慎	《说文解字》	《王国维全集》卷七《五代两宋监本考》
太平兴国四年(979)	国子监	顾野王	《玉篇》	《宋会要辑稿》崇儒四之三

① 《郡斋读书志校证》卷 4《群经音辨》，第 2 页。

② 北京图书馆编：《中国版刻图录》图版 7，文物出版社 1990 年版；《中国再造善本目录》，第 15 页。

③ ［宋］郑起潜：《声律关键》卷首《札子》，《宛委别藏》钞本。

④ 《中华再造善本总目》，第 26 页。

续表1

时间	刻印机构	作者	书名	出处
雍熙三年(986)	国子监	[东汉]许慎	《说文解字》	《长编》卷二七,雍熙三年十一月乙丑
咸平二年(999)	国子监	不详	《古文尚书音义》	《玉海》卷四三,《开宝校释文》
咸平二年(999)	国子监	[唐]陆德明	《新定释文》	《玉海》卷四三,《开宝校释文》
咸平四年(1001)	国子监	邢昺	《尔雅义疏》	《玉海》卷四一《咸平孝经论语正义》
景德四年(1007)	国子监	戚纶	《韵略》	《王国维全集》卷七《五代两宋监本考》
景德四年(1007)	国子监	陆法言	《校定切韵》	《玉海》卷四五《祥符重修广韵》
大中祥符三年(1010)	崇文院	陈彭年等修	《大宋重修广韵》	《宋会要辑稿》崇儒四之三
大中祥符五年(1012)	国子监	孙奭	《孟子音义》	《宋会要辑稿》崇儒四之三
大中祥符七年(1014)	国子监	邢昺注	《尔雅正义》	《玉海》卷四三《咸平校订七经疏义》
天禧四年(1020)	国子监	[南朝]顾野王	《玉篇》	《宋会要辑稿》崇儒四之三
天禧五年(1021)	国子监	[唐]陆德明释	《尔雅》《尔雅释文》	《宋会要辑稿》职官二八之二
天禧五年(1021)	国子监	不详	《韵对》	《宋会要辑稿》职官二八之二
天圣四年(1026)	国子监	[南朝]顾野王	《玉篇》	《宋版古籍佚存书录》
天圣四年(1026)	国子监	[唐]陆德明	《德明音义》	《玉海》卷四三《开宝校释文》
天圣七年(1029)	崇文院	孙奭	《律文音义》	《宋会要辑稿》崇儒四之三
天圣七年(1029)	江阴军学	宋庠注	《国语音》	《书林清话》卷三《州军学本》
天圣八年(1030)	国子监	[唐]陆德明	《新定释文》	《玉海》卷四三《开宝校释文》

续表2

时间	刻印机构	作者	书名	出处
景祐四年(1037)	国子监	贾昌朝	《礼部韵略》	《玉海》卷四五《景祐集韵》
景祐年间(1034—1038)	不详	释惟净	《景祐天竺字源》	《直斋书录解题》卷一二《景祐天竺字源》
宝元二年(1039)	崇文院	贾昌朝	《群经音辨》	《郡斋读书志校证》卷四《群经音辨》
宝元二年(1039)	延和殿	丁度等	《集韵》	《玉海》卷四三《景祐集韵》
庆历三年(1043)	国子监	丁度等	《集韵》	《玉海》卷四三《景祐集韵》
皇祐三年(1051)	国子监	文彦博等	《明堂大飨记》《纪要》	《长编》卷一七〇，皇祐三年二月丙戌
嘉祐年间(1056—1063)	国子监	[东汉]许慎	《说文解字》	《宋版古籍佚存书录》
熙宁二年(1069)	国子监	陈绎	《是正文字》	《宋会要辑稿》崇儒四之三
元祐元年(1086)	杭州	行均	《龙龛手镜》	《梦溪笔谈》卷一五《韵书流传》
元祐五年(1090)	国子监	贾昌朝等	《礼部韵略》	《宋会要辑稿》崇儒四之三
绍圣元年(1094)	国子监	王安石	《字说》	《皇宋通鉴长编纪事本末》卷一三〇
建中靖国元年(1101)	不详	不著撰人	《新雕入篆说文正字》①	《藏园群书经眼录》卷七《中说注》
重和元年(1118)	国子监	赵下令	《新定五经字样》	《群书考索》卷三〇《书学》
宣和七年(1125)	淮南路转运司	陆佃	《埤雅》	《宋版古籍佚存书录》

① 日本成篑堂文库藏宋代颁赐官书。

续表 3

时间	刻印机构	作者	书名	出处
北宋	崇文院	颜师古	《匡谬正俗》	《宋版古籍佚存书录》
北宋	德寿宫	刘球	《隶韵》	《郘亭知见传本书目》卷三《经部十》
南宋初	嘉兴府	行均	《龙龛手镜》①	《中华再造善本书目》一编
绍兴九年(1139)	临安府学	贾昌朝	《群经音辨》②	《中国版刻图录》图版 7
绍兴十二年(1142)	宁化县学	贾昌朝	《群经音辨》	《群经音辨》卷首《群经音辨后序》
绍兴十二年(1142)	宁化县学	王观国	《学林》	《宋版古籍佚存书录》
绍兴十五年(1145)	黄州	夏竦	《集古文韵》③	《宋版古籍佚存书录》
绍兴十五年—绍兴二十一年(1145—1151)	临安府	[唐]孔颖达疏	《尔雅疏》④	《观堂集林》⑤下册《宋刊本〈尔雅疏〉跋》
绍兴二十一年(1151)	国子监	邢昺注	《尔雅注》	《玉海》卷四三《景德群书七板刊正四经》
绍兴二十六年(1156)	国子监	贾昌朝等	《礼部韵略》	《玉海》卷四五《景祐集韵》
绍兴末年至乾道初年	国子监	祝充	《音注韩文公文集》	《郡斋读书志校证》《附志》

① 故宫博物院藏。

② 国家图书馆藏宋元递修本。

③ 国家图书馆藏残卷 3,公文纸本,纸背大半部分为开禧元年黄州诸官员致黄州教授书状,为绍兴十五年刻,开禧元年之后重印。

④ 国家图书馆藏。

⑤ 王国维:《观堂集林》下册《宋刊本〈尔雅疏〉跋》,中华书局 1959 年版,第 190 页。

续表 4

时间	刻印机构	作者	书名	出处
淳熙四年(1177)	抚州公使库	[唐]陆德明	《经典释文》	《建炎以来朝野杂记》甲集卷四《监本书籍》
淳熙十一年(1184)	池州州学	娄机	《班马字类》	《班马字类》卷末《班马字类跋》
淳熙十四年(1187)	全州军	丁度等	《集韵》	《书林清话》卷三《州军学本》
孝宗年间(1163—1189)	杭州	[南唐]徐锴	《说文解字系传》①	《宋版古籍佚存书录》
孝宗年间(1163—1189)	国子监	[晋]郭璞注	《尔雅注》②	《宋版古籍佚存书录》
绍熙四年(1193)	抚州公使库	[唐]陆德明	《春秋公羊释文》	《中华再造善本总目》
淳熙五年(1178)	国子监	贾昌朝等	《礼部韵略》	《宋版古籍佚存书录》
庆元六年(1200)	浔州	郭璞	《辅轩使者绝代语释别国方言》③	《中华再造善本总目》
开禧年间(1205—1207)	不详	夏竦	《古文四声韵》	《四库全书提要》卷四一《古文四声韵》
嘉定十六年(1223)	国子监	毛晃	《增修互注礼部韵略》④	《中国善本书提要》
嘉定十六年(1223)以后	衢州州学	毛晃	《增修互注礼部韵略》	《魏鹤山先生大全集》卷六三《跋毛氏〈增韵〉》
嘉定年间(1208—1224)	严州	陆佃	《尔雅新义》	《宋版古籍佚存书录》

① 国家图书馆藏。

② 台北故宫博物院藏。

③ 国家图书馆藏。

④ 故宫博物院藏。

续表 5

时间	刻印机构	作者	书名	出处
宝庆初年(1225—1227)	广东转运司	不著撰人	《附释文互助礼部韵略》①	《附释文互助礼部韵略》卷首《重修条例》
绍定三年(1230)	丽泽书院	司马光	《切韵指掌图》②	《书林清话》卷三《书院本》
绍定五年(1232)以后	明州州学	秦昌朝	《分毫韵略》	《宝庆四明志》卷二《书板》
嘉熙三年(1239)	嘉兴军	欧阳德隆	《押韵释疑》③《拾遗》	《中华再造善本总目》
淳祐元年(1241)	国子监	郑启潜	《声律关键》	《词学指南》卷一
淳祐六年(1246)以后	明州州学	陈淳	《北溪先生字义》	《宝庆四明志》卷二《书板》
咸淳六年(1270)	徽州州学	罗愿	《尔雅翼》	《尔雅翼》卷首《尔雅翼后序》
南宋	国子监	邢昺疏	《尔雅疏》④	《宋版古籍佚存书录》
南宋	赣州州学	陆佃	《埤雅》	《宋版古籍佚存书录》

两宋对韵书和字书类书籍刊刻总共 81 次，其中北宋 39 次，南宋 42 次。共刊刻了 62 种书籍，刊刻次数最多的为《尔雅》类著述，总共 12 次。《礼部集韵》为官方指定韵书，刊印 4 次，其补订版本《增修互助礼部韵略》《附释文互助礼部韵略》也得到刊刻。《说文解字》《玉篇》《集韵》《群经音辨》分别刊刻 3 次。

① 国家图书馆藏。

② 国家图书馆藏 1 卷。

③ 国家图书馆藏 3 卷,《拾遗》1 卷。

④ 国家图书馆藏,宋刻、宋元明初递修公文纸印本。

北宋时期，以国子监刊刻为主，崇文院主持刊刻 3 次，地方官府和学校也刊刻了 3 次。南宋期间则以地方政府和学校刊刻为主，国子监刊刻仅占 5 次，反映出地方官刻书籍日渐兴盛的发展趋势。县学单刻经书类活动未见记载，字书类刻印尚有绍兴十二年（1142），汀州宁化县学刻《群经音辨》和《学林》二部书，推知县学所用书籍多来自州郡。此外县学财力相对单薄，而直接使用州郡刻印书籍较为方便，没有必要对经史类大部头书籍重新组织校对和刻印。

总之，经类书籍承载着孔孟儒家经典思想，最能代表及反映出皇权意旨，更与科举和学校教育直接相关，因而政府对内容选取更为审慎，校勘也较为严格。此外，此类书籍由于存在较大需求量而翻刻次数较多，成为中央及地方政府刻印的主要书籍。宋初，以经书原著和唐人注疏作为底本重新校对和颁行，确定了经书的文本形式，意在宣扬宋廷在文脉继承上的合法性，并加强皇权的权威性。北宋时期，宋廷基本出齐包括五经在内的历代所有经书及其注疏刊本，至南宋不断翻刻。对于书籍内容的选取侧重，反映出宋代政治形势走势，更体现了官刻为皇权服务的功能。工具用书带有较强的实用性，对前代音韵学书籍的校刻开启了古音律研究的探索，并为后来的音律学研究奠定了语料基础。

第二节　史部书籍[①]

史类书籍主要包括通史、断代史、政事史、制度史、方志、

① 属于史类书籍部分的地方志书类刊刻单独在后一章分析，此处不再赘述。

历史地理和地图等。《四库全书》的《史部》分为十一类，分别为正史类、编年类、纪事本末类、别史类、杂史类、诏令奏议类、传记类、史钞类、载记类、时令类、地理类。宋代史书较前代无论是在体裁上还是在内容上都有所拓展，史家和史类著述也蔚为大观。据于兆军统计，两宋刊印的史部图书达 1400 余部。①

宋代承袭前代注重史鉴之功能，重视修史。宋太宗认为“经史之文，有国家之龟鉴，保邦治民之要，尽在是矣。然三代之后典章文物、制度声名，参古今而适时用，莫若《史》《汉》。学者不可不尽心焉”②，目的是为当世树正统、斥篡贼、明仁义、隆儒术、立三纲、兴教化。史书不但有借鉴治乱兴衰和阐发义理的作用，且被用于科举考试之中，因而官刻自然也将史类书籍作为刻印重点。由于朝廷的倡导，自宋太宗“淳化中，复以《史记》、前后《汉》付有司摹印。自是书籍刊镂者益多，士大夫复以藏书为意”③。此外，史书同样备受宋代文人重视，通过对历史事件与人物的品评，表达个人观点，表现出明显的以经断史、以史证经的义理化倾向。④

一、史书的修订及编撰

《史记》自成书后，“藏之名山，副在京师，俟后世圣人君

① 于兆军：《版印传媒与两宋文学的传播及嬗变》，河南大学 2014 年博士学位论文，第 157 页。

② 《宋朝事实类苑》卷 3《圣学》，第 24 页。

③ 《石林燕语》卷 8，第 116 页。

④ 参见王记录《理学与两宋史学的义理化特征》，《学习与探索》2014 年第 2 期，第 153 页。

子”[①]。至汉宣帝时，方由司马迁外孙杨恽“祖述其书，遂宣布焉”[②]，传播方式为手抄本。宋淳化年间，太宗着意文教事业，加之刻印技术发展，《史记》首次为官方刻印，“淳化五年（994）七月，诏选官分校《史记》、前后《汉书》。虞部员外郎崇文院检讨兼秘阁校理杜镐、屯田员外郎秘阁校理舒雅、都官员外郎秘阁校理吴叔、膳部郎中直秘阁潘慎修校《史记》，度支郎中直秘阁朱昂再校。……既毕，遣内侍裴愈赍本就杭州镂版”[③]。后因淳化三史刻本校勘上存在谬误，在真宗景德元年（1004）又加以重新刊刻，“太宗崇尚文史，而三史版本，闻当时校勘官未能精详，尚有谬误，当再加刊正。乃命太常丞直史馆陈尧佐、著作郎直史馆周起、光禄寺丞直集贤院孙仅、丁逊复校《史记》。寻而，尧佐出知寿州，起任三司判官，又以著作佐郎直集贤院任随领其事”。虽然校勘期间出现官员变动，但《史记》刊误工作并未停止，景德元年（1004）完工，“刊误文字五卷，诏赐帛有差”[④]。此后，《史记》《汉书》等又多次得到校勘和刊刻，“景祐元年（1034）九月……而司马迁、范晔《史》多脱略，惜其后不复有古本可正其谬舛者云，明年以校勘《史记》《汉书》成，以秘书丞余靖为集贤校理，大理评事国子直讲王洙为史馆检讨。赐详定官翰林学士张观、知制诰李淑、宋郊器币有差”[⑤]。仁宗景祐二年（1035）的版本是对前版查补，由于校勘后形成统一版本并广为

① ［南朝宋］裴骃：《史记集解》卷130《太史公自序》，《文渊阁四库全书》，台湾商务印书馆1983年版，第246册，第429页。

② ［汉］班固：《汉书》，中华书局1962年版，第2737页。

③ 《麟台故事》卷2《修纂》，第70页。

④ 《宋朝事实类苑》卷31《藏书之府》，第395页。

⑤ 《麟台故事》卷2《修纂》，第70—71页。

流传，之前手抄本被长期废弃而逐渐消亡，以致发现现存版本文字脱落却无法补全。至南宋时《史记》有高宗绍兴年间十四行刊本流行，据张玉春考证，此本与北宋真宗景德年间刊本为同一种。① 除此之外还有州郡地方官刻本，如绍兴年间淮南东路转运司所刻九行本。这些刊本均非《史记》单本刊行，而为裴骃注文附《史记》正文以行的《史记集解》刊行本。在《史记集解》单注本的基础上，还出现了二家注《史记集解》和《索隐》合刻本。如北宋真宗天禧间所刊常州州学本，宋孝宗淳熙三年（1176）张杅于常州州学所刻本，淳熙八年（1181）耿秉重修本。②

除《史记》外，其他史书也陆续得到校勘印板。咸平三年（1000）十月，宋真宗下诏“选官校勘《三国志》《晋书》《唐书》。以直秘阁黄夷简、钱惟演，直史馆刘蒙叟，崇文院检讨直秘阁杜镐，直集贤院宋皋，秘阁校理戚纶校《三国志》。又命镐、纶与史馆检讨董元亨，直史馆刘锴详校。直昭文馆许衮、陈充校《晋书》，黄夷简续预焉，而镐、纶、锴详校如前”，有针对性地选择专业人员校对，提升了官刻书籍品质。由于官刻书籍承载官方主导价值观，因而刊刻内容选取更为审慎。此次出版之前，有大臣质疑《晋书》刊行，认为“两晋事多鄙恶，不可流行”，毕士安则认为不能以偏概全，况且“恶以戒世，善以劝后。善恶之事，《春秋》备载”，自此《晋书》也得以刊刻。校对工作于咸平五年（1002）完成，送国子监镂板。然而此次《唐书》“以浅谬

---

① 张玉春：《〈史记〉早期版本源流研究》，《史学史研究》2002年第1期，第50页。

② 《中华再造善本总目》，第29页。

疏略，且将命官别修”，未得到镂板，也足见审核严格。一系列史书刻板后，得到大范围传播，至大中祥符年间，资政殿大学士向敏中曾对宋真宗言：“今《三史》《三国志》《晋书》皆镂板，士大夫不劳力而家有旧典，此实千龄之盛也。”① 此语虽有奉承真宗稽古好文之意，但反映出官刻推动了史书的普及和收藏。

天圣二年（1024）六月，校勘《南北史》《隋书》，参加此次校勘的有直史馆张观，集贤校理王质、晁宗悫、李淑，秘阁校理陈诂，馆阁校勘彭乘，国子监直讲公孙觉等，“《隋书》有诏刻板，内出板样示之”。天圣三年（1025）十月，《隋书》校勘并刻板完成。而《南史》《北史》自大中祥符中，秘阁校理刘筠常请刻板未成；直至天圣四年（1026）十二月，《南史》《北史》校对完毕。② 景祐元年（1034）四月丙辰，又命宋祁等复校《南史》《北史》。③

北宋时期，中央曾先后六次对两汉书进行校勘。淳化五年（994），前后《汉书》第一次被校勘出版。景德元年（1004）正月丁未：“命刁衎、晁迥、丁逊复校前后《汉书》。”④ 至景德二年（1005）七月，校订完毕。乾兴元年（1022）对《后汉书》中志书进行了单独校对，判国子监孙奭上书：“刘昭《注补后汉志》三十卷，盖范晔作之于前，刘昭述之于后。始因亡逸，终遂补全。其于《舆服》《职官》，足以备前史之阙。乞令校勘，雕印颁行。”于是宋仁宗“命本监直讲马龟符、王式、贾昌朝、黄鉴、

---

① 《长编》卷74，大中祥符三年十一月壬辰，第1694页。

② 《宋会要辑稿》崇儒4，天圣四年十二月，第2233页。

③ 《玉海》卷43《艺文部》，第813页。

④ 《麟台故事校证》卷2，第70页。

张维翰、公孙觉，崇文院检诗王崇道为校勘。爽泊龙图阁直学士冯元详校”。天圣二年（1024），由国子监镂板。景祐元年（1034）九月癸卯，先“诏选官校正《史记》、前后《汉书》《三国志》《晋书》”。其间对《三国志》刻板出现争议，时人认为《三国志》“乃奸雄角立之事，不当传布”，但受到宋真宗的驳斥：“君臣善恶，足为鉴戒，仲尼《春秋》岂非列国争斗之书乎?”[①]《三国志》最终得以刻印。地方衢州州学也曾刻《三国志》。[②] 景祐二年（1035）九月壬辰，又“诏翰林学士张观刊定《前汉书》，下胄监颁行。秘书丞余靖请刊正《前汉书》，因诏靖尽取秘阁古本对校。逾年，乃上《汉书刊误》三十卷。至是，改旧摹板”[③]。《汉书刊误》将校勘成果汇编成书，对校勘学的发展产生重要影响。神宗年间再一次对《汉书》进行了校对和印刷，熙宁二年（1069）八月六日，知政事赵抃“进新校《汉书》印本五十册，及陈绎所著《是正文字》七卷，赐绎银绢有差”[④]。此本《汉书》为北宋时最后一个版本，刊刻精良。宋廷南渡后，又以熙宁本《汉书》进行刻印。据《钦定天禄琳琅书目》所考证流传的《汉书》五函四十四册，“即心传所称绍兴末年所刻之本，直至孝宗之时校雠完备，始得次第成书耳。当时诏勿惜费，郑重其事，故书手刻工皆属上选，摹印纸墨亦经加意，取材必求精善，宜官刻之书无出其右者矣”[⑤]。

南北朝七史也在北宋时期经过校勘和印板。嘉祐四年（1059），

① 《长编》卷 60，景德二年五月戊辰，第 1333 页。

② 《中华再造善本总目》，第 32 页。

③ 《玉海》卷 43《淳化校三史》，第 813 页。

④ 《宋会要辑稿》崇儒 4，熙宁二年八月，第 2231 页。

⑤ 《钦定天禄琳琅书目》卷 2《宋版史部》，第 286 页。

仁宗认为南北七朝史“世罕有善本，未行之学官，可委编校官精加校勘”。八月庚申，“诏三馆秘阁校理《宋》《齐》《梁》《陈》《后魏》《周》《北齐》七史。书有不全者访求之”。参与校对的有孟恂、丁宝臣、郑穆、赵彦若、钱藻、孙觉、曾巩等人。而《梁书》《陈书》等缺，“独馆阁所藏，恐不足以定著，愿诏京师及州县藏书之家，使悉上之”①。通过大规模寻访，至嘉祐末年，南朝四史《宋书》《南齐书》《梁书》《陈书》核校完毕，熙宁年间北朝三史《魏书》《北齐书》《周书》方校对完毕，七史刊板颁行。

宋廷为总结唐及五代治乱兴衰，述往思来，鉴往训今，重视对唐代历史及五代史的修撰和出版。尤其至北宋仁宗时期，内忧外患凸显，“从来所患者夷狄，今夷狄叛矣；所恶者盗贼，今盗贼起矣；所忧者水旱，今水旱作矣；所赖者民力，今民力困矣；所须者财用，今财用乏矣”②，刺激士人从历史中寻求解决问题的方法。另一方面，面对政治和社会困局，宋学思潮活跃，孙复、欧阳修等人上承韩愈、柳宗元学风，提倡文以载道，不少士人纷纷从义理的角度总结历史兴衰治乱。政治和史学产生了互动，推动了官方及私修史书的发展。《新五代史》大约始纂于仁宗景祐二年（1035），成书于皇祐五年（1053）。嘉祐五年（1060），欧阳修等所修《新唐书》由国子监下杭州出版③，至熙宁年间，国子监刊行其所撰《新五代史》。《新唐书》及《新五代史》内容侧重于对正统观念的塑造，突出尊王和大一统的理念，得到官方的认可和大力推广，在宋代反复进行刊刻，甚至导致《旧唐书》不

① 《宋朝事实类苑》卷 31《藏书之府》，第 395—397 页。

② 《欧阳修全集》卷 46《准诏言事上书》，第 646 页。

③ 《长编》卷 192，嘉祐五年七月戊戌，第 4635 页。

再流布。

宋人编修史书及对史书新注解侧重维系纲常名分的礼教，有补于治道，而被纳入官府刻印范围。如宋英宗时期，司马光设局于崇文院，开始编辑《资治通鉴》，总结历代政治兴衰，稽古与资治达到统一。元祐元年（1086），《资治通鉴》校订完毕，即将送国子监镂板，而司马光因“上件文字卷秩稍多，其范祖禹近差充修神宗皇帝实录检讨官，在彼自有职事，虑恐日近校定不办，有妨镂板”，继而又推荐秘书省校书郎黄庭坚与其共同校订①，并在杭州镂板。元祐七年（1092），“立于学官，与六籍并行”②。

南宋初年，原藏于汴京的大批监书和刻板被掳掠一空，因而南宋政府对北宋刻本进行大规模征集，并于绍兴年间陆续翻刻了一批北宋监本史书。绍兴十四年（1144），井宪孟担任四川转运使，命诸州学官在五十余州寻求监本，收集之后，发现多有亡阙不全，便开始重新核对补写。然而缺少《后魏书》十余卷，最后又“得宇文季蒙家本，偶有所少者，于是七史遂全，因命眉山刊行”③，《宋书》《南齐书》《北齐书》《梁书》《陈书》《魏书》《周书》的刻板得到广泛流传，至清代顺治、康熙、雍正、乾隆时期犹有残存。叶德辉认为：“计自绍兴刻板至嘉庆火，几七百年。木板之存于世者，未有久于此者也。”④ 南宋建立之初，面对内外交困的形势，树立正统观念十分必要，因而《资治通鉴》《新唐

① 《传家集》卷51《乞黄庭坚同校资治通鉴札子》，《文渊阁四库全书》，台湾商务印书馆1983年版，第1094册，第477页。

② 《范太史集》卷37《告文忠公庙文》，《文渊阁四库全书》，台湾商务印书馆1983年版，第1100册，第416页。

③ 《郡斋读书志校证》卷5《宋书一百卷》，第184页。

④ 《书林清话》卷6《宋蜀刻七史》，中华书局1957年版，第147页。

书》等书得到重视，为地方政府刊刻，如绍兴年间，两浙东路茶盐司刊刻《新唐书》《资治通鉴》[①]，安吉州刊《新唐书》，江南东路转运司刻《汉书注》。[②] 绍兴八年（1138），安吉州学刊刻《新唐书》《新五代史》《五代史纂误》《新唐书纠谬》。乾道七年（1171），衢州州学刊《新五代史》。

自北宋后期至南宋，私人修史开始逐渐盛行。据何忠礼《中国古代史史料学》统计，除《宋会要辑稿》为官修外，剩下的十八部史书中《太宗实录》《隆平集》为北宋所修，其余十六部均为南宋私人所修。[③] 修史常常会融入个人观点，记录时政，必然涉及政治斗争。秦桧专权期间禁私史[④]，起初范冲奉高宗之命将司马光之《涑水记闻》缮写成十册，司马伋怕受到牵连，绍兴十四年（1144）秋七月丙午上书称："建州近刊行一书，曰《司马温公记闻》，其间颇关前朝政事。缘曾祖平日论著，即无上件文字，显是妄借名字，售其私说。伏望降旨禁绝。"[⑤] 朝廷对此事颇为重视，于是下诏建州守臣将不合开板文字尽行毁弃，并且司马伋特迁一官以资奖励，但仍旧未能阻挡此书在社会上流传。

除了中央刊刻宋人所修史书外，地方也进行刊刻，且所刻书籍有时为中央直接使用，如严州曾于孝宗时刊行《通鉴纪事本末》一书，至淳熙三年（1176），因其书"有补治道。或取以赐

---

① 《中国版刻图录》图版 73；《中华再造善本总目》，第 34 页。

② 《宋版古籍佚存书录》，第 3 页。

③ 参见何忠礼《中国古代史史料学》，上海古籍出版社 2004 年版，第 101—111 页。

④ 《宋史》卷 38《宁宗本纪》，第 731 页。

⑤ 《建炎以来系年要录》卷 152，第 2477 页。

东宫，增益见闻”，另行刊印十部以赐东宫及诸宗王。[①] 绍熙二年(1191)，鲍彪重新厘定内容和次第的《战国策》新注本《鲍氏国策》十卷刊刻于绍兴府等。[②]

总体而论，史部书籍关系到皇权的合法性及正统地位的延续，官方史观的确立能够正确引导学术及舆论的走向，为官方重点刻印书籍之一。史部书籍一般卷数浩繁，流传版本多样，校对和刻印需要大量的人力和财力资源，官刻恰好具备此类条件。

现将官刻史类书籍列表如下：

表 2-4　官刻正史、杂史类书籍表

时间	刻印机构	作者	书名	出处
淳化五年(994)	国子监下杭州	[汉]司马迁、班固、范晔	《史记》《前汉书》《后汉书》	《石林燕语》卷八
咸平三年(1000)	崇文院	[三国]陈寿	《吴志》	《书林清话》卷三《宋司库州军郡府县书院刻书》
咸平五年(1002)	国子监	[唐]房玄龄等	《晋书》	《长编》卷七四，大中祥符三年十一月庚戌
咸平六年(1003)	国子监	[三国]陈寿	《三国志》	《长编》卷七四，大中祥符三年十一月庚戌
咸平六年(1003)	国子监	[三国]陈寿	《吴志》[③]	《观堂集林》下册《残宋本三国志跋》

① 《宋会要辑稿》崇儒 4，淳熙三年十一月，第 2245 页。

② 《中华再造善本总目》，第 50 页。

③ 日本静嘉堂文库藏。

续表 1

时间	刻印机构	作者	书名	出处
景德元年(1004)	国子监	[汉]司马迁	《史记》	《宋朝事实类苑》卷三一《藏书之府》
景德元年(1004)	崇文院	[唐]房玄龄等	《晋书》	《长编》卷五六，景德元年七月
景德二年(1005)	国子监	[汉]班固撰，[唐]颜师古注	《汉书注》	《宋会要辑稿》崇儒四之一
乾兴元年(1022)	国子监	[南朝]范晔撰，[唐]李贤注	《后汉书注》	《宋会要辑稿》崇儒四之五
天圣二年(1024)	国子监	刘昭	《补后汉志》	《宋会要辑稿》崇儒四之五
天圣二年(1024)	国子监	[唐]令狐德棻	《周书》	《宋版古籍佚存书录》
天圣三年(1025)	崇文院	[唐]魏徵	《隋书》	《宋会要辑稿》崇儒四之六
天圣四年(1026)	国子监	[唐]李延寿等	《南史》《北史》	《宋会要辑稿》崇儒四之六
景祐二年(1035)	国子监	[汉]司马迁、[唐]颜师古注	《史记》①《后汉书注》	《麟台故事校证》卷二《修纂》
景祐三年(1036)	国子监	[汉]班固	《前汉书》	《麟台故事校证》卷二《修纂》
嘉祐四年②(1059)	江宁府	[唐]许嵩	《建康实录》③	国家图书馆藏绍兴本《建康实录》后记
嘉祐五年(1060)	国子监下杭州	欧阳修等	《新唐书》④	《续资治通鉴长编》卷一九二，嘉祐五年七月戊戌

① 国家图书馆藏北宋刻递修本。

② 嘉祐三年开造，嘉祐四年毕工。

③ 国家图书馆藏绍兴重刻本书后有记“江宁府嘉祐三年十一月开造《建康实录》，并案《三国志》，东、西《晋书》，并《南北史》校勘，至嘉祐四年五月毕工，凡二十卷，总二十五万七千五百七十七字，计一十册”。

④ 国家图书馆藏残本，日本静嘉堂文库藏。

续表 2

时间	刻印机构	作者	书名	出处
治平二年(1065)	国子监下杭州①	[南朝]沈约、萧子显、姚察，[隋]李百药，[南北朝]魏收，[唐]令狐德棻，[唐]姚思廉	《宋书》《齐书》《梁书》《北齐书》《魏书》《周书》《陈书》	《玉海》卷四三《景德群书漆板》
熙宁年间(1068—1077)	国子监	欧阳修	《新五代史》	《郡斋读书志校证》卷五《新五代史》
元祐元年(1086)	国子监下杭州	司马光	《资治通鉴》	《传家集》卷五一《乞黄庭坚同校资治通鉴札子》
绍圣年间(1094—1097)	越州州学		《史记》《汉书》《东观汉记》	《摛文堂集》卷末《慕容彦逢墓志铭》
宣和六年(1124)	国子监	[汉]班固撰，[唐]颜师古注	《汉书注》	《郘亭知见传本书目》
宣和六年(1124)	国子监	[南朝]范晔撰，[唐]李贤注	《后汉书注》	《郘亭知见传本书目》
北宋末、南宋初	福州州学	[南朝]范晔撰，[唐]李贤注	《后汉书注》②	《宋版古籍佚存书录》
绍兴元年(1131)	绍兴府	鲍彪注	《战国策注》	《中华再造善本总目》
绍兴二年(1132)	两浙东路茶盐司公使库下余姚县	欧阳修等	《新唐书》	《中国版刻图录》图版 73
绍兴三年(1133)	两浙东路茶盐司公使库	司马光	《资治通鉴》③《资治通鉴目录》	《藏园群书题记》卷二《百衲宋本资治通鉴书后》

① 嘉祐六年诏令下杭州开板，治平二年付刊，至政和年间全部雕刻完毕。

② 国家图书馆藏。

③ 国家图书馆藏 294 卷，目录 30 卷，现存最早刻本。宋建本、鄂本、蜀本均以此本为底版。

续表 3

时间	刻印机构	作者	书名	出处
绍兴三年(1133)	两浙东路茶盐司公使库	司马光	《资治通鉴考异》①	《藏园群书题记》卷二《百衲宋本资治通鉴书后》
绍兴三年(1133)	两浙东路茶盐司	[唐]张守节	《史记正义》	《书林清话》卷五《明人刻书之精品》
绍兴八年(1138)	安吉州学	欧阳修、吴缜	《新唐书》《新五代史》《五代史纂误》《新唐书纠谬》	《直斋书录解题》卷四《五代史纂误》
绍兴十二年(1142)	两浙东路茶盐司	刘恕	《资治通鉴外纪》《目录》	《中华再造善本总目》一期编号 115
绍兴十二年(1142)	两浙东路转运司	[汉]荀悦、[晋]袁宏	《前汉纪》《后汉纪》	《全宋文》卷三九九二《重刻两汉纪后序》
绍兴十四年(1144)	四川转运司	[南朝]沈约、萧子显，[唐]李百药，[南北朝]魏收，[南朝]姚察，[唐]令狐德棻	《宋书》《南齐书》②《北齐书》《梁书》《陈书》《魏书》《周书》	《郡斋读书志校证》
绍兴十六年(1146)	绍兴府嵊县	鲍彪注，姚宏校正	《战国策注》③	《宋版古籍佚存书录》
绍兴十八年(1148)	荆湖北路安抚司	[唐]许嵩	《建康实录》④	《中国版刻图录》图版 215
绍兴年间(1136—1162)	国子监下江南东路转运司	[唐]李贤注	《汉书注》	《建炎以来朝野杂记》卷四《监本书籍》

① 国家图书馆藏宋元递修本，卷 27—30 配清影宋抄本。

② 国家图书馆藏。

③ 国家图书馆藏。

④ 国家图书馆藏 20 卷，据嘉祐本重雕印，书刊于江陵。

续表 4

时间	刻印机构	作者	书名	出处
绍兴年间(1136—1162)	国子监下江南东路转运司	[唐]李贤注	《后汉书注》《志注补》①	《宋版古籍佚存书录》
绍兴年间(1136—1162)	国子监下湖北提举茶盐司	[唐]颜师古注	《汉书注》②	《宋版古籍佚存书录》
绍兴年间(1136—1162)	淮南路转运司	[南朝]裴骃集解	《史记集解》③	《中华再造善本总目》,一期编号 543
绍兴年间(1136—1162)	江南东路转运司	[南朝]裴骃集解	《史记集解》	《中国版刻图录》图版 108
绍兴年间(1136—1162)	两浙东路茶盐司	[五代]刘昫等	《旧唐书》④	《中国版刻图录》图版 73
绍兴年间(1136—1162)	安吉州	欧阳修等	《新唐书》	《直斋书录解题》卷四《新唐书》
绍兴年间(1136—1162)	不详	欧阳修等	《新唐书》⑤	《直斋书录解题》卷四《新唐书》
绍兴年间(1131—1162)	赣州	司马光	《累代历年》	《直斋书录解题》卷四《累代历年》
绍兴年间(1136—1162)	衢州州学	[三国]陈寿撰,[南朝]裴松之注	《三国志注》⑥	《宋版古籍佚存书录》
乾道二年(1166)	两浙东路茶盐司	司马光撰,司马伋重编	《通鉴释例》	《四库全书总目提要》卷四七《通鉴释例》

① 国家图书馆藏。

② 日本静嘉堂文库藏庆元修初印本。淳熙二年,张璹重修;绍熙四年再修,补刊127 版;庆元四年再修,刊正 170 版。

③ 国家图书馆藏宋元递修本。

④ 国家图书馆藏 69 卷。

⑤ 国家图书馆藏宋元递修公文纸印本 132 卷,目录全。

⑥ 日本静嘉堂文库、故宫博物院藏。

续表 5

时间	刻印机构	作者	书名	出处
乾道二年(1166)	两浙东路	刘恕编	《通鉴外纪详节》①	《铁琴铜剑楼藏书目录》卷九《通鉴外纪详节》
乾道三年(1167)	福州州学	[汉]班固撰，[唐]颜师古注	《汉书注》②	《书林清话》卷三《郡庠本》
乾道七年(1171)	衢州	欧阳修	《五代史记》	《两浙古刊本考》
		王溥	《五代会要》	《两浙古刊本考》
乾道八年(1172)	太平州	[南北朝]杨侃	《两汉博闻》③	《中华再造善本总目》
乾道九年(1173)	绍兴府	钱端礼	《诸史提要》④	《中华再造善本总目》
淳熙二年(1175)	严州州学	袁枢	《通鉴纪事本末》⑤	《中华再造善本总目》
淳熙三年(1176)	广德军	[南朝]裴骃集解，[唐]司马贞索引	《史记集解索引》⑥	《中华再造善本总目》
淳熙五年(1178)	滁州	林钺	《汉隽》⑦	《中华再造善本总目》
淳熙十年(1183)	象山县学	林钺	《汉隽》⑧	《中华再造善本总目》
淳熙十一年(1184)	台州	熊克	《九朝通略》	《宋会要辑稿》选举五之十

① 国家图书馆藏。

② 故宫博物院藏。

③ 国家图书馆藏 12 卷，卷 1—3 配清抄本。

④ 国家图书馆藏 15 卷。

⑤ 日本静嘉堂文库藏，淳熙二年刻，端平元年修，淳祐六年重修本；国家图书馆藏。

⑥ 国家图书馆藏 130 卷，淳熙三年刻，淳熙八年重修；日本静嘉堂文库藏。

⑦ 上海图书馆藏 10 卷。

⑧ 国家图书馆藏 10 卷。

续表 6

时间	刻印机构	作者	书名	出处
淳熙十二年(1185)	婺州	洪迈辑	《史记法语》《前汉法语》《东汉精语》《三国志精语》《晋书精语》《南史精语》	《四库全书总目提要》卷六五《史记法语》
淳熙十二年(1185)	潼州转运司	[南朝]裴松之注	《三国志注》	《书林清话》卷三《宋司库州军郡府县书院刻书》
淳熙十二年(1185)	淮安军学	章冲	《春秋左氏传事类始末》	《四库全书总目提要》卷四九《春秋左氏传事类始末》
淳熙十五年(1188)	严州州学	[唐]李延寿	《南史》	《世说新语》卷末《世说新语跋》
淳熙年间(1174—1189)	衢州	[南朝]裴松之注	《三国志注》①	《中华再造善本总目》
绍熙二年(1191)	绍兴府	鲍彪	《鲍氏国策》②	《中华再造善本总目》
孝宗年间	严州	袁枢	《通鉴纪事本末》	《宋会要辑稿》崇儒四之三〇
庆元五年(1199)	全州	吴仁杰	《两汉刊误补遗》	《四库全书提要》卷四五《两汉刊误补遗》
嘉泰四年至开禧元年(1204—1205)	池州	[唐]房玄龄撰,何超音义	《晋书》③	《宋版古籍佚存书录》
嘉定四年(1211)	滁州	林钺	《汉隽》④	《汉隽》卷末《题记》

① 乾道、淳熙公文纸印本。
② 国家图书馆藏 10 卷。
③ 国家图书馆藏。
④ 国家图书馆藏。

续表 7

时间	刻印机构	作者	书名	出处
嘉定十二年(1219)	泉州	朱熹	《资治通鉴纲目》	《直斋书录解题》卷四《通鉴纲目》
嘉定十七年(1224)	徽州	袁康	《越绝书》	《四库全书总目提要》卷六六《越绝书》
嘉定十七年(1224)	徽州	赵煜	《吴越春秋》	《书林清话》卷三《郡斋本》
嘉定年间(1208—1224)	建宁府	徐天麟	《西汉会要》①	《中华再造善本总目》
宝庆二年(1226)	建宁府	徐天麟	《西汉会要》《东汉会要》②	《中华再造善本总目》
绍定五年(1232)以后	明州州学	不著撰人	《通鉴要览》	《宝庆四明志》卷二《书板》
嘉熙元年(1237)	国子监	朱熹	《资治通鉴纲目》	《宋史》卷四二《理宗二》
淳祐二年(1242)	泉州	朱熹	《资治通鉴纲目》	《后村先生大全集》卷一四七《警斋吴侍郎神道碑》
淳祐三年(1243)	袁州军学	[唐]颜师古注	《汉书注》	《宋版古籍佚存书录》
宝祐元年(1253)	吉州	袁枢	《通鉴纪事本末》	《中华再造善本总目》
咸淳二年(1266)	严州州学	袁枢	《通鉴纪事本末》	《中华再造善本总目》
咸淳七年(1271)	临安	谢起岩	《忠文王纪事实录》③	《古逸丛书三编》之二十六《忠文王纪事实录》
南宋	建康府	洪迈	《诸史精语》	《景定建康志》卷三三《书版》

---

① 上海图书馆藏元明递修本70卷；南京图书馆藏公文纸印本，嘉定刻元明递修本。

② 国家图书馆、河北图书馆藏。

③ 国家图书馆藏明印宋刻本。

续表 8

时间	刻印机构	作者	书名	出处
南宋	建康府	张敦颐	《六朝事迹》	《景定建康志》卷三三《书版》
南宋	福建路常平司	蔡幼学	《国朝编年政要》	《读书附志》卷上《国朝编年政要》
南宋	建康府	洪皓	《松漠记闻》	《景定建康志》卷三三《书版》
南宋	婺州	吕祖谦	《新唐书略》	《天一阁书目》《新唐书略》
南宋	建康府	[唐]许嵩	《建康实录》	《景定建康志》卷三三《书版》
南宋	建康府	韩宗武	《庄敏遗事》	《景定建康志》卷三三《书版》
宋代	衢州	苏辙	《古史》	《宋版古籍佚存书录》
宋代	两浙东路转运司	刘恕	《资治通鉴外纪》	《宋版古籍佚存书录》
宋代	淮安军学	章冲	《春秋左氏传事类始末》	《宋版古籍佚存书录》
宋代	不详	[南北朝]魏收	《魏书》①	《中华再造善本》一编

如上表显示，官方总共对 63 种史书进行了刊刻。北宋年间，主要是由以国子监为代表的中央机构对史书进行了系统的校勘和刻板，树立了史书的权威性。官方刻印经历了内容由单调至繁复、数量由少至多的过程。在刊刻之初，官刻并不能及时满足社会需求，尤其是历朝正史类书籍由于册数较多，价格较为昂贵，在最初并没有得到广泛普及，甚至到北宋中期，司马光还曾感慨："国家虽校定摹印正史，天下人家共能有几本？久远必不传

① 国家图书馆藏 114 卷宋刻、宋元递修公文纸印本，配宋元明递修本。

于世。”[①] 而随着中央刻印规模的不断扩大，以及地方官刻与民间刻印的参与，此种现象得以缓解。但官方刻印史书多集中于正史类书籍，体现了宋廷“尊王抑霸”或“内圣外王”等思想。南宋建立之初，国子监刊刻史书基本由地方承担，此后基本未对史书进行刊刻。究其原因，一是中央经费紧张，无暇刻印；二是国子监职能转变，成为单纯的教育行政机关，无须刻印大量经史书籍。此外，史书经过北宋时期的整理，版本基本定型。

地方政府自仁宗时期开始刊刻史书，且集中在江宁府和成都府等少数地方，杭州主要承担国子监下发刊刻任务。南宋年间，中央机构刻书行为明显减少，绍兴年间《汉书》的刊刻则是下到地方而进行。仅载嘉熙元年（1237），国子监刊刻朱熹《资治通鉴纲目》，也与理宗支持理学的政治目的相关。相比之下，地方刊刻次数明显上升，而且不仅限于前朝正史，对宋人所修史书也多有刊刻。地方刊刻除了正史类书籍外，更多是针对社会需求，如《通鉴要览》《诸史精语》《诸史提要》等便于科举考试参阅的史书被纷纷刊刻，扩大了史书的传播范围。《通鉴纪事本末》《春秋左氏传事类始末》等书编纂体例简洁，符合宋人阅读习惯，满足不同层次读者需要，提升了史书普及化程度。

二、政事、官制等类书籍的刻印

政事和官制等书籍因具有咨政价值而为宋廷编修和刊刻。《通典》汇集了大量前代史料，对政治制度考查和文章写作都有重要参考意义。该书在北宋前期只有手抄本，真宗年间曾尝试对

---

① ［宋］司马光：《传家集》卷63《贻刘道原》，《文渊阁四库全书》，台湾商务印书馆1983年版，第1094册，第580页。

《通典》进行续修，但是体例和内容等质量不高。咸平三年（1000）十月，真宗命翰林学士宋白等承旨续修唐杜佑《通典》。第二年九月修成，诏付秘阁，但因内容重复杂乱，为时人所非，故未刻板传布，仅收入秘阁。① 天禧元年（1017）二月，赵安仁言："除《通典》《会要》及前代亲属图牒文字欲将本寺（宗正寺）公用钱写置外，其国子监印本书籍，乞各赐一本。从之。"② 可见《通典》在天禧元年（1017）前未被刊刻。后国子监对其进行刊刻，但具体时间无从考证。南宋绍兴年间曾对北宋本进行覆刻。

《唐六典》的刻印有其政治背景。宋神宗寓意政治体制改革，于熙宁十年（1077）九月，"命刘挚等校《六典》"③。元丰三年（1080），"以摹本赐群臣"④，希望为改制提供蓝本。但改制效果并不理想，范祖禹认为"元丰中，先帝置局讲求，此诚一代大典，然有司亦失先帝本意，一切遵用唐之六典。《大唐六典》虽修成书，然未尝行之一日，今一一依之，故自三省以下，无不烦冗、重复、迁滞，不如昔之简便"⑤。绍兴四年（1134），瑞安府学复刻此本《唐六典》⑥，此后流传的版本均以绍兴本为底版。此外，另一部官制书《汉官仪》二卷也在绍兴九年（1139）由临安府刻印。⑦

---

① 《长编》卷 49，咸平四年九月丙戌，第 1073 页。

② 《宋会要辑稿》职官 20，天禧元年二月，第 2848 页。

③ 《玉海》卷 51《唐六典》，第 970 页。

④ 《宋史》卷 161《职官志一》，第 3769 页。

⑤ 《长编》卷 433，元祐四年九月乙酉，第 10442—10443 页。

⑥ 《中国版刻图录》图版 104；《中华再造善本总目》，第 49 页。

⑦ 《中国版刻图录》图版 7；《中华再造善本总目》，第 79 页。

宋人所修官制书籍也得到官方刊刻，如淳熙十六年（1189）抚州刊行《祖宗官制旧典》一书，编纂质量较优，吏部尚书兼侍郎颜师鲁赞誉此书，“粲然明备，诚当今之龟鉴，万世之法程”，建议宋光宗亲览并采纳其中法制以改革官制。[①] 绍熙年间，浙江转运司刊刻何异《中兴百官提名》，然而该书“诸司间有不可考者，多缺之”[②]。端平二年（1235）胡太初所撰《昼帘绪论》一卷，内容为居官之要，宝祐元年（1253）刊于处州郡治，并颁行于属县，以作为为官之道的指导。[③] 地方官员会刊刻当地人文书籍，如徽州江都通判李椿撰《中兴登科小录》记载自建炎戊申，至嘉熙戊戌，“节次取名字、乡贯、三代讳刊之，后以韵类其姓，凡一万五千八百人有奇。太守吴兴倪祖常子武刻之”[④]，通过宣扬本地文教事业，增强本地民众归属感和认同感。郡学也会刻板一些科举登科榜单，以勉励学子，如胡州州学刻《大宋登科记》不分卷。[⑤]

一些与咨政相关的奏议也相继为地方政府及学校刻板，此与宋代科举重视策论相关，奏议中对时事的议论可以作为写作参考。绍兴二十七年（1157），《包孝肃奏议》刻于庐州州学[⑥]，但随后毁于战火，淳熙元年（1174）又补修重刻。嘉定三年（1210）建宁知府李大异刻《宋大诏令》二百四十卷。淳祐十年

---

① 《宋会要辑稿》崇儒4，淳熙十六年七月，第2246页。

② 《直斋书录解题》卷6《中兴百官提名》，第181页。

③ 《四库全书总目提要》卷79，史部35，《昼帘绪论》，第190页。

④ 《直斋书录解题》卷7《中兴登科小录》，第203页。

⑤ 《直斋书录解题》卷7《大宋登科记》，第202页。

⑥ ［宋］包拯撰，杨国宜校注：《包拯集校注》，黄山书社1999年版，第330—331页。

(1250)，福建提刑司史季温所刻赵汝愚辑《诸臣奏议》一百五十卷。[①] 邵武军刻李纲所撰《李忠定公奏议》六十九卷、附录九卷。

年谱是按时间顺序记录人物一生重要事迹的文献形式，具有重要的史料价值。编修年谱在宋代兴盛起来，不少唐人年谱也是由宋人编修，“年谱之学，昉于宋世唐贤杜韩柳白诸谱，皆宋人追述之也”[②]。入宋后，年谱的编修兼有编年体和纪传体，反映出宋人崇尚家学、尊师重道的学风。年谱的刊刻多集中于南宋期间，一些理学家的年谱也在理学兴起时期得到编纂和刻印。

表 2-5 政事、官制等类书籍表

时间	刻印机构	作者	书名	出处
大中祥符三年(1010)	崇文院	戚纶等	《释奠元圣文宣王庙仪注》《释奠祭器图》	《续资治通鉴长编》卷七三《真宗》
天禧四年(1020)	崇文院	王曾等	《圣政记》	《中国版刻图录》图版 77
天圣七年(1029)	崇文院	[唐]长孙无忌	《唐律疏义》《音义》	《唐律疏义跋》《四部丛刊》
元丰三年(1080)	国子监	[唐]唐玄宗撰，李林甫等注	《唐六典》	《宋史》卷一六一《职官志》
北宋中期	国子监	[唐]杜佑	《通典》③	《北宋本〈通典〉刊刻年代和学术价值》

① 《中华再造善本总目》，第 43 页。

② 钱大昕：《潜研堂集》卷 26《郑康成年谱序》，上海古籍出版社 1989 年版，第 446 页。

③ 日本宫内厅书陵部藏。据虞万里《北宋本〈通典〉刊刻年代和学术价值》，《文汇报》2008 年 11 月 29 日。

续表 1

时间	刻印机构	作者	书名	出处
绍兴四年(1134)	瑞安府学	[唐]唐玄宗撰，李林甫等注	《大唐六典》①	《中国版刻图录》图版 104
绍兴九年(1139)	临安府	刘敚	《汉官仪》	《中国版刻图录》图版 7
绍兴十九年(1149)	福州州学	[唐]黄璞	《闽川名士传》	《全宋文》第 222 册《书闽川名士传后》
绍兴二十七年(1157)	庐州州学	包拯	《包孝肃奏议》	《包孝肃奏议》卷末《跋包孝肃奏议》
绍兴三十年(1160)以后	安吉州州学	洪适	《大宋登科记》	《直斋书录解题》卷七《大宋登科记》
绍兴三十二年(1162)以前	婺州公使库	[唐]吴兢	《贞观政要》	《文定集》卷十《跋贞观政要》
淳熙六年(1179)	两浙西路提刑司	李元弼	《作邑自箴》	《宋版古籍佚存书录》
淳熙六年(1179)	胡州	[唐]王方庆	《魏郑公谏录》	《书林清话》卷二《郡斋本》
淳熙十六年(1189)	抚州	蔡惇	《祖宗官制旧典》	《宋会要辑稿》崇儒四之三二
绍熙年间(1190—1194)	浙江转运司	何异	《中兴百官提名》	《直斋书录解题》卷六《中兴百官提名》
开禧元年(1205)	浙江东路提举常平司	桑世昌	《兰亭博议》	《直斋书录题解》卷一四《兰亭博议》
开禧二年(1206 年)	台州	叶梦得	《石林奏议》②	《宋版古籍佚存书录》
嘉定二年(1209)	福建路	李纲	《李纲奏议集》	《宋集珍本丛刊提要》第 33 册《梁溪先生文集》
嘉定三年(1210)	建宁府	司义祖	《宋大诏令》	《中华再造善本总目》

① 现分藏于国家图书馆存 3、28—30，南京博物院、北京大学图书馆。

② 日本静嘉堂文库藏。中国社会科学院文学研究所藏有汲古阁影写宋刻本。

续表 2

时间	刻印机构	作者	书名	出处
嘉定八年(1215)	淮南转运司	钱文子	《补汉兵志》	《书林清话》卷三《宋司库州军郡府县书院刻书》
嘉定年间(1208—1224)	徽州	李椿	《中兴登科小录》	《直斋书录解题》卷七《中兴登科小录》
嘉定年间(1208—1224)	安溪印书局	真德秀	《真西山仁政类编》《竹溪先生奏议》	《嘉靖安溪县志》卷八《古迹》
嘉定年间(1208—1224)	建宁府	蔡幼学	《育德堂奏议》①	《宋版古籍佚存书录》
淳祐六年(1246)以后	明州州学	陈瓘	《陈忠肃公言行录》	《宝庆四明志》卷二《书板》
淳祐十年(1250)	福建提点刑狱司	赵汝愚	《诸臣奏议》②	《中华再造善本总目》
淳祐十年(1250)	邵武军学	李纲	《李忠定公奏议》	《中华再造善本总目》
淳祐十一年(1251)	江州	李心传	《道命录》	《宋版古籍佚存书录》
宝祐元年(1253)	处州	胡太初	《昼帘绪论》	《四库全书总目提要》卷七九《昼帘绪论》
宝祐五年(1257)	永泰县学	徐自明	《宋宰辅编年录》	《全宋文》第 337 册,《宋宰辅编年录序》
景定三年(1262)	建昌军	左赞集	《李觏年谱》	《李觏集》附录三《直讲李先生集跋》
咸淳六年(1270)	南剑州	黄去疾	《龟山年谱》	《全宋文》第 353 册《龟山年谱序》
南宋	建康府	不详	《朱文公年谱》	《景定建康志》卷三三《书版》

① 国家图书馆藏。
② 国家图书馆藏宋刻元修本。

续表 3

时间	刻印机构	作者	书名	出处
南宋	国子监	岳珂编	《金佗粹编》	《宋版古籍佚存书录》
南宋	建康府	洪遵	《翰苑群书》	《景定建康志》卷三三《书版》
南宋	建康府	李珏	《李公家传》	《景定建康志》卷三三《书版》
南宋	建康府	张维	《释奠通祀图》	《景定建康志》卷三三《书版》
南宋	建康府	不详	《皇朝特命录》	《景定建康志》卷三三《书版》
南宋	建康府	文彦博	《富文公赈济录》	《景定建康志》卷三三《书版》
南宋	建康府	不详	《少陵先生年谱》	《景定建康志》卷三三《书版》
南宋	建康府	不详	《张公奏议》	《景定建康志》卷三三《书版》

从上表可以看出，两宋期间总共对 42 种书籍进行刻印，其中唐人著述 6 种。奏议类书籍刻印 9 次，次数最多。奏议比一般史书更能真实反映出当时政治、经济及军事情况，如《育德堂奏议》反映出当时光宗和孝宗的不和。

三、目录、读书笔记类书籍的刻印

雕版印刷的发展，促进了书籍的流通，书籍的种类和数量剧增。随着官方藏书的增多，建立目录是很有必要的，一则可以厘清现存图书，对缺失书籍进行补充；二则在补充书籍过程中避免重复收书。因而景祐元年（1034）闰六月，宋仁宗命“群儒即书府尽启先帝所藏校定条目，翰林学士王尧臣、史馆检讨王洙、馆阁校勘欧阳修等，咸被其选。诗论撰次，其伪滥者删去之，遗缺者补缉之。摘其重复，刊其讹舛，集其书之总数，凡三万六百六十九卷。以类分门，为目成六十七卷”①，并赐名为《崇文总目》。作为国家重要的藏书目录，《崇文总目》在目录学史上地位非同一般，其“以三馆、秘阁所藏有谬滥及不全之书，遂命翰林学士张观、知制诰李淑、宋祁定其存废，伪谬重复并从删去；内有差漏者，令补写校对，仿《开元四部录》，约《国史艺文志》，著为目录”②。而且《崇文总目》并不仅是因校勘或是征书而编纂，在书籍量日增、流通多渠道的条件下，目录学脱离其他学科而成为单独学科发展趋势明显，该书正是转型期的反映。《崇文总目》制作历时两年多，至景祐三年（1036）十月，校对经史类书籍八千四百二十五卷、子集书籍一万二千余卷，对馆阁书籍从版本到内容进行了整理，后经过了刻板。虽然经过了整理，但未对所有馆藏书籍及具体每部书籍内容进行系统勘正，因而存在“简编脱落，书吏补写不精”③ 的情况。《崇文总目》的刊行为国家征书提供了参考标准，如大观年间征书便是依据《崇文总目》所载书名目录，“《总目》之外别有异书，并许借传，或官给笔札，即其家传之，就加校定，上之策府”④。南宋时征书仍以《崇文总目》所载书名目录为准，绍兴十三年（1143），“比降令秘书省，以《唐艺文志》及《崇文总目》据所阙者榜之，检鼓院许外路臣庶以所藏上项之书投献。尚恐远方不知所阙，名籍难于搜访抄录，望下本省以《唐艺文志》及《崇文总目》应所阙之书，注阙字于其

① 《宋朝事实类苑》卷 31《藏书之府》，第 395 页。
② 《玉海》卷 52《庆历崇文总目》，第 996 页。
③ 《麟台故事校证》卷 3《选任》，第 127 页。
④ 《宋会要辑稿》崇儒 4，景祐三年十月，第 2238 页。

下，镂板降付诸州军，照应搜访”[①]。此举为地方提供了征集书目，有利于南宋初年图书文化事业的恢复。

经过长时间累积，国家图书馆藏颇丰，秘书少监陈骙上奏朝廷要求编制新版目录，“中兴以来，馆阁藏书，前后搜访，部帙渐广，循习之久，未曾类次书目，致有残缺重复，多所讹劫。乞依《崇文总目》，就令馆职编撰，更不置局”[②]。在此基础上，淳熙五年（1178），陈骙上《中兴馆阁书目》七十卷，序例一卷，收录图书四万四千四百八十六卷。此本目录比《崇文总目》所载图书多一万三千八百十七卷，“复考《三朝史志》，多八千二百九十卷，《两朝国史》，多三万五千九百九十二卷”，六月由两浙转运司摹板。[③] 嘉定十三年（1220），秘书丞张攀仿照《中兴馆阁书目》编成《中兴馆阁续书目》，收录淳熙五年（1178）以后的书籍。

宋代官修目录是对官方藏书的汇总统计，也是宋廷访求图书的参照。由于学术的发展变化，各类图书此消彼长，必然影响到图书目录的编制，因而目录能在一定程度上反映出学术发展脉络和宋代学术繁荣，也为后世研究版本目录学保存了史料。

宋代史评类笔记增多，与宋儒崇尚议论相关。借助史评形式，阐发历史观，将义理融入史学判断的标准之中，注重经世，更关注道德性命等理论，推动了宋学的发展。其中，以胡寅的《致堂读史管见》较为著名，该书也是地方政府刊刻较多的史评书籍。吕祖谦的《大事记》《观史类编》、张敦颐的《六朝事迹类编》、晁公迈的《历代纪年》等也得到刊刻。宋人读书笔记类著

① 《宋会要辑稿》崇儒 4，绍兴十三年十二月，第 2243 页。

② 《南宋馆阁续录》卷 4，第 197 页。

③ 《玉海》卷 52《淳熙中兴馆阁书目》，第 999 页。

作诸多，但能够确定为官刻的较少，现将目录、读书笔记等类书籍列表如下：

表 2-6　目录、读书笔记等类书籍表

时间	刻印机构	作者	书名	出处
庆历元年(1041)	国子监	王尧臣等	《崇文总目》	《宋朝事实类苑》卷三一《藏书之府》
元祐七年(1092)	国子监	刘次庄	《法帖释文》	《宋版古籍佚存书录》
绍兴二十七年(1157)	南剑州学	孙甫	《唐史论断》	《直斋书录解题》卷四《唐史论断》
绍兴三十年(1160)	建康府	张敦颐	《六朝事迹类编》	《宋版古籍佚存书录》
乾道二年(1166)	绍兴府	洪适	《隶释》	《四库全书总目提要》卷八六《隶释》
乾道二年(1166)以后	宁国府	胡寅	《致堂读史管见》	《宋版古籍佚存书录》
淳熙五年(1178)	浙江转运司	陈骙	《中兴馆阁书目》《序例》	《玉海》卷五二《淳熙中兴馆阁书目》
淳熙七年(1180)	江南东路提举常平司	洪适	《隶续》	《四库全书书目提要》卷八六《隶续》
淳熙八年(1181)	越州	洪适	《隶释》	《四库全书书目提要》卷八六《隶续》
淳熙九年(1182)	泉州	胡寅	《致堂读史管见》	《书林清话》卷六《宋刻书之牌记》
淳熙十二年(1185)以前	临江军学	刘次庄	《法帖》	《独醒杂志》卷九《法帖》
淳熙十六年(1189)	衢州	晁公武	《郡斋读书志》	《宋版古籍佚存书录》
淳熙年间(1174—1189)	安庆府	赵明诚	《金石录》①	《中华再造善本总目》

① 国家图书馆藏 30 卷。

续表 1

时间	刻印机构	作者	书名	出处
绍熙三年(1192)	建昌军	晁公迈	《历代纪年》①	《中华再造善本总目》
开禧二年(1206)	徽州州学	赵彦卫	《云麓漫钞》	《书林清话》卷三《郡学本》
嘉定三年至四年(1210—1211)	婺州	吕祖谦	《观史类编》	《中华再造善本总目》
嘉定五年(1212)	平江府学	吕祖谦	《大事记》《通释》《解题》	《四库全书总目提要》卷一六九《大事记》
嘉定十一年(1218)	衡州	胡寅	《致堂读史管见》②	《中华再造善本总目》
嘉定十五年(1222)	平江府学	吕祖谦	《大事记》	《四库全书总目提要》卷一六九《大事记》
嘉定十七年(1224)	台州	桑世昌	《兰亭考》	《直斋书录解题》卷一四《兰亭考》
淳祐二年(1242)	嘉兴	俞松	《兰亭续考》③	《宋版古籍佚存书录》
淳祐九年(1249)	衢州	晁公武	《郡斋读书志》《后志》《考异》《附志》	《四库全书提要》卷八五《郡斋读书志》
淳祐十年(1250)	袁州	晁公武、赵希弁	《郡斋读书志》④《后志》《附志》《考异》	《四库全书提要》卷八五《郡斋读书志》
南宋	国子监	宋祁、欧阳修等	《唐书艺文志》	《宋版古籍佚存书录》
南宋	建康府	叶汝舟	《通鉴笔义》	《景定建康志》卷三三《书版》

① 国家图书馆藏残 9 卷，2—10 卷。

② 国家图书馆藏 30 卷，卷 5—6、9—10、13—30 配元刻本。

③ 国家图书馆藏 2 卷。

④ 故宫博物院藏。

续表 2

时间	刻印机构	作者	书名	出处
南宋后期	浙江东路提举常平司	桑世昌	《兰亭考》	《直斋书录解题》卷一二《兰亭考》
宋代	蜀刻	李心传	《国朝会要总类》	《宋版古籍佚存书录》
宋代	温州	不著撰人	《温州进士题名录》	《宋版古籍佚存书录》

四、刑法及敕令类刻印

建隆四年（963），宋廷因袭《唐律疏议》及五代时期的律令格式，制定并颁行了《宋刑统》。作为宋代通用的法典，《宋刑统》对统一宋代法令具有积极意义。在其制定后，宋廷分别于乾德四年（966）、熙宁四年（1071）、绍圣元年（1094）、绍兴元年（1131）对其进行了修订，但内容变化不大。原因之一是祖宗之法不宜轻易变动，更重要的原因是宋廷不断编写并颁行了大量更加适应形势变化的敕令。①

宋廷认为“敕令者治世之经”是“以训迪天下”②，因此十分注重编写及颁行敕令之书，编敕是宋廷经常性的立法行为。由官方刻板发行可以有效减少传抄过程中的错误，有利于维护法条的权威性，确保了条文准确及断案和处理事件的效率。早在建隆四年（963）二月，工部尚书、判大理寺窦仪认为“《周刑统》科条繁浩，或有未明，请别加详定”。于是宋太祖诏命窦仪与权大理

① 参见郭东旭《宋朝法律史论》，河北大学出版社 2001 年版，第 53 页。

② 《宋史》卷 199《刑法一》，第 4963 页。

少卿苏晓、大理正奚屿、大理丞张希让，及刑部大理寺法直官陈光义、冯叔向等一同撰集。此次修改历时六个月，内容变动较大，“凡削出令（或）［式］宣敕一百九条，增人制十五条。又录律内余条准此者凡四十四条，附于名例之次，并目录，成三十卷。别取旧削出格、令、宣、敕及后来续降要用者，凡一百六条，为《编敕》四卷。其厘革一司一务一州一县之类，不在焉”。至同年八月二日编修完成，并模印颁行。[①] 后敕令日渐繁多，咸平元年（998）十二月丙午，柴成务等认为“自唐开元至周显德，咸有格敕，并着简编。国初复位刑统，止行《编敕》四卷。洎方隅平定，文轨大同，太宗临朝，声教弥远，遂增后敕为《太平编敕》十五卷，淳化中又增后敕为《淳化编敕》三十卷”。至咸平年间为了简化条款以便民，恢复“亲戒有司，务存体要”之初衷，最终删订后的《淳化编敕》“镂板颁下，与律令格式、《刑统》同行”[②]。

随着时间的推移，敕令不可避免地增多和变化，仅大中祥符七年（1014）至天圣四年（1026）便复增至六千七百八十三条[③]，且前后矛盾敕令大量存在，删改敕令成为常态，于是开始编订《天圣编敕》。与《天圣编敕》同时编订的还有《天圣令》，“时以唐令有与本朝事异者，亦命官修定。有司乃取咸平仪制及制度约束之，在秩者五百余条悉附令后，号曰附令敕”[④]。天圣七年（1029）五月己巳，诏以新修令三十卷又附令敕颁行。《天圣编

① 《宋会要辑稿》刑法1，建隆四年八月，第6462页。
② 《长编》卷43，咸平元年十二月丙午，第922页。
③ 《长编》卷104，天圣四年九月壬申，第2423页。
④ 《玉海》卷66《天圣附令敕》，第1257页。

敕》则在九月丁丑上交“编敕既成，合《农田敕》为一书，视《祥符敕》损百有余条”。编好后未立即刊刻，而先发于“诸路阅视，听言其未便者。寻又诏尽一年无改易，然后镂版颁行”[①]。在征求意见后，于明道元年（1032）三月戊子，《天圣编敕》才开始施行。[②]《天圣编敕》附加刑名，开创了律、敕并行的局面。神宗时期，因为变法的需要更加强调编敕的重要性，“以律不足以周事情，凡律所不载者，一断以敕”[③]，以《刑统》为核心的律地位持续下降，处于备用的状态。同时改变编敕体例，以敕、令、格、式四大部分为基础进行编写，敕令数目大幅增加。

至南宋淳熙六年（1179），施行新法多达五千余条，“将见行条法，令敕令所分门编类，如律与《刑统》、敕、令、格、式及续降指挥，每事皆聚载一处，开卷则尽见之，庶使胥吏不得舞文”[④]。最终淳熙七年（1180）五月二十八日，右丞相赵雄等上《淳熙条法事类》四百二十卷、《目录》二卷。[⑤] 宁宗时期，又对南宋期间敕令等进行汇总，编订《庆元条法事类》，于嘉泰三年（1203）颁行。此类汇总还有淳祐十一年（1251）四月丁未，郑清之等编定《淳祐条法事类》，共四百三十卷。[⑥] 此类汇编为断案检索提供了方便，提高了法律条文的使用效率。

除海行敕令外，单独有针对性的敕令编修和汇总能更好地加

① 《长编》卷 108，天圣七年九月丁丑，第 2523 页。

② 《长编》卷 111，明道元年三月戊子，第 2578 页。

③ 《宋史》卷 199《刑法志一》，第 4964 页。

④ 《皇宋中兴两朝圣政》卷 57，北京图书馆出版社 2007 年版，淳熙六年二月癸卯。

⑤ 《宋会要辑稿》刑法 1，淳熙七年五月，第 6487 页。

⑥ 《宋史》卷 43《理宗纪三》，第 844 页。

强行政管理。如对官吏管理立法，有助于管理规范化和制度化。此类法令经历了从无到有的过程，修订多集中于南宋时期。哲宗元祐元年（1086）三月二十五日尚书省上所修《吏部四选敕令格式》，乞先次颁降。[①] 绍兴元年（1131）十一月二十九日"《吏部条法》最为急务，令敕令所限一月先次镂版。续诏以广东转运司录到元丰、元祐《吏部条法》与吏部七司省记，到元丰崇宁看详、政和重修格式及天圣七年以后案例，至绍兴三年（1133）七月二十四日续降指挥条册参酌修立，依限颁降"[②]，南宋的官员管理制度基本是在继承北宋颁行的条例的基础上修订而成。淳熙二年（1175）十二月四日，参知政事龚茂良等上《吏部七司法》三百卷，诏以《淳熙重修尚书吏部敕令格式申明》为名。[③] 由于《淳熙重修尚书吏部敕令格式申明》多达三百卷难以检用，淳熙三年（1176）三月二十九日，参知政事龚茂良等上《吏部条法总类》四十卷。[④] 此书采用随事分门，便于检阅的"事类体"。开禧元年（1205）五月，陈自强等上《开禧重修吏部七司敕令格式申明》。[⑤]

此外，茶盐专卖法条也被编辑成书，刊刻颁行，绍兴二十一年（1151），将《绍兴编类江湖淮浙京西路盐法》和《绍兴编类江湖淮福建广南浙京西路茶法》共二百六十卷，雕印颁行。

大量法律条文被汇编印刷，除了颁发给各级政府部门外，还作为科举考试用书。如天圣四年（1026）十一月，翰林侍读学士

---

① 《宋会要辑稿》刑法 1，元祐元年三月，第 6468 页。
② 《宋会要辑稿》刑法 1，绍兴三年七月，第 6479 页。
③ 《宋会要辑稿》刑法 1，淳熙二年十二月，第 6486 页。
④ 《宋会要辑稿》刑法 1，淳熙三年三月，第 6487 页。
⑤ 《宋会要辑稿》刑法 1，开禧元年五月，第 6491 页。

判国子监孙奭言："诸科举人，惟明法一科律文及疏未有印本，是致举人难得真本习读。乞令校定，镂板颁行。"于是仁宗任命"国子监直讲杨安国、赵希言、王圭、公孙觉、宋祁、杨中和校勘，判监孙奭、冯元详校，至七年十二月毕"，后由"崇文院雕印，与律文并行之"①。此次校对和组织均由国子监发起，最后由崇文院雕印而成。再如针对学习刑法之人，元符三年（1100）九月二十三日，"详定重修令所请依旧令国子监印卖编修格式，命官并习刑法人许置"②。南宋绍兴二十六年（1156）三月十九日，诏："今后省试、太学国子监公试发解及铨试刑法，令国子监印造《礼部韵略》、《刑统》律文、《绍兴敕令格式》，并从官给。"③

南宋时期为了稳固统治，"国朝法令，大抵从宽"④，宽恤诏令出台较多，由中央刊刻颁行各地。如《绍兴编类宽恤诏令》自绍兴二十二年（1152）开始编修，三年后书成二百卷并颁行。⑤淳熙十一年（1184），编成《淳熙宽恤诏令》三百卷。庆元二年（1196）三月四日，议臣请编类《绍熙宽恤诏条》，并镂板刻书颁降全国。庆元六年（1200），又编成《庆元宽恤诏令》四百二十六卷。⑥

随着法令增多，难免有相互抵牾之处，为了方便检索执行，孝宗淳熙十一年（1184）将重要法令重新整理而成《绍兴申明刑

① 《宋会要辑稿》崇儒 4，天圣四年十一月，第 2699 页。
② 《宋会要辑稿》职官 28，元符三年九月，第 2978 页。
③ 《宋会要辑稿》职官 1，绍兴二十六年三月，第 2331 页。
④ 《建炎以来系年要录》卷 4，第 111 页。
⑤ 《建炎以来系年要录》卷 4，第 112 页。
⑥ 《玉海》卷 64《绍兴淳熙绍熙庆元宽恤诏令》，第 1217 页。

统》，淳熙十五年（1188）六月，令国子监重新镂板颁行。① 法律条文刊刻成书后，由政府统一刻印售卖，如南宋建炎四年（1130）八月，"内吏部铨注条例乞颁下越州雕印出卖"②。

表 2-7 官刻刑法及敕令类书籍表

时间	刻印机构	作者	书名	出处
建隆四年(963)	大理寺	窦仪等	《宋刑统》《建隆编敕》	《宋会要辑稿》刑法一之一
太平兴国三年(978)	有司	不详	《太平兴国编敕》	《宋会要辑稿》刑法一之一
淳化五年(994)	不详③	苏易简等	《淳化编敕》	《长编》卷四三，咸平元年十二月丙午
咸平元年(998)	不详	柴成务等	《咸平编敕》《仪制敕》《赦书德音》	《宋会要辑稿》刑法一之二
景德二年(1005)	三司	丁谓等	《三司新编敕》	《长编》卷六一，景德二年八月癸亥
景德三年(1006)	不详	丁谓等	《景德农田编敕》	《宋史》卷七《真宗本纪》
大中祥符九年(1016)	编敕所	陈彭年等	《删定编敕》《仪制》《赦书德音》《目录》	《宋会要辑稿》刑法一之三
天禧元年(1017)	编敕所	编敕所	《条贯在京及三司敕》	《宋会要辑稿》刑法一之四
天禧四年(1020)	不详	李迪等	《一州一县新编敕》	《宋会要辑稿》刑法一之四
天圣七年(1029)	崇文院	崇文院	《律》④《音义》	《宋版古籍佚存书录》
天圣八年(1030)	国子监	柴成务等	《农田敕》	《长编》卷一〇八，天圣七年九月丁丑

① 《玉海》卷 66《绍兴申明刑统》，第 1263 页。
② 《宋会要辑稿》刑法 1，建炎四年八月，第 6475 页。
③ 此表中刊刻机构不详，仅有"雕印颁行"，而未记载具体机构。
④ 国家图书馆藏。

续表 1

时间	刻印机构	作者	书名	出处
明道元年(1032)	崇文院	吕夷简等	《天圣编敕》《赦书德音》《令文》	《长编》卷一一〇,明道元年三月戊子
庆历八年(1049)	崇文院	贾昌朝等	《庆历编敕》《赦书德音》《附令敕》《目录》	《宋史》卷二〇四《艺文志三》
嘉祐二年(1057)	不详	张方平等	《新修禄令》	《宋会要辑稿》刑法一之六
嘉祐七年(1062)	编敕所	韩琦等	《嘉祐编敕》	《宋会要辑稿》刑法一之六
治平二年(1065)	不详	王珪等	《在京诸司库务条式》	《宋会要辑稿》刑法一之六
熙宁六年(1073)	编敕所	王安石等	《熙宁详定编敕》《赦书德音》《附令敕》《申明敕》《目录》	《宋会要辑稿》刑法一之九
熙宁十年(1077)	详定编修诸司敕式所	详定编修诸司敕式所	《敕令格式》	《宋会要辑稿》刑法一之一一
元丰二年(1079)	不详	司农寺	《元丰司农敕令式》	《宋会要辑稿》刑法一之一二
元丰七年(1084)	不详	刘挚等	《元丰敕令格式》	《续资治通鉴长编》卷三七三,元祐元年三月己卯
元祐元年(1086)	尚书省	尚书省	《吏部四选敕令格式》	《宋会要辑稿》刑法一之一三
元祐二年(1087)	不详	苏颂等	《元祐详订敕令》	《宋会要辑稿》刑法一之一四—一五
元符二年(1099)	不详	蔡惇等	《元符敕令格式》	《宋会要辑稿》刑法一之一八
崇宁二年(1103)	讲议司	蔡京等	《诸州县学敕令格式》《一时指挥》	《宋史》卷二〇四《刑法三》
大观元年(1107)	三省	蔡京等	《大观马递铺敕令格式》	《宋会要辑稿》刑法一之一九

续表 2

时间	刻印机构	作者	书名	出处
政和元年(1111)	国子监	郑居中等	《政和新修学法》	《宋会要辑稿》刑法一之二二
政和三年(1113)	敕令所	何执中等	《政和重修敕令格式》	《宋会要辑稿》刑法一之二三
政和五年(1115)	尚书度支	张勋等	《政和直达纲条敕及申明指挥》	《宋会要辑稿》刑法一之二二
政和六年(1116)	敕令所	王韶等	《政和敕令格式》	《宋会要辑稿》刑法一之二二
政和六年(1116)	不详	礼制局	《夏祭敕令格式》	《宋会要辑稿》刑法一之二二
宣和二年(1120)	敕令所	敕令所	《明堂敕令格式》	《宋会要辑稿》刑法一之三一
靖康元年(1126)	不详	吏部	《吏部所选逐曹条例》	《宋会要辑稿》刑法一之三三
绍兴二年(1132)	敕令所	范尹宗等	《绍兴重修敕令格式》	《宋会要辑稿》刑法一之三四
绍兴三年(1133)	敕令所	敕令所	《吏部条法》	《宋会要辑稿》刑法一之三六
绍兴四年(1134)	不详	刑部	《绍兴新书》	《宋会要辑稿》刑法一之三四
绍兴六年(1136)	敕令所	张浚等	《海行敕》《在京敕》《在京令》《修书指挥》《海行令》《在京格》《看详》	《宋会要辑稿》刑法一之二五
绍兴十年(1140)	不详	秦桧等	《绍兴重修在京通用敕令格式》	《宋会要辑稿》刑法一之三七
绍兴十二年(1142)	不详	秦桧等	《六曹通用敕》《寺监通用敕令格式》《库务通用敕令》《六曹寺监通用敕令格式》《寺监库务通用敕令》《六曹寺监库务通用敕令格式》《申明》	《宋会要辑稿》刑法一之三八

续表 3

时间	刻印机构	作者	书名	出处
绍兴十三年(1143)	不详	秦桧等	《绍兴重修国子监敕令格式》《太学敕令格式》《武学敕令格式》《律学敕令格式》《小学令格》	《宋会要辑稿》刑法一之三九
绍兴十七年(1147)	不详	秦桧等	《绍兴重修常平免役敕令格式》	《宋会要辑稿》刑法一之一〇
绍兴二十一年(1151)	不详	秦桧等	《绍兴编类江湖淮浙京西路盐法》《绍兴编类江湖淮福建广南浙京西路茶法》	《宋会要辑稿》食货三一之一一
绍兴二十三年(1153)	不详	敕令所编	《大宗正司敕令格式》	《宋会要辑稿》刑法一之四五
绍兴二十五年(1155)	不详	不详	《绍兴编类宽恤诏令》	《建炎以来系年要录》卷四
绍兴二十六年(1156)	不详	万俟卨等	《绍兴重修贡举敕令格式》	《宋会要辑稿》刑法一之四二
绍兴二十六年(1156)	国子监	张守等	《绍兴敕令格式》	《宋会要辑稿》职官一之三
绍兴二十六年(1156)	国子监	孙奭	《刑统律文》	《宋版古籍佚存书录》
乾道八年(1172)	不详	虞允文等	《乾道重修敕令格式》	《宋会要辑稿》刑法一之四九
乾道九年(1173)	不详	梁克家等	《乾道重修逐省院敕令格式》	《宋会要辑稿》刑法一之四九
淳熙二年(1175)	敕令所	龚茂良等	《淳熙重修尚书吏部敕令格式申明》	《宋会要辑稿》刑法一之五〇
淳熙三年(1176)	敕令所	龚茂良等	《吏部条法总类》	《宋会要辑稿》刑法一之五一
淳熙四年(1177)	不详	李彦颖	《淳熙重修敕令格式》《申明》	《宋会要辑稿》刑法一之五一

续表 4

时间	刻印机构	作者	书名	出处
淳熙四年(1177)	国子监	窦仪等	《刑统》	《玉海》卷六六《绍兴申明刑统》
淳熙六年(1179)	敕令所	敕令所	《隆兴以来宽恤诏令》	《宋会要辑稿》刑法一之五二
淳熙八年(1181)	敕令所	赵雄等	《淳熙条法事类》	《宋会要辑稿》刑法一之五二
淳熙十一年(1184)	不详	贾选等	《淳熙宽恤诏令》	《玉海》卷六四《绍兴淳熙绍熙庆元宽恤诏令》
淳熙十四年(1187)	国子监	不详	《绍兴申明刑统》	《玉海》卷六六《绍兴申明刑统》
庆元二年(1196)	不详	不详	《绍熙宽恤诏条》	《玉海》卷三一《建炎绍兴诏旨》
庆元四年(1198)	不详	京镗等	《庆元重修敕令格式》《随敕申明》	《玉海》卷六六《庆元重修敕令格式》
庆元六年(1200)	敕令所	京镗等	《庆元宽恤诏令》	《玉海》卷六四《绍兴淳熙绍熙庆元宽恤诏令》
嘉泰元年(1201)	敕令所	京镗等	《役法撮要》	《宋会要辑稿》刑法一之五八
嘉泰二年(1202)	不详	谢深甫等	《庆元条法事类》	《直斋书录解题》卷七《嘉泰条法事类》
开禧元年(1205)	敕令所	陈自强等	《开禧重修吏部七司敕令格式申明》	《宋会要辑稿》刑法一之五九
嘉定六年(1213)	不详	不详	《嘉定吏部条法总类》	《宋版古籍佚存书录》
嘉定十六年(1223)	国子监	国子监	《贡举条式》	《宋版古籍佚存书录》
淳祐二年(1242)	不详	史嵩之等	《淳祐敕令格式》	《宋史》卷一九九《刑法一》
淳祐十一年(1251)	不详	不详	《重修淳祐敕令格式》	《宋史》卷一九九《刑法一》
淳祐十一年(1251)	敕令所	郑清之等	《淳祐条法事类》	《宋史》卷四三《理宗纪三》

如表2-7统计，全国性综合编敕有19部，3000余卷，加上3部条法事类，实际施行共22部，形成一整套较为完备的法律体系。[①] 从时间跨度看，宋代综合性敕书编制活动自北宋建隆四年（963）始，至淳祐十一年（1251），度宗以后基本上执行前例，未有改动。北宋中后期40多年中，海行敕令编修大约10年左右进行一次，“敕令格式自熙丰以后四经编修，率不过十年”[②]。

敕令编修机构先由大理寺承担，后归敕令所，刻印由国子监、编敕所、崇文院等部门承担。而一些编敕仅在诏令中说明颁行或是镂板，未指出其负责镂板部门，但据现有史料推测，大部分敕文还是由国子监及敕令所刊刻。

从卷数看，敕令卷数逐渐增多，除与事务繁多和附加项目增多有关外，也与编敕体例改变有关。敕令内容多为朝廷诏令，也收录御笔、手诏等，具有前后连贯性和继承性，敕令的删改使法令更具灵活性和适应性。部门机构、地方等敕令汇编显示宋代法律在形式上细化，并以格式对法律做出了规范，更加适应了宋代政治、经济及社会发展的需要。但敕令的增多繁杂也带来检索的不便，且出现前后抵牾的现象，以致在实际执行过程中，存在不能通晓法条的官吏援引前例断案，以例破法的现象。[③] 虽然大量的敕令颁行，但是《宋刑统》等律条并未废止，而是敕律并行，敕优先适用。[④]

---

① 孔学：《宋代全国性综合编敕纂修考》，《河南大学学报》1998年第4期，第9页。

② 《宋会要辑稿》刑法1，靖康元年四月，第6477页。

③ 《宋史》卷199《刑法一》，第4965页。

④ 参见戴建国《〈宋刑统〉制定后的变化——兼论北宋中期以后〈宋刑统〉的法律地位》，《上海师范大学学报》1992年第4期，第50页。

总体而言，宋代官修史书的数量和种类远远超过前代。宋代官刻对前朝历史进行了系统性整理及刻印，国子监将部分史书刊刻任务下放到地方刻印，并派人员负责监工雕造，形成从中央到地方官刻机构间的互动。南宋以后，地方官刻较为活跃，中央除了南宋初年对史籍进行刊刻外，基本没有再组织过大规模校对及刊刻。究其原因，一是史书基本定板，经过绍兴初年的补刻基本补全史籍；二是南宋中央财政大不如前，面对大部头史书勘校等工作力不从心。地方官刻自北宋以来积累了不少刻印资源，能够刊刻规模较大的史书，这也显示了地方刻印机构的雄厚实力。加之学校教育及市场的需要、地方基层势力的推动等诸多要素，不少宋人编修的史书在南宋时期被地方政府和学校刊刻。

第三章　官刻经部史部书籍（下）

方志编修由来已久，宋代地方志编修在隋唐图及图经基础之上发展起来，并在数量上大大超过前代，正如宋人评论“今僻陋之邦，偏小之邑，亦必有记录焉”①。据顾宏义先生考证，两宋散佚方志共达 1031 种，存留 29 种。② 宋代不但方志数量浩繁，且名志屡出，各具特色，为后世方志发展奠定了坚实的基础。志书多以图经、志命名，也有地方称为记、乘、录、编，如《阆苑记》《豫章职方乘》《会稽录》《通义编》。地方志的蓬勃发展是宋代地域文化发展及结晶的突出表现。③

第一节　宋代地理类书籍大量出现的原因

北宋时期方志编修多由中央自上而下推动进行，为掌握地方实情，而偏重对地域形式、辖区、税赋、人口等的统计。地方政

---

① ［宋］赵与泌、黄严孙：《仙溪志》，《宋元方志丛刊》，中华书局 1990 年版，第 8233 页。

② 顾宏义：《宋朝方志考》前言，上海古籍出版社 2010 年版，第 4 页。

③ 程民生：《略论宋代地域文化》，《历史研究》1995 年第 1 期，第 68 页。

府需要修方志上报朝廷，一些州还不断更新方志，一修再修。

第一，地方首要行政官员为文官，上任伊始，亟须通盘了解治域历史和现状，方志即是了解当地情况的重要渠道之一，所谓“郡之中所为，山川之广袤，守得而考之；户口之登耗，守得而询之；田畴之芜治，守得而省之；财赋之赢缩，守得而核之；吏治之臧否，守得而察之；风气之贞淫，守得而辨之”①。方志的缺失，使“追维往昔之事，不可复记，世常以为恨”②。因而地方志的编修不仅为当时官员的治理提供了依据，还可以体现地方官员的文教政绩，进而受到朝廷褒奖。如《景定建康志》编成后，“献之天子，玉音嘉焉”③，编修者周应合也借此由地方调任中央，担任史馆检阅。此外，编修方志更能为后续官员提供治理的借鉴，“使为政者究知风俗利病，师范先贤懿绩”④，“政教修废察吏治也”⑤。

第二，编修志书者为地方文官，他们往往具有强烈的保存地域历史及文化的动机。如编修《吴郡图经续记》的最初动因就是时任平江府知州晏知止想要编纂吴中遗事和古今文章。《新安志》在编修过程中，又在民间搜集到了《祥符图经》，进而重新设置纲目，补充材料。这种续修或是参考前志基础上的重修已然成为

① ［宋］郑兴裔：《郑忠肃奏议遗集》卷下《合肥志序》，《文渊阁四库全书》，台湾商务印书馆1983年版，第1140册，第216页。

② ［宋］梁克家：《淳熙三山志》，《宋元方志丛刊》，中华书局1990年版，第7786页。

③ ［宋］周应合：《景定修志本末》，《景定建康志》，《宋元方志丛刊》，中华书局1990年版，第1329页。

④ ［宋］陈公亮：《淳熙建德府图经》，第4280页。

⑤ ［宋］马光祖：《景定建康志序》，《景定建康志》，第1316页。

宋代地方志编纂的特点之一，诚如周煇感慨“近时州郡皆修图志”[①]，修志俨然成为一种风尚。而凭借编修方志传世得以留名青史也为地方官员热衷组织纂修方志的心态之一，如《莆阳志》的修撰，郡守赵彦励希望在任期内尽快成书，“比将秩满，亟延郡之诸彦而谋之，皆曰曩尝纂辑，阻于异议，请及今类而次之，以竞其事”[②]。

至南宋时期则转为以地方政府修志为主。现存方志南宋时期居多，通过对其史料分析，促使南宋地方政府编修方志的原因主要有以下几条。

首先，经靖康之变后，北宋时期的地方志书大多散佚，即便保存下来的志书也常因时隔久远而不能适应新形势的需求，“问山川所从出，人物氏族所自来，告之不能十之一二”[③]。部分已存志书或因篇章所限，内容简略，或“故老相传，不能无讹”[④]，所谓“鲁鱼亥豕，不胜其舛……失真难订，传讹易承，继今不图，益重后来之恨”[⑤]。因而在南宋政权相对稳定之时，地方政府便展开了编修地方志的工程。

其次，南宋政权建立后社会逐渐稳定，经济持续发展，印刷技术普及，造纸及制墨工艺提高等，均为编修方志提供了更好的

---

① 《清波杂志》卷4《修图经详略》，第164页。

② ［宋］赵彦励：《莆阳志》，张国淦：《中国古方志考》，中华书局1963年版，第190页。

③ ［宋］林栗：《淳熙玉融志序》，《康熙福清县志·艺文序》，清康熙十一年刊影印本。

④ 《永乐大典》卷之7630考《杭州府志》，线装书局2014年版，第3525页。

⑤ ［清］侯元棐主修：《［康熙］康熙德清县志·余不志序》，民国初德清县续修县志事务所石印本。

物质条件。如江浙地区编修方志最多，便是得益于身处行政中心地带、经济富庶以及地方政府财力较充裕。且江浙一直为宋代雕刻印刷中心，刻印出版基础雄厚，而宋廷南迁后，大量人才迁入，这些地区更是才俊云集，刻工人数众多，技艺优良，有良好的人力资源积累。典型的如镇江地区的方志，在宋代共有过四次修纂，分别是《乾道镇江志》、嘉定八年（1215）的《嘉定镇江志》、嘉定十七年（1224）的《嘉定镇江续志》、咸淳元年（1265）的《咸淳镇江志》。《乾道镇江志》由于散佚未能流传，因而有了嘉定年间的重修与续修。这种续修不是简单意义上的增添内容，除了更正前志舛误外，更在体例和篇章上加以整合，使志书更为严谨，如《景定建康志》"用《江陵志》之凡例汇而辑之，备前志之所未备"①。

冉次，南宋时期，地域意识和文化勃兴，为地方志的编修提供了精神上的支持。地方精英势力发展成为不容忽视的地方政治势力，地方官员通过修志可以笼络当地文人，并借此控制官方话语权。

马光祖在为《景定建康志》作的序中指出：编修方志"岂徒辨其山林、川泽、都鄙之名物而已。天时验于岁月灾祥之书，地利明于形势险要之设，人文著于衣冠礼乐风俗之臧否。忠孝节义，表人材也；版籍登耗，考民力也；甲兵坚瑕，讨军实也；政教修废，察吏治也；古今是非得失之迹，垂劝鉴也。夫如是，然后有补于世"②。这段话，简要概括出了宋政府编修方志的诸多原因。

---

① 《景定修志本末》，《景定建康志》，第 1329 页。

② 《景定建康志序》，《景定建康志》，第 1316 页。

第二节 两宋方志撰修汇总

一、总志和其他志书[①]的编修

北宋期间全国总志的编修始于开宝年间，开宝四年（971），宋太祖命知制诰卢多逊、扈蒙等重修天下图经，但未能成书。开宝六年（973），卢多逊出使江南，声称“朝廷重修天下图经，史馆独阙江东诸州，愿各求一本以归”[②]，“于是十九州形势尽得之”[③]。在征收大量地方书籍的基础上，开宝八年（975），宋准受诏修订《开宝诸道图经》。[④]

太宗太平兴国元年至雍熙元年（976—984），直史馆乐史撰《太平寰宇记》二百卷、目录二卷。[⑤] 该书广泛征引前人所著山经地志，除沿用唐朝李吉甫《元和郡县志》的门类外，还增加了人物、艺文、姓氏、传说等内容。由于其内容精良，成为后世志书编写参考的重要材料，如《元丰九域志》《方舆胜览》等都曾大量征引该书。

景德四年（1007）二月，真宗“因览《西京图经》有所未备，诏诸路州府军监以图经校勘，编入古迹，选文学之官纂修校

① 其他志书是指非行政区划志书，包括地理志、风土志。

② 《长编》卷14，开宝六年四月辛丑，第299页。

③ 《玉海》卷14《开宝修图经》，第271页。

④ 《玉海》卷14《开宝修图经》，第271页。

⑤ ［宋］乐史：《太平寰宇记序》，《文渊阁四库全书》，台湾商务印书馆1983年版，第469册，第4页。

正补其阙略来上。及诸路以图经献，诏知制诰孙仅、待制戚纶、直集贤院王随、评事宋绶、邵焕校定，仅等以其体制不一，遂加例重修，命翰学李宗谔、知制诰王曾领其事，又增张知白、晏殊，又择选人李垂、韩羲等六人参其事。大中祥符元年（1008）四月戊子，龙图阁待制戚纶请令修图经官先修东封所过州县图经进内，仍赐中书、密院、崇文院各一本，以备检阅。从之。三年（1010）十二月丁巳，书成，凡一千五百六十六卷（目录二卷），宗谔等上之。诏嘉奖，赐器币，命宗谔为序"①。在景德最初真宗下诏诸路修图经时，"仅得海盐一志"②，《海盐图经》为宋代第一部县志。修成后的《祥符图经》为各地方志书的编写提供了蓝本，如嘉定三年（1210）《罗山志》便是以《祥符图经》为祖，累年荟萃而成书③，也为地方普修方志起到推动作用。而且此版图经由中央颁行地方，能在中央书籍散佚的情况下得以保存，"南渡后，汴都秘笈尽归散佚，而诸州颁藏单本间有藏者"④。但矛盾的是，颁行此本《图经》间接导致了前代部分地方志书散佚。如歙州地区的方志"梁萧几作《新安山水记》，王笃又作《新安记》，唐亦有《歙州图经》，及宋大中祥符中，李宗谔撰州郡《图经》，颁之天下，于是旧志皆佚"⑤。

大中祥符六年（1013）修订了《九域图》，因后来行政区划

---

① 《玉海》卷14《祥符州县图经》，第273页。

② ［元］郭晦：《至元嘉禾志》卷首《至元嘉禾志》，第4413页。

③ ［宋］罗鉴：《嘉定罗山志序》，载《康熙崇仁县志・旧序》，《中国方志丛刊》，成文出版社1989年版。

④ ［清］孙诒让：《温州经籍志》卷20，《温州文献丛书》，上海社会科学院出版社2002年版，第196页。

⑤ 永瑢等：《四库全书总目提要・新安志提要》，中华书局1960年版，第263页。

有所变动，且内容存有讹误，熙宁八年（1075）至元丰三年（1080）间，神宗命王存主持，赵彦若、曾肇等参与删定而成《九域志》。[①] 定稿后并未刻板，直到元丰六年（1083）闰三月才刻板，元丰八年（1085）八月颁行。[②] 此后该书又经过不断地补修，绍圣四年（1097），黄裳认为《九域志》记载过于简略，“愿诏职方取四方州郡山川、风俗、民事、地物、古迹之类，讲求其详，集为一书，以备《九域志》之阙”[③]。大观二年（1108），强渊明续修其书，高宗下诏征集资料，然而此次修订因宣和罢书局而未能完成。[④]

《舆地广记》于政和年间成书，北宋年间一直未有刊刻。至南宋嘉泰四年（1204）、嘉定十三年（1220）及淳祐十年（1250），在作者欧阳忞籍贯所在地庐州进行刻印。

中央修总志一般在三馆、秘阁中删定而成，开始并无专门机构，亦不设专职官员。[⑤] 在仁宗和英宗年间，职方司负责掌“诸州闰年图及图经”。大观元年（1107），宋廷首次单独设立九域图志所于秘书省，“以从官为详定，余官为参详，修书官为编修官，检阅编修，其进用视秘书省官而无定员，当时宰执从官大抵由此途出，合秘书省之士至数十人，然二书皆祖宗时所尝修，亦在三馆，但不别置局耳”[⑥]，开启了编修方志设局的先河。此所至宣和二年（1120）撤销。

---

① 《长编》卷265，熙宁八年六月辛丑，第6486页。
② 《玉海》卷15《熙宁九域志》，第330页。
③ 《长编》卷491，绍圣四年九月丁卯，第11657页。
④ 《玉海》卷15《元丰郡县志》，第295页。
⑤ 桂始馨：《北宋九域图志所考》，《中国地方志》2016年第2期，第46页。
⑥ 《麟台故事校证》卷2《执掌》，第84页。

与北宋相较而言，南宋时全国总志有修于绍定年间的王象之《舆地纪胜》、祝穆《方舆胜览》两部，均为私人所修，这也反映出南宋中央政府在组织编修全国方志上的缺位。出现此种现象可能与南宋中央政府的政治考量有关。因为全国总志编修需要记录完整版图，而北方故土的丢失不便记录于书。如果收录北方郡县，相当于公开表现对恢复故土的要求，宋廷担心会引起金朝不满；而不收录，则会引起朝廷支持恢复故土的政治势力以及民众的反对。

由于总志未见有官刻记载，现只能将其他志书统计列举如下：

表 3-1　两宋官刻其他志书表

时间	刻印机构	作者	书名	出处
治平年间(1064—1069)	太原府	[唐]李璋	《晋阳事迹杂记》	《直斋书录解题》卷七《晋阳事迹杂记》
元祐二年(1087)以前	成都府学	[北魏]郦道元	《水经注》	《读书敏求记》卷二《郦道元水经注》
元祐二年(1087)	成都府	[北魏]郦道元	《水经注》①	《读书敏求记》卷二《郦道元水经注》
隆兴元年(1163)	抚州	不著撰人	《三辅黄图》	《三辅黄图》卷首《三辅黄图原序》
乾道三年(1167)	江阴军	徐兢	《宣和奉使高丽图经》	《直斋书录解题》卷一《宣和奉使高丽图经》
淳熙六年(1179)	岳州	范志明	《岳阳风土记》	《宋版古籍佚存书录》

① 国家图书馆藏残本12卷，应为南宋初杭州刻本。《读书敏求记》《郦道元注水经四十卷》跋中提及在元祐二年本之前的成都府学本：“《水经》旧有三十卷，刊于成都府学宫。”

续表 1

时间	刻印机构	作者	书名	出处
淳熙八年(1181)	泉州州学	程大昌	《禹贡论》①《禹贡山川地理图》	《直斋书录解题》卷二《禹贡论》
淳熙十二年(1185)	广德军	苏轼	《历代地理执掌图》②	《玉海》卷一四《祥符州县图经》
嘉泰四年(1204)	江州	欧阳忞	《舆地广记》③	《中华再造善本目录》一编
嘉定十三年(1220)	江州	欧阳忞	《舆地广记》	《中华再造善本目录》一编
淳祐十年(1250)	江州	欧阳忞	《舆地广记》	《藏园订补郘亭知见传本书目》卷五下

官刻对 9 种书籍进行了刊刻，其中前朝人著作占 3 种。江州先后 3 次刊刻《舆地广记》，次数最多。

二、路州县地方志的编修

（一）北宋时期路州县地方志的编修

北宋时期多是由中央下令地方上交志书，以由中央汇总编写总志，并作为了解地方实情的参考。尤其宋代前期，图经通常作为地方征税和治绩的参考。因而此时期地方志的记载侧重于山川、方域、赋税、人口、风俗、物产等地方实情的录入，人物及诗文等人文性质的方志则记载较少。值得注意的是，北宋时期地理性质的汇编已然有转为人文性质方志的倾向，如宋太平天国年间所修的《太平寰宇记》在体例上增设人物艺文类目，“地理外

① 国家图书馆藏二卷。

② 日本东洋文库藏。

③ 国家图书馆藏。

又编入姓氏、人物、风俗数门，因人物又详及官爵及诗词杂事”①。但此种改变在北宋期间存在争议，如王存在修《元丰九域志》时不认同乐史将地方志史人文化的倾向，仍将重点放在地理及行政有关的内容上。

地方编修人员是由地方行政长官主持，一般参与多以吏人为主，也有地方学官主修，部分志书也有官员亲属参与，如镂板十二卷的《元祐相台志》由知相州李琮命其子李回撰写，且记事颇详。② 但作为一项例行行政任务，且编修时间紧迫，容易出现因循简陋现象。此现象在南宋初年依旧存在，“建炎中，邑毁于兵，官府与典章，因循简陋，有如旧令尹之告新令尹，则所谓《图经》者，取具临时誊写以相授，其文字伪舛寖多，中间尝加是正，且锓诸木，仅可少振前陋，而门目登载，犹失刊润”③，也可窥见地方应付差事、敷衍了事的态度不在少数，必然影响到所修图经质量。

图经不仅作为档案类材料收藏于中央及各级政府机构，也出现于市场之上售卖，如《元祐长乐县图经》售卖“得钱二十万”④，虽然此举是为修建长乐学筹集资金，但从侧面反映出图经售卖不是偶然现象，且存在一定市场需求。除此外，民间也有志书藏本，如淳熙间新安县所修新志，便是在民间购得北宋祥符年

① 《四库全书总目提要》卷 68《太平寰宇记》，第 596 页。

② ［宋］孙觌：《内简尺牍》卷 9 注引《淇水集·相台志序》，《文渊阁四库全书》，台湾商务印书馆 1983 年版，第 1135 册，第 564 页。

③ ［宋］熊良辅：《宝庆新昌图经序》，《康熙新昌县志·文翰志》，清康熙四年刊本。

④ 《淳熙三山志》卷 9《诸县庙·长乐学》，第 7872 页。

间所修《新安图经》的基础上编修而成的。①

北宋各地编修方志数量见下表：

表 3-2　北宋时期各路地方志编纂情况表②

路	河北西路	河北东路	永兴军路	利州路	秦凤路	京东路	江南东路	江南西路	两浙路	淮南东路	淮南西路	福建路	京西路	京畿路	荆湖北路	荆湖南路	广南路	广南东路	广南西路	夔州路	川陕路	成都府路	梓州路
数量	5	9	12	15	5	4	19	17	49	12	10	22	16	5	12	11	3	20	22	15	1	21	16

通过上表可以看出，北宋时期，编修方志大约 321 部。其中北方地区方志 69 部，所存方志整体较少，尤其是边疆地区，与此类地区遭受战乱影响，大量文献难以保存有很大关系。相较而言，南方地区尤其是浙江和四川等地，自北宋起志书数量就较多。文化和经济较为发达地区编修方志数量较多，如两浙路 49 部、福建路 22 部、成都府路 21 部等，与刻印中心所在地基本一致。值得注意的是，广南东路和广南西路编修方志也位居前列，与其所辖州数目较多有关，北宋时期各州均需向中央上报方志。北宋时期县志总共 26 部，其中河北东路 2 部、江南东路 1 部、江南西路 3 部、两浙路 13 部、福建路 6 部、荆湖南路 1 部。以两浙路为多，显示出两浙路县域经济较为富庶，地方官员对文化事业投入较多。北宋期间能够明确具体年代的志书总共 100 部，真宗时期修志数量为 55 部，其次是徽宗时期 13 部和仁宗时期 11 部。分析其原因，大致为真宗时期所修志书与中央政府编修《祥符图

① ［宋］罗愿：《淳熙新安志自序》，《淳熙新安志》，第 7600 页。

② 依据顾宏义《宋代方志考》一书，按照北宋行政区划制定。

经》相关，因为55部志书里有47部为地方编修的《祥符图经》。而徽宗时期编修较多志书，也与地方需要上报《九域志》材料相关。

（二）南宋时期路州县地方志的编修

南宋时期，地方志编修活动在北宋发展的基础上日益盛行，所谓“图牒之传尚矣。今地逾万里，县不登万户，亦必有成书焉”①，且从修志指导思想、内容、体例等方面趋于成熟而系统。与北宋相比，中央层面大规模修志被地方政府修志所取代，地方所修志书完成后仍报送中央，但地方政府修志存在很大的灵活性，修志积极性高涨。南宋总志数量较少，而且出现个人编修总志的行为，朝廷对此持鼓励态度，如《方舆胜览》成书后，上报朝廷，祝穆除迪功郎，为兴化军涵江书院山长。②

表 3-3　南宋时期各路地方志编纂情况表③

路别	两浙西路	两浙东路	江南东路	江南西路	福建路	荆湖北路	荆湖南路	广南东路	广南西路	成都府路	夔州路	利州路	淮南西路	淮南东路	京西南路	陕西路④	潼川府路
数量	71	47	46	70	46	38	35	37	31	30	17	27	21	25	10	1	30

南宋凡名郡大县，大多拥有地方志，方志编修工作也由北宋时期中央自上而下推动，转为多由地方长官主持完成。其中，除去年代不详的方志外，如上表统计，南宋编修的方志大致582

① ［宋］陈耆卿：《嘉定赤城志序》，《嘉定赤城志》，第7277—7288页。
② 《建宁府志》卷18《人物》，《福建旧方志丛刊》，第189页。
③ 依据顾宏义《宋代方志考》一书，按照南宋行政区划制定。
④ 由于《雍录》所载为北宋关中古迹，故放入陕西路中。

部，数量是北宋的两倍多。全本及部分存留的 27 种，在宋代保存下来的方志中占比较大，且州志远多于县志。南宋方志尤以两浙西路 71 部、江南西路 70 部为多，而北宋时，两浙路总共才有 49 部，江南西路 17 部。南宋方志较北宋数量增多，一是战争使得北宋不少方志难以保存下来；二是宋廷南迁之后有了加速发展的契机，尤其是江南沿海地区县镇得以开发，经济发展及社会安定促进文教事业发展，为地方政府新修志书提供了物质基础。加之前面所说多种因素的推动，地方方志有了整体水平的提升；三是南宋时地方志编修多为地方政府自发行为，最能反映地方经济和政治实力。如处州从宋高宗绍兴二十七年（1157）经孝宗乾道六年（1170）再到宁宗嘉泰二年（1202），仅仅 45 年就先后编写了 3 部处州志。[①] 地方经济发展，家族势力兴起，通过科举入仕等途径，也参与到编修方志等地方治理活动中，如《和平志》是福建邵武县南乡和平里所编修的里志。当地有三大家族，“危氏、上官氏、黄氏，上官氏尤盛。自景祐至嘉定，此三姓擢进士第者二十余人，入太学与乡赋累累不绝书，起徒步至显宦，因而传子孙为世家榜籍迭书衣冠袭起者，不可以数计也”[②]。家族入仕人数诸多，显赫一方，因而积极参与志书编修，留名史册。

从统计数量上显示，南宋编修县志 136 部，其中两浙西路 42 部、两浙东路 26 部、淮南东路 2 部、江南东路 12 部、江南西路 30 部、福建路 15 部、荆湖北路 1 部、荆湖南路 4 部、广南东路 4

① 王菱菱：《对南宋〈龙泉志〉及其作者的重新解读——兼论南宋〈青田志〉〈缙云志的编纂〉》，《宋史研究论丛》第 18 辑，第 215 页。

② ［宋］刘克庄：《后村先生大全集》卷 94《和平志》，《四部丛刊初编》影印本。

部。这反映出两浙和江西一带县域经济和文化发展处于全国领先地位，如常熟县有4部县志，溧阳县和盐官县分别拥有5部县志。而同样作为刻印中心的四川地区相对而言县域刻印并不发达，主要集中于州府，反映出刻印中心区域内部发展的不平衡。

从年代上统计，南宋期间582部地方志中够明确具体年代的有364部。南宋各地编修志书多集中在孝宗、宁宗、理宗三朝，以宁宗朝为最多。南渡以来，经济社会稳定，各地方政府在时局稳定后，着手发展文教事业，至孝宗朝出现编修方志小高峰，直至宁宗时期发展到高峰。

从名称上看，北宋时期绝大部分志书以图经命名，南宋时期则多以志命名，也能反映出图经向志书转型的变化趋势。

除此之外，尚有128部不能明确南北宋年代，地域大多集中在南方，估计其中大部分为南宋时期编修。

第三节　宋代编修方志的特点

在现今留存下的29种地方志书中，南宋时期编修的占27种，因而此部分例子多为南宋。地方政府编修方志主要由以下几方面构成：

一、以当地执政官员为主持编修者

地方行政长官多为编修方志的主持者，负责组织人员、协调分工、提供场地、筹集资金、审稿刊行。如《嘉定龙泉志》《绍定青田志》《咸淳缙云志》三部地方志，均为南宋中后期由当地官员主持并组织人员编修而成，亦请本籍官员为之作序。由此可见南宋中后期处州地区官方修志活动的兴盛。①

编修方志是一项长期而连续性的工作，因此地方首要行政长官的批准及支持成为志书能够完成的关键。大部分地方官员以编修方志为己任，所谓“儒者以为当务”②，故地方官员在换任后也大都能前规后随，继续坚持修志。如多达 1127 块书板的《咸淳镇江志》，历经四任长官之手方得雕刻，但其间编修工作却未曾中断过，足见历任地方长官对方志工作的重视。部分地方长官甚至在离任后仍惦念志书编修工作，费心周转最终成书。如《景定临川志》书成之时，知州家坤翁认为其“条目粗备，然遗忘尚多”，但由于调任不再负责编修，于是“以其书讬诸推掾周君彦约，覆正阙误，且裒金俾锓诸梓”③。但有些方志编修也因行政长官变动而停滞，仅有书稿存留，如嘉定年间的《嘉禾志》“编稿将上”，因郡守岳珂调任而中途停罢。④

虽然地方首要长官大都不是实际执笔之人，但并未置身于修纂过程之外。他们或是亲自开列提纲，或是亲自审稿，所谓“定科条，订事实，剂雅俗，正讹谬而编成”⑤，不仅在编修前提供方向性指导和宏观性把关，间接的或是自觉或是不自觉地将个人观念移植入志书中，而且在付诸刊刻前核定文稿，确立权威观念，

---

① 王菱菱：《对南宋〈龙泉志〉及其作者的重新解读——兼论南宋〈青田志〉〈缙云志的编纂〉》，《宋史研究论丛》第 18 辑，第 215 页。

② ［宋］程珌：《洺水集》卷 12《新安续志序》，《中国基本古籍库》影印明嘉靖三十五年程元昺刻本。

③ ［清］史谢旻：《江西通志》，《景定临川志》卷 51，第 198 页。

④ ［元］唐天麟：《至元嘉禾志》，《宋元方志丛刊》，第 4413 页。

⑤ 《永乐大典》卷 7894《开庆临汀志》，第 1467 页。

并确保文稿无误，《南海志》便是先“分授以凡例，使各以其见闻述，然后合而参订是正”[①]。有时主持修志工作也委以其他官员，此种情况多出现在现有官员变动之后，如《淳祐临安志》初由通判府事吴革总揽其事，一年后吴革迁官，便委任新任通判府事王亚夫负责修纂。[②]

同时，方志编修较易受到地方实际治理情况的影响，虽然文教事业为地方政府日常行政工作的重要组成部分，但修撰方志工作并不是地方政府第一要务。正如《玉峰志序》中称“郡县必有志，独昆山无之，岂前人之长不及此哉？期会之事，有急于此，则谓之不急也”，而端平《潮阳图经》更是因长官“谓非急务，悠悠岁月，不屑经意”而暂时停止编修。[③] 一旦地方事务冗杂，或是出现突发事件，方志修纂工作往往搁置，如马光祖修《景定建康志》之前，“一年而勤民，二年而整军，三年而易碎阃荆州，未暇也。己未重来，汲汲守御，补尺籍，治战舰，备器械，固城池，日不暇给”[④]，待政通人和后，才开始着手编修方志。

二、以基层官员及学校教员为编修人员

一部质量优良的志书问世，需要多方人员参与，其中，纂修人员最为重要。而纂修人员的素质十分关键，这要求参与的纂修人员有较高的文学素养并熟悉地方实情，因此，纂修人员一般多由官学人员如州县儒学教授等文人担任。如《绍兴严州图经》便

---

① ［宋］李昴英：《文溪集》卷3《重修南海志序》，《文渊阁四库全书》，台湾商务印书馆1983年版，第1181册，第131页。

② 《永乐大典》卷7603《杭州府》，《淳祐临安志序》，第3525页。

③ 《永乐大典》卷5343《潮州府·古迹》，第2467页。

④ 《景定建康志·序》，第1316页。

是由“州学教授朱良弼、主建德县簿汪勃、主桐庐县簿贾廷佐，及郡人前汉阳军教授喻彦先”[①] 纂修而成。不少编修人员素质很高，《嘉定赤城志》主笔陈耆卿曾师从永嘉学派叶适，文笔俱佳。再如《淳安县志》编修者方逢辰为淳祐庚戌（1250）年间进士第一。[②] 政府挑选编修人员过程中，往往优先选用有编书经验者，以《建康续志》为例，主修朱舜庸曾编修《金陵遗事》一书，“积二十年，自里巷口传至仙佛之书，无不研综”[③]，为编修方志积攒了丰富材料。一些经验丰富的编修者参与多部志书的修撰，如王仲行于淳熙二年（1175）修《潮州图经》，淳熙十二年（1185）修《广州图经》。此外，官府还会聘用退休官员参与编修，如衡州郡守刘清之以每月万钱聘请致仕在家的廖行之纂修图经。[④]

三、广泛搜集各类编修材料，考订取舍

修志情况大致分为新修、续修、重修、增修四种，搜集材料及成书时间往往与其内容增减程度相关。增修和续修相对重修及新修而言所用时间较短，如《玉峰志》仅在原有志书基础上进行修订，便“三阅月而书成，增入者三十余条，改定者二十余条”[⑤]。而材料的缺失必然使得编修工作滞碍难行，尤其是南宋后发展起来的地区，将采集文本视为成书关键，如吴子良认为《赤

① ［宋］陈公亮：《建德府重修图经旧序》，《淳熙建德府图经》，第 4280 页。

② 《南宋馆阁续录》卷 9，第 352 页。

③ 《景定建康志》卷 49《朱舜庸传》，第 2160 页。

④ ［宋］廖行之：《省斋集》附录，田奇：《宋故宁乡主簿廖公行状》，《文渊阁四库全书》，台湾商务印书馆 1983 年版，第 1167 册，第 409 页。

⑤ ［宋］凌万顷：《淳祐玉峰志》，第 1052 页。

城志》前次未能编成原因为“见闻狭而亡以证，事迹散而难于聚”①，郑如冈在绍定五年（1232）为《青田志》作序时也提及青田县“文物冠于旁壤，曾无以纪其盛，阙典甚矣”②。

编修材料源自多个方面，即“讨寻断简，援据公牍，采诸老长所传”③，囊括了计簿、正史、国典、旧图经、地理书、杂家、稗说、故老所传、诗文与金石之文等。为了解决材料短缺和收集不全等问题，地方政府命令下级机构及学校征集材料并进行分类，“自幕府以至县镇等官，自寓公以至诸乡士友，自戎帅以至将校，欲从阃府转牒取会。凡自古及今有一事、一物、一诗、一文得于记闻当入图经者，不以早晚，不以多寡，各随所得，批报本局，以凭类聚考订增修”④。具体征集包括古今事迹、世家传行状、墓志神道碑及所著书文与先世所得御札、敕书、名贤往来书牍，古今高人进士有卓行而不求闻达者送学校及诸县录副缴申。此外，地方官员还会直接发信函给地方名流以收集材料，如史弥坚在编修《嘉定镇江志》时便请刘宰“搜访前辈行治，以裨荟萃”⑤。为了鼓励民间献修志所需材料，地方政府设有一定奖励政策，“诸吏民父老中有能记忆旧闻，关于图志者，并许具述，实封投柜，柜置府门，三日一开，类呈其条具最多而事迹皆实者，

---

① ［宋］林表民：《赤城集》卷18《赤城续志序》，《文渊阁四库全书》，台湾商务印书馆1983年版，第1356册，第772页。

② 王菱菱：《对南宋〈龙泉志〉及其作者的重新解读——兼论南宋〈青田志〉〈缙云志的编纂〉》，《宋史研究论丛》第18辑，第216页。

③ 《淳熙三山志序》，《淳熙三山志》，第7786页。

④ 《景定修志本末》，《景定建康志》，第1329页。

⑤ ［宋］刘宰：《漫塘文集》卷5《回知镇江史侍郎弥坚二》，《文渊阁四库全书》，台湾商务印书馆1983年版，第1170册，第568页。

当行犒赏”[1]，借此丰富了方志内容。

材料搜集的广度决定了方志内容的丰富程度，且大部分志书都试图将更长时段、更为丰富的内容涵盖进来，所谓“上参《禹贡》，下考太史公及历代史，金匮石室之藏，旁及《尔雅》《本草》道释之书”[2]，因而梳理材料决定着方志的最终成型。面对繁多的原始素材，选择、辨析和考证尤为重要，“非足以所经历，耳目所睹记，则疑以传疑，犹未敢自信”[3]，而这种怀疑、考校和思辨精神正是宋学的底蕴。如以旁征博引而见著的《剡录》，采用考异法，并在志书中备注史料出处。再如咸淳三年（1267），杨均在所修《重修海昌图经》基础上，又对史料来源的准确性进行考证，继而撰《海昌图经考异》。[4] 因志书篇幅等限制，要求选取材料完备而避免重复，编修多遵循略古详今、博观约取等原则。材料与已存志书相类似，或是区域变动等原因需要删减旧材料，并有必要对旧材料进行考证选取。从修《玉峰志》时采用的规范也大致可看出当时编修志书所循之法，“凡事旧在崑山而今在嘉定者，以今不隶本邑，今皆不载。凡碑记先存者书其名，不载其文，不存者载其文。凡事有《吴郡志》所载与今所修不同者，以今所闻见无异者修。凡叙人物，有本邑人而今居他所，非本邑而今寓居者，今皆载。凡事有重见者，止载一处，余书‘见某门’，更不重载”[5]，强调材料取舍的科学性，详略得当的同时，又突出了地方特色。地方官员和乡贤等汇集在一起，“相与讲贯，

① 《景定修志本末》，《景定建康志》，第1329页。
② 《渭南文集》卷14《会稽志序》，第142—143页。
③ ［宋］张世南：《游宦纪闻》，中华书局1981年版，第95页。
④ ［清］李圭：《海宁州志稿》卷12，清光绪二十二年铅印本。
⑤ 《玉峰志》，《宋元方志丛刊》，第1052页。

畴诸井里，考诸传记，质诸故老，有据则书，有疑则阙，有讹则辨”[1]，对材料进行精细考证、反复提炼后，再进行著述，也是官员与地方知识分子交流互动的过程。有些材料如当地乡贤文学作品，不适合全部记述于方志中，又被单独整理成册，如《开庆临汀志》修订完后，又将已收集而未用于方志的资料出集十五卷，为后来地方文献的保存和文集的整理留下了宝贵资料。[2]

就方志内容层次而论，编写者收集材料不仅追求地方志门类齐全和详细，更注重材料的选取，以及编排门类和文字背后的资政和教化意义。正如宋人吴子良认为志书“凡例以义起，去取以法定，着善别流品，因事列篇什，按是非于故实，感得失于世变，寓劝戒于微辞，实关教化，何止证之聚之也哉”[3]。作为区域和时空的文化载体，南宋志书往往具有史书性质，如重视地方人物传记、历史掌故等编修，因而编修材料及论述不可凭空想象，需要有所考据，尤其是侧重以施政为目的，更是要全面“虽微必录，无隐不宣，数百里封域中之事，群汇而笔之于书”[4]。而一些志书编排门类也会根据实际材料设定，如陈耆卿所编的《嘉定赤城志》设有“冢墓门”“纪遗门”“辨误门”。选择材料入书时往往体现地方政府的编修理念，除了有利于宣扬地方政绩外，还宣扬官方思想，“订郡志之失记载者，访碑刻之未流传者，博观约

① ［宋］杨潜：《绍熙云间志·序》，《宋元方志丛刊》，中华书局1990年版，第1册，第5页。

② 《永乐大典》卷7894《开庆临汀志·序》，第1467页。

③ ［宋］林表民：《赤城集》卷1《赤城续志序》，《宋元方志丛刊》，中华书局1990年版，第7册，第618页。

④ ［宋］郑兴裔：《广陵志序》，载张国淦《中国古方志考》，中华书局1963年版，第236页。

取，诞去实存，而笔诸小序，尤深致其意。论财赋必以惜民力为本，论山川必以产人杰为重。人物取其前言往行，否则爵虽穹，弗载焉。诗文取其义理法度，否则辞虽工，弗录焉”①。

志书质量优劣也多取决于对材料的选取和考订，如《四库全书总目》就给予《淳熙三山志》较高评价，认为“其志主于纪录掌故，而不在夸耀乡贤，侈陈名胜，固亦核实之道，自成志乘之一体，未可以常例绳也。其所纪十国之事，多有史籍所遗者，亦足资考证，视后来何乔远《闽书》之类，门目猥杂，徒溷耳目者，其相去远矣”②。

纂修人员同时还负有搜集资料、辨别真伪、选择取舍、校勘舛误的职能。此外，在地方志付诸刻印之前，为使志书内容更加翔实而严谨，常常需要其他官员加以审阅并进行细致的校雠，以确保内容准确无误。如绍定年间再版《吴郡志》时，校官汪泰亨奉命为是书绍兴三年（1133）之后的相关内容进行补充校订。③在工作量大的情况下也会调动其他官员，为检阅校雠之助，以保证方志成书质量。④《景定建康志》在初稿完成后，便“各以紫袋封传诸幕，悉求是正，其未当与未尽者，请批注行间，以凭删修，次稿再以紫袋传呈如初。俟定本，纳呈钧览，仰求笔削，然后付之锓梓”⑤，使诸多地方官员参与其中，减少争议并得到地方官员及地方士人认可。

---

① ［宋］黄岩孙：《宝祐仙溪志·跋》，《宋元方志丛刊》，中华书局1990年版，第8册，第8269页。

② 《四库全书总目》卷68《淳熙三山志》，第1380页。

③ 《吴郡志·序》，《宋元方志丛刊》第1册，中华书局1990年版，第1049页。

④ 《景定修志本末》，《景定建康志》，第1331页。

⑤ 《景定修志本末》，《景定建康志》，第1331页。

四、多方筹集编修资金

地方志从编修到刊刻所费资金数额较大，因而经济较发达，尤其是地方治安稳定及社会文化繁盛的区域方志数量相对较多。方志刊刻的费用大都来源于公使库，如嘉泰二年（1202）所修《栝苍续志》于乾道庚寅由“楼公工部始命郡博士重加参订，锓板公库”①。平江府地区方志朱长文的《吴郡图经续记》在其生前未能刊行，至元符三年（1100）祝安上任平江府通判，自朱长文嗣子借得此书，“镂版于公库以示久远”②。由于各地财赋收入数量不等，每年年入数额也不均，在刊印过程中难免会出现财力不足的情况。因而除了地方政府出资外，方志的刊刻经常会得到私人资助。私人资金来源于地方长官及官员自身家财，或乡贤、士人等多方势力。地方官员常常捐赠自己的俸禄以助方志刊印，如《澉水志》从南宋绍定三年（1230）澉浦镇尹罗叔韶开始组织编修，到其离任之时仍未能刻印。直至宝祐五年（1257），先是现任镇尹捐出自己俸禄，后有水军袁统制捐献刻板所需物料，方得以刊行。袁统制感慨：“是书不刊于镇税全盛之前，而刊于镇税凋敝之后，甚可嘉矣”③，反映出地方官员对刻印地方志的热心，也可知宝祐年间澉浦镇税赋凋敝，以至刊刻需要官员私人捐助。有时志书刊印同时得到多方资助，除官员捐出俸禄外，民间资本

① 转引自王菱菱《对南宋〈龙泉志〉及其作者的重新解读——兼论南宋〈青田志〉〈缙云志的编纂〉》，《宋史研究论丛》第18辑，第219页。

② ［宋］朱长文：《吴郡图经续记》《图经续记后序》，《宋元方志丛刊》，中华书局1990年版，第1册，第688页。

③ ［宋］常棠：《澉水志・序》，《宋元方志丛刊》，中华书局1990年版，第5册，第4659页。

也参与其中。《绍熙云间志》："书成而锓墨，公帑匮而莫能举，又得邑之贤士大夫鸠工助成是书也。"[①] 多方资本参与，反映出地方精英势力发展，乡贤主动融入地方事务中，有利于维系地方政治稳定，还能推动地方文化发展。

地方志得以镂板[②]不仅使其能够得到较好的保存，为日后刻印提供了方便，更能促使方志发行流布，宣扬一地之特色。有些地方政府官员急于任期内完成出版，甚至在志书编修到一半之时便开始鸠工准备刊刻，如《景定建康志》"修书之稿未半，刻梓之匠已集"[③]。但有时方志刻印会出现耽搁，如《绍熙江阴志》在书成后因地方长官请祠而未能刻印。[④] 也有方志未及刊印，便散失于战火或水灾等，如南宋末的《剡东录》"未及锓梓，兵火丧之"[⑤]。书板也如此，如吴机在修《仪真新志》的时候，吏人持绍熙所修《仪真志》手写本以进，"问其板，曰火于兵久矣"，且此手写本存在"传录舛讹，固不足以备翻阅"的问题。[⑥] 此外，也有因地方势力阻碍而耽搁刊印现象，《吴郡志》便因有求附于籍不得者妄议不是范成大所作而不得刊印，直至绍定初年才得以刊行。[⑦]

---

① 《绍熙云间志·序》，第5页。

② 绝大多数方志在编修完后得以付诸刊刻，由于缺乏材料，具体数字难以统计。

③ 《景定修志本末》，《景定建康志》，第1331页。

④ ［明］赵锦：《（嘉靖）江阴县志》卷15《遗文》，上海古籍书店，《天一阁藏明代方志选刊》本。

⑤ ［明］李楫、莫旦：《（成化）新昌县志》著录《剡东录》，正德十六年刊本。

⑥ ［宋］吴机：《仪真志序》，载张国淦《中国古方志考》，中华书局1963年版，第239页。

⑦ ［宋］范成大：《吴郡志·序》，《宋元方志丛刊》，中华书局1990年版，第1册，第693页。

志书完成后，除保留于地方外，还要呈送中央和上级主管官署。刻板大都保存于州学或县学，如《景定建康志》一千七百二十八板、《庆元建康志》二百二十板藏于建康府学，并有专门书吏进行管理。[①] 设置专人专地管理能够较好地保存刻板，方便日后翻印。而地方方志一经刻板发行，便不仅仅作为档案类文件收存在政府层面，更是流布于社会并发扬光大，积极推动了地方宣传。

地方志不仅反映出一个行政区域的风貌，而且以文字的方式展示出地方社会的伦理秩序，反映出地方生活形态和价值观取向。南宋编修地方志本着经世致用的原则，在图经基础上加入诗歌、风俗、艺文、人物等章节，材料选取及编排更加偏重于历史记述，以期惩恶扬善、传承文教。而随着选举、人物、艺文等章节的增设，地方特色、地方人物和功绩等内容被凸显，将儒学规范隐性植入方志的篇章设置和内容选取中，反映出南宋地方政府对地方社会秩序的主动建构及地方意识的觉醒，因而对南宋地方政治、社会及文化发展产生了较大的影响。

其一，宋代规定地方官员不允许在原籍就任，且三年一换，但多数官员往往不满任期，甚至存在几月一换的情况。由于任期较短，官员需要尽快获取当地形势、税赋、物产、民俗等情况，及时针对实际情况处理政务，方志恰恰具有“圣贤不出户而知天下”[②] 的便捷性，能提供给官员多方面、综合性的有效信息，以达到有效施政的目的。因此，地方志的编修首先使地方长官得以体察民情，了解乡土历史，所谓“郡之有志，犹国之有史，所以

① 《景定建康志·序》，第133页。

② 《吴郡图经续记·序》，第63页。

察民风验土俗，使前有所稽，后有所鉴，甚重典也”[①]，得以依据本地风俗开展有效的治理，维系基层社会秩序的稳定。

其二，方志有助于推行教化。方志中的“古今人表传，意在扶正学，奖忠勋”[②]，志书中除了官员、进士、名流得以入志外，一些隐士及乡贤品行也被提及。布衣文人才学受到关注，甘心隐居而不入仕，淡泊世俗名利的自我定位，通过文字记述得到褒扬，不仅固化了儒家内圣外王核心思想，而且有利于宋代基层社会稳定，为怀才不遇文人树立一种范式。这种教化作用不仅仅针对知识阶层，也可启迪乡俗，如宝祐年间，临汀地区士风不振，流寇横行，承议郎王衜翁认为修图志“关系风俗之大”，由是风俗有籍。[③] 通过宣扬民风淳朴、和睦相处等价值观，并以具体人物事迹为风向标，增强地方百姓的情感认同，稳定社会秩序。尤其晚宋时期，在方志中突出先贤建树及政府德行，不仅仅为继任官员树标杆，砥砺名节，提供政绩参考，“书其大者，以告后之为政”[④]，更能宣扬宋廷之德，凝聚地方百姓向心力，对外亦能树立郡县良好形象，扩大地区影响力。

其三，地方政府官员与地方乡贤通过编修方志形成良性互动，既保证了地方官员对地方事务的话语权，树立权威，传播官方主流思想以及推广文教事业，也间接推动了地方精英势力的发展。编修志书为一项系统性工程，因此往往由官员与地方文人共

---

① ［宋］郑兴裔：《郑忠肃奏议遗集》卷下《杂著·广陵志序》，《文渊阁四库全书》，台湾商务印书馆 1983 年版，第 1140 册，第 217 页。

② ［清］钱大昕：《潜研堂文集》卷 29《跋开庆四明续志》，第 495 页，江苏古籍出版社 1997 年版。

③ 《永乐大典》卷 7893《开庆临汀志》，《通判提名》，第 3652 页。

④ 《淳熙建德府图经·序》，第 4279 页。

同承担编修工作，如《咸淳毗陵志》编修便是“命同僚之才识与郡士之博习者”[①]。而为了顺利开展工作，编修人员通常被集中到固定场所，如《咸淳毗陵志》在重建的尊经阁中编修刊刻[②]，使官员与地方精英交流互动更为直接。一方面地方官员得以考察、协调当地各方势力，了解基层文人思想动态，审视实际情况而施政；另一方面也使地方文人借此扩大自身政治影响力，加大对地方事务的影响力度。如陈耆卿在修《赤城志》时特意将台州各地水利内容汇集成《山水门八·水利》，以期为现任台州邑丞提供参考，加大修水利的力度。[③] 而互动不仅停留在精英层面，一些地方传统观念和地方风俗也通过父老口传等方式进入官方书籍中，进而影响继任官员的思想及行为。此外，地方政府和官员也会资助当地致仕官员编修志书，如周必大的《庐陵志》，亦带有官修的色彩。

其四，南宋名志屡出，在体例结构上大致有平列门目、纲目法和史书体三种类型，堪为后世典范。例如《景定建康志》分录、图、表、志、传五类，类下又分若干细目。如志类有疆域、山川、城阙、官守、儒学、文籍、武卫、田赋、风土、祠祀，传类有正学、孝弟、节义、忠勋、直臣、治行、耆旧、隐德、儒雅、贞女等细目，开创了地方志书采用正史纪传体书写之端。如《宝庆四明志》被袁桷修《延祐四明志》时“据为蓝本，多采用焉”[④]。而方志中人物志和艺文志等内容增多，且以“书以纪事，

---

① ［宋］史能之：《咸淳毗陵志·序》，《宋元方志丛刊》第3册，中华书局1990年版，第2947页。

② 《咸淳毗陵志·序》，第2948页。

③ 《嘉定赤城志·序》，第366页。

④ 《四库全书总目提要》，《宝庆四明志》，第308页。

事以传信”[①] 的编纂原则收录进士及第者信息，更被明清编修方志继承与完善。周应合在修《景定建康志》时提出的“一曰定凡例，二曰分事任，三曰广搜访，四曰详参订”[②] 经验总结成为后世编修方志工作的准则。

其五，地方志保存了地域文献，如清代阮元认为乾道及咸淳年间二部《临安志》记载南宋数朝典故，可以补阙史传。[③] 方志重视本地区历史人物的记载，不仅有当地名人官员、进士等知识分子，也包括了底层百姓，如《吴郡志》中《方技》章节。此举不但对地方文化进行褒扬，凝聚地方共识和荣誉感，更为后世保存了史料。此外，广搜博取的录文方式以及趋于定型的类目体例，为地域总集分类编次提供了取资之本。一些文集编写则是得益于地方志保留的大量文字内容，如《严陵集》纂于《严陵图经》[④] 之后，《赤城集》（1248 年）则刊梓于《嘉定赤城志》（1223 年）之后。

南宋地方政府通过组织及出版地方志协调各方面势力，稳固地方统治，实现以文载道、资政教化、传承文脉的目的。地方士人也尝试通过参与编修志书体现其思想意志及文化修养，促使地方长官施政与地方基层社会需求趋同。在编修地方志过程中对各类书籍的整理、考证和保存，有利于探求地方社会、经济、政治、文化的特点及变迁，具有极高的文献价值。“地以人重”的编纂理念被后世继承并发展。南宋地方志不仅在文献及版本领域

---

① 《永乐大典》卷 5343《潮州府·古迹》，第 2468 页。

② 《景定修志本末》，《景定建康志》，第 1329 页。

③ 《永乐大典》卷 7603《杭州府·淳祐临安志序》，第 3525 页。

④ ［宋］董弅：《严陵集》卷首《严陵集序》，《文渊阁四库全书》，台湾商务印书馆 1983 年版，第 1348 册，第 526 页。

取得较高成就，也为元、明、清编修地方志以及方志成型奠定了良好的基础。

总体而言，方志编修自北宋至南宋经历了从中央组织全面编修，到地方自主修编上报的过程。在此期间，中央和地方机构相互配合，中央下诏令征集材料，地方政府实施编修，上交中央，再由中央汇总修改，付诸刻印。书成除收藏中央外，又颁行于地方，多由地方政府收藏。政府主导出版方志不仅仅体现在从中央到地方机构相互配合编纂刻印成书上，也体现在对私人编修方志给予人力和物力的支持上。如于皇祐三年（1051）至至和元年（1054）的《河南志》并未立即刊行于世，直至元丰六年（1083），宋敏求之子宋庆曾等借助时任西京留守的文彦博的帮助才将该书加以刊印。方志从校对到最后刻印花销较大，政府出公帑刻书更有助于大部头书发行。如淳熙八年（1181），泉州州学所刻南宋程大昌所著《禹贡论》和《山川地理图》。该书最初藏于秘阁，并未在社会中刊行。淳熙年间由泉州市舶彭椿年交付于州学教授陈应行，“出公帑十五余万以佐其费”①，刊刻于郡学。

方志编修因编纂者将自己的观点和情感寓于方志之中，必然会带有时代特征，反映当时政治活动及地方文人的思想走向，为后人了解宋代地方政治、社会及生活原貌提供了视角。如一些方志编修者因长官仕途所需出现曲笔或奉承之举，为后人所诟病。潜说友编《咸淳临安志》时，正当贾似道专政，因而在《咸淳临安志》中采用了“提行或空格”方式来避讳贾似道名讳，且志书

---

①［宋］程大昌：《禹贡论·叙说》，《文渊阁四库全书》，台湾商务印书馆1983年版，第56册，第186页。

中有吹捧之语，受到后人指责。[①] 政府选用地方文人参与修志，显然是看重其更了解地方实情，但一部分编写者由于存有为家乡增光的心态，致使部分方志在内容上存在夸饰和攀附的弊病。诚如元人冯复京批评此种志书“版籍所计或以寡为多，风土所宜或以亡为有，形势所在或以险为夷，贡赋所出或以俭为泰，评人物则多过情之誉，陈民风则少退抑之辞，妆饰富丽竞为美，观详核其实百无一二”[②]。评价虽略显夸张，也客观反映了宋代部分志书编写上存在的问题。

由于方志的作用是以服务政府为核心，方志编修从机构设置到内容选取，无不体现政府的统治理念。虽然地方志编写有不少当地乡贤和学者参与，尤其是南宋时期，其中不乏将自己理念融入文字中的情形，但地方行政长官掌控最终审稿权，有时还亲列提纲安排编写，这就决定了地方志的内容最终体现的是政府意志。宋代方志从重地志转向重人文，也反映出政府修志理念的变化。

---

① 《咸淳临安志》，第 4273 页。

② 《大德昌国州图志》，《宋元方志丛刊》，中华书局 1990 年版，第 6 册，第 6061 页。

第四章　官刻子部集部书籍

子部和集部书籍涵盖领域宽泛，内容庞杂。中央官刻主要集中在对医书和天文历法等书籍的刻印上，而地方官刻多集中于文集的刻印。地方官刻此类书籍更多面向学校教育和科举需求，展现出官刻与市场互动的一面。相较而言，北宋官刻多集中在经史类，南宋时期则集中于子集类书籍的刊刻。

第一节　子部书籍

子部书籍包括医、农、兵、法、宗教、类书、杂著等。《四库全书总目》子部有十四类，分别为儒家、兵家、法家、农家、医家、天文历法、术数、艺术、谱录、杂家、类书、小说家、释家、道家，涵盖范围广泛。宋代官刻子部类书籍涉及内容广泛，由于与生产及生活密切相关，存在着较大的市场需求。

一、诸子、类书的刊刻

（一）诸子类书籍的刊刻

诸子类包括了先秦诸子著述等。研读诸子书籍是士人精通经世济用之学的重要途径之一。官方刻板的诸子之书多与科举考试出题范围密切相关，如景祐四年（1037）十月十七日，翰林学士李淑认为“近日发解进士，多取别书小说、古人文集，或移合经注，以为题目，竞务新奥。朝廷崇学取士，本欲兴崇风教，返使后进习尚异端，非所谓化成之义也。况（孝）［考］较进士，但观词艺优劣，不必嫌避正书。其经典子书之内，有《国语》《荀子》《文中子》，儒学所崇，与六经通贯。先朝以来，尝于此出题，只是国庠未有印本。欲望取上件三书，差官校勘刻板，撰定音义，付国子监施行”①。再如景祐四年（1037），“诏国子监校《扬子法言》，嘉祐二年（1057）七月始校毕，上之，又诏秘书阁吕夏卿校定。治平元年（1064）上之，又诏内外制看详。二年上之，然后命国子监镂版印行”②。此本序在书后，并附《音义》一卷，“历景祐、嘉祐、治平三降诏，更监学、馆阁两制校定，然后颁行”③，经多次校勘，然后刊行，为可考《法言》的最早刻本。

不少书籍是由其后人在担任地方官员时用官帑刊刻而成，嘉定五年（1212）洪迈的侄孙洪伋守赣州，刊印其七十四卷《容斋随笔》④；嘉定十六年（1223），洪伋知建宁府，又再次刊刻。

---

① 《宋会要辑稿》崇儒4，景祐四年十月，第2233页。

② ［宋］司马光：《扬子法言集注序》，《扬子法言》，《文渊阁四库全书》，台湾商务印书馆1983年版，第696册，第273页。

③ 《直斋书录解题》卷9《法言注》，第272页。

④ 《直斋书录解题》卷10《容斋随笔》，第312页。

表 4-1 官刻诸子类书籍统计表

时间	刻印机构	作者	书名	出处
景德二年(1005)	国子监	[战国]庄子及弟子	《庄子》《释文》	《宋会要辑稿》崇儒四之二
景祐二年(1035)	国子监	[唐]杨倞注	《荀子》	《宋会要辑稿》崇儒四之七
景祐四年(1037)	国子监	不详	《国语》	《宋会要辑稿》崇儒四之七
治平二年(1065)	国子监	[隋]李轨注	《扬子法言注》	《扬子法言》卷首《扬子法言集注序》
熙宁元年(1068)	国子监	[唐]杨倞注	《荀子》	《宋会要辑稿》崇儒四之七
绍兴十七年(1147)	福建路转运司	黄伯思	《东观余论》	《东观余论》卷末《东观余论跋》
淳熙十二年(1185)	婺州	洪迈辑	《经子法语》	《直斋书录解题》卷一四《经子法语》
乾道二年以前(1166)	扬州公使库	沈括	《梦溪笔谈》	《梦溪笔谈》卷末《梦溪笔谈跋》
乾道二年(1166)	宁国府学	沈括	《梦溪笔谈》	《书林清话》卷三《州军学本》
乾道三年(1167)	绍兴府	[东汉]王充	《论衡》①	《宋版古籍佚存书录》
乾道三年(1167)	建康府	庞元英	《文昌杂录》	《宋版古籍佚存书录》
乾道四年(1168)	福建转运司	胡宏	《胡子知言》《后录》	《书林清话》卷三《宋司库州军郡府县书院刻书》
乾道五年(1169)	汝州州学	徐积	《节孝先生语》	《节孝集》卷三一《刊节孝先生语跋》
乾道六年(1170)	宁国府学	沈括	《梦溪笔谈》	《宋版古籍佚存书录》
淳熙元年(1174)	黄岩县学	张九成	《横浦心传录》《横浦日新录》	《书林清话》卷三《县学本》

① 国家图书馆藏 30 卷。

续表 1

时间	刻印机构	作者	书名	出处
淳熙三年(1176)	潭州州学	[汉]贾谊	《新书》	《宋版古籍佚存书录》,第 458 页
淳熙四年(1177)	台州公使库	[北齐]颜之推	《颜氏家训》	《书林清话》卷三《公使库本》
淳熙六年(1179)	南康军	胡寅	《叙古千文》	《晦庵先生朱文公文集》卷一九《跋叙古千文》
淳熙七年(1180)	台州公使库	[北齐]颜之推	《颜氏家训》①	《书林清话》卷三《宋司库州军郡府县书院刻书》
淳熙七年(1180)	泉州州学	程大昌	《演繁露》②《续演繁露》《考古编》	《书林清话》卷三《宋司库州军郡府县书院刻书》
淳熙七年(1180)	舒州州学	[东汉]蔡邕	《独断》	《书林清话》卷三《宋司库州军郡府县书院刻书》
淳熙八年(1181)	台州公使库	[唐]杨倞注	《荀子注》③	《书林清话》卷三《宋司库州军郡府县书院刻书》
淳熙八年(1181)	江南西路转运司	[唐]杨倞注	《荀子注》	《书林清话》卷三《宋司库州军郡府县书院刻书》
淳熙八年(1181)	台州公使库	唐仲友辑	《韩子》	《韩子》卷首《韩子后序》
淳熙八年(1181)	台州公使库	[隋]李轨撰,[唐]柳宗元、宋咸等注	《重广注扬子法言》	《宋版古籍佚存书录》
淳熙八年(1181)	潭州州学	[汉]贾谊	《新书》	《书林清话》卷三《宋司库州军郡府县书院刻书》

① 上海图书馆藏。
② 北京图书馆藏。
③ 日本求古楼藏。

续表 2

时间	刻印机构	作者	书名	出处
淳熙九年(1182)	江南西路转运司	[汉]荀悦	《申鉴》	《书林清话》卷三《宋司库州军郡府县书院刻书》
淳熙十二年(1185)	黄岩县学	张九成	《横浦心传录》	《宋版古籍佚存书录》
淳熙年间(1174—1189)	会稽	叶适	《习学记言序目》	《宋版古籍佚存书录》
淳熙年间(1174—1189)	江西转运司	[隋]王通撰，阮逸注	《中说注》	《四库全书总目提要》卷一四二《中说》
淳熙年间(1174—1189)	台州公使库	[隋]王通撰，阮逸注	《中说注》	《四库全书总目提要》卷一四二《中说》
绍熙二年(1191)	镇江府学	吕祖谦	《少仪外传》	《少仪外传》卷末《少仪外传跋》
庆元五年(1199)	鄱阳	王得臣	《麈史》	《麈史》卷末《夏敬观跋》
嘉泰元年(1201)	融州州学	龚颐正	《芥隐笔记》	《皕宋楼读书志》卷五六《芥隐笔记》
嘉泰二年(1202)	桂阳军	[南朝]徐度	《却扫编》	《宋版古籍佚存书录》
嘉泰二年(1202)	真州	王楙	《野客丛书》	《野客丛书》卷首《野客丛书序》
嘉定三年(1210)	福建转运司	黄伯思	《东观余论》①	《书林清话》卷三《宋司库州军郡府县书院刻书》
嘉定四年(1211)	建康府	桂万荣	《棠阴比事》《附录》	《棠阴比事》卷首《棠阴比事序》
嘉定六年(1213)				《宋版古籍佚存书录》
嘉定九年(1216)	南康军	朱熹	《延平答问》	《全宋文》第 293 册《跋延平答问》
嘉定九年(1216)	池州	李道传辑	《晦庵先生朱文公语录》②	《全宋文》第 293 册《跋延平答问》

① 上海图书馆藏。

② 台北故宫博物院残存 7 卷，北京图书馆藏胶卷。

续表 3

时间	刻印机构	作者	书名	出处
嘉定十二年(1219)	泉州	真德秀	《政经》	《宋版古籍佚存书录》
嘉定十三年(1220)	铜梁	[晋]崔豹	《古今注》	《古今注》卷末《古今注跋》
嘉定十四年(1221)	高安县	范祖禹	《帝学》	《宋版古籍佚存书录》
嘉定十六年(1223)	徽州	叶适	《习学记言》①	《习学记言》卷首《嘉定十六年序》
嘉定年间(1208—1224)或以前	兴化军学	朱熹	《近思录》	《全宋文》第 305 册《跋近思录》
宝庆二年(1226)	建宁府	曾慥	《曾慥类说》②	《书林清话》卷三《宋司库州军郡府县书院刻书》
绍定元年(1228)	吉州州学	陆游	《老学庵笔记》	《老学庵笔记》卷首《老学庵笔记序》
绍定元年(1228)	赣州	洪迈	《容斋随笔》《续笔》《三笔》《四笔》《五笔》	《容斋随笔》卷末《容斋随笔跋》
绍定二年(1229)	婺州	吕本中	《童蒙训》③	《四库全书总目提要》卷九二《童蒙训》
绍定四年(1231)以后	明州州学	陈瓘	《了斋先生亲笔》	《宝庆四明志》卷二《书板》
绍定四年(1231)以后	明州州学	陈瓘	《四明尊尧集》	《宝庆四明志》卷二《书板》
绍定五年(1232)以后	明州州学	不详	《传习录》	《宝庆四明志》卷二《书板》
绍定五年(1232)以后	明州州学	朱熹等	《近思录》《续近思录》	《宝庆四明志》卷二《书板》
绍定五年(1232)以后	明州州学	不著撰人	《己丑廷对》	《宝庆四明志》卷二《书板》

① 北京大学图书馆藏。

② 国家图书馆藏。

③ 国家图书馆藏。

续表 4

时间	刻印机构	作者	书名	出处
绍定五年(1232)以后	明州州学	朱熹释	《明学编类文公释奠礼》	《宝庆四明志》卷二《书板》
绍定五年(1232)以后	明州州学	周敦颐	《太极图解》《西铭解》	《宝庆四明志》卷二《书板》
端平元年(1234)	江州	赵善璙	《自警编》①	《钦定天禄琳琅书目后编》续卷五《自警编》
端平元年(1234)	泉州州学	真德秀	《心经》	《宋版古籍佚存书录》
端平元年(1234)	大庾县	真德秀	《政经》	《宋版古籍佚存书录》
端平二年(1235)	建宁府	不著撰人	《诸儒鸣道集》	《全宋文》第 322 册《诸儒鸣道集跋》
淳祐二年(1242)	大庾县	真德秀	《心经》《政经》	《四库全书总目提要》卷一四七《心经》
淳祐四年(1244)	衢州州学	施清臣	《东洲几上语》	《宋版古籍佚存书录》
淳祐六年(1246)	淮安军	朱熹	《二程遗书》《附录》	《宋版古籍佚存书录》
淳祐六年(1246)以后	明州州学	郑玉道	《谕俗编》	《宝庆四明志》卷二《书板》
淳祐六年(1246)以后	明州州学	朱熹	《朱文公小学书》	《宝庆四明志》卷二《书板》
淳祐六年(1246)以后	明州州学	程端蒙	《性理字训》	《宝庆四明志》卷二《书板》
淳祐六年(1246)以后	明州州学	张洪辑	《朱子读书法》	《宝庆四明志》卷二《书板》
淳祐六年(1246)以后	明州州学	不详	《问梅小稿》	《宝庆四明志》卷二《书板》
淳祐九年(1249)	舒州州学	[汉]蔡邕	《独断》	《宋版古籍佚存书录》

① 国家图书馆藏。

续表 5

时间	刻印机构	作者	书名	出处
宝祐四年(1256)	抚州	谢采伯	《密斋笔记》	《密斋笔记》卷首《密斋笔记原序》
开庆元年(1259)	福州州学	真德秀	《西山先生真文忠公读书记》①	《书林清话》卷三《宋司库州军郡府县书院刻书》
景定二年(1261)	南剑州	不著撰人	《龟山语录》	《全宋文》第353册《龟山年谱序》
景定年间(1260—1264)	严州	朱熹	《近思录》《近思续录》	《景定新安续志》卷五《书籍》
咸淳元年(1265)	镇江府学	[汉]刘向	《说苑》②	《中华再造善本》一期目录编号 182
咸淳二年(1266)	鄞县县学	张洪辑	《朱子读书法》	《朱子读书法》卷首《编定朱子读书法原序》
咸淳六年(1270)	建昌军	黎靖德	《朱子语类》	《宋版古籍佚存书录》
咸淳年间(1265—1274)	福建转运司	不著撰人	《张子语录》③《后录》	《宋版古籍佚存书录·张子语录》
咸淳年间(1265—1274)	福建转运司	不著撰人	《龟山先生语录》④《后录》	《宋版古籍佚存书录·龟山先生语录》
宋代中期	处州州学	潘墀编	《晦庵语类》	《直斋书录题解》卷三《晦庵语类》
南宋	会稽	[晋]程本	《子华子》	《晦庵集》卷七一《记尚书三义》

① 国家图书馆藏开刻、元修本,甲集 37 卷、乙集下 22 卷、丁集 2 卷。

② 国家图书馆藏 20 卷,咸淳元年刻,元明递修本,卷 8—13 配清道光三年黄氏士礼居抄本。

③ 国家图书馆藏 3 卷,《后录》2 卷。

④ 国家图书馆藏 4 卷,《后录》2 卷。

续表 6

时间	刻印机构	作者	书名	出处
南宋	国子监	[魏]王肃注	《孔子家语》	《景定建康志·书籍·孔子家语》
南宋	建康府	朱熹	《小学之书》	《景定建康志》卷三三《书版》
南宋	建康府	朱熹	《四家礼范》	《景定建康志》卷三三《书版》
南宋	建康府	真德秀	《西山先生心政经》	《景定建康志》卷三三《书版》
南宋	建康府	庞元英	《文昌杂录》	《景定建康志》卷三三《书版》
南宋	建康府	黄伯思	《东观余论》	《景定建康志》卷三三《书版》
南宋	建康府	不详	《程子》	《景定建康志》卷三三《书版》
南宋	台州	陆游	《老学庵笔记》	《宋版古籍佚存书录》
宋代	漳州	吕本中	《童蒙训》	《宋版古籍佚存书录》
宋代	建康府	王肃注	《孔子家语》	《宋版古籍佚存书录》

如上表所示，官刻总共刊刻 80 种书籍、53 名作者的著述。其中年代在宋之前 14 人、宋人 32 人、著者不详 7 人。宋人比重占 60%多，一方面反映了宋人思想活跃，另一方面说明政府较为注重对宋人作品的刊刻。

北宋年间主要以中央国子监刊刻为主，内容集中在诸子文本上。南宋以来，地方政府及学校刊刻活跃，内容集中在宋人杂家著述上。而自嘉定年间开始，多地刻朱熹、真德秀等人多种著作，既反映出此一时期理学从民间流行逐步发展到对官学教育、科举等方面产生影响力，也反映出地方官员提倡理学、士人对理学著作需求量增大等现象。此外，地方对易读启蒙性、实用性著作也进行了刊刻，如《童蒙训》《少仪外传》《朱文公小学书》《朱子读书法》等，反映出地方官刻适应知识普及的社会需求一面，也反映出宋代注重儿童教育和教材的编修。

从刻印机构看，台州公使库刻书较多，内容宽泛，各类书籍均有涉及，如《韩子》《重广注扬子法言》等，也反映出公使钱较为充裕，当地文化发展水平较高。明州州学和建康府学存放了种类诸多的子部书籍刻板，理学著作占大多数，与科举取士的偏好相关，正是“淳祐甲辰（1244），徐霖以《书》学魁南省，全尚性理，时竞趋之，即可以钓致科第功名。自此非《四书》《东》《西铭》《太极图》《通书》《语录》，不复道矣”①。州学收藏的书板方便学校教学和考试使用，也反映出教学和科举所需书籍的书目。通过《宝庆四明志》所载州学放置书板种类及数目，可以看出州学印书涵盖面广，内容多样。地方学校选择购置的书板内容也间接反映出宋廷的政治及学术走向，如明州州学保存书板中陈瓘的作品有三部，为绍定四年（1231）时，教授陈松龙置的《四明尊尧集》一百板、《了斋先生亲笔》二十板；淳祐六年（1246）制帅集撰龙溪颜公颐仲置的《陈忠肃公言行录》三十板。陈瓘在徽宗年间因党争屡次受到打击，文集也在党禁中被攻击和禁行，而至蔡京一党覆灭后，其地位得到提高，得以在台州县学中立祠。

---

① ［宋］周密：《癸辛杂识》后集《太学文变》，中华书局1988年版，第65页。

（二）类书的刊刻

类书[①]的编纂及刻印在宋代达到了高峰，宋代政府组织大规模类书编纂及印刷也独具特色。

一则类书为皇帝治国理政提供参考。类书具有总结治乱兴衰的作用，其编纂体例分门别类相对便于检索和阅读。如宋太宗认为现存类书“门目纷杂，失其伦次”，有必要重新整理，更加适合阅读习惯，遂于太平兴国二年（977）三月，命李昉、扈蒙等人编《太平总类》，太平兴国八年（983）书成后，太宗日阅三卷，并改名为《太平御览》[②]，卷帙一千卷，共引用书籍一千六百八十九种。北宋年间，国子监刻本颁行。庆元五年（1199），《太平御览》在蒲叔献的组织下刊于成都府路。[③]

二则科举考试更加注重策论，类书将各种典故制度分门别类，便于检索。绍兴三年（1133），科举考试设立博学宏词科，客观要求士人能够博文广识，旁征博引，因而也促使杂类汇编书籍大为流行。据《宋史·艺文六》所载，宋人类书达三百多部，数量及种类繁多。

三则宋初国家组织编写类书也出于政治目的的考量，如《宋稗类钞》称：“太平兴国中，诸降王薨。其群臣或宣怨言。太宗尽收置之馆阁。使修群书，如《册府元龟》《文苑英华》《太平御览》《太平广记》之类。卷帙既浩博，并丰其廪膳赡给，以役其

① 由于文章是按经、史、子、集大类归纳，此处类书分类采用的狭义概念，仅限子集类。

② ［宋］李昉等：《太平御览·引》，中华书局1960年版，第3页。

③ ［宋］蒲叔献：《太平御览·序》，《文渊阁四库全书》，台湾商务印书馆1983年版，第893册，第4页。

心。后多老死于文字之间。”[1] 修编类书不仅起到了文化传承作用，还能稳定收复地区群臣的人心，达到平衡政治势力的目的，“是以尊崇之使之究，其用之勿疑”[2]。此外，类书也能起到一定的教化作用，宋帝出于“神道设教”的考量，在类书里多设有宗教篇目，如《太平广记》卷数最多为神仙类。[3]

太平兴国二年（977）三月，由李昉、扈蒙等人编写，以野史小说为主要题材的《太平广记》，于太平兴国三年（978）八月书成，共五百卷，目录十卷。太平兴国六年（981）诏令镂板。虽然进行了雕版，但因“言者以为非学者所急，收墨板藏太清楼”[4]，《太平广记》的流传受到了一定的限制。《太平广记》与《太平御览》是既相互关联又各自独立的两部类书，“谓稗官之说或有可采，令取野史传记、故事小说，编为五百卷”[5]，表明小说类作品已经取得了长足的发展，成为不容忽视的类别体系，也反映出宋代文学走向世俗化和生活化的趋势。况且小说内容和语言更为贴近生活受到民间欢迎，由于《太平广记》卷帙浩繁，北宋末年，蔡蕃便节取《太平广记》编成《鹿革事类》和《文类》各三十卷。[6]

《册府元龟》最初拟名为《历代君臣事迹》，景德二年

---

① ［清］潘永因：《宋稗类钞》卷1，书目文献出版社1985年版，第6页。

② ［宋］张端义：《贵耳集》卷中，《文渊阁四库全书》，台湾商务印书馆1983年版，第865册，第440页。

③ 袁文春：《宋太宗诏修〈太平广记〉主旨新探》，《中南大学学报》2012年第1期，第220页。

④ 《玉海》卷54《太平广记》，第1031页。

⑤ 《宋朝事实类苑》卷3《圣学》，第22页。

⑥ 《郡斋读书志校证》卷13《鹿革事类三十卷》，第559页。

(1005) 九月丁卯“命资政殿学士王钦若、知制诰杨亿修历代君臣事迹”。全书一千卷，以“用存典刑”“以资世教”为宗旨，收录的经史书籍以原文照录为主，“《国语》《战国策》《管》《孟》《韩子》《淮南子》《晏子春秋》《吕氏春秋》《韩诗外传》与经史俱编。历代类书《修文殿御览》之类，采摭铨择”①，以历代书籍记载的史实作为从政的借鉴，侧重收录历代君臣美德之事，而杂史、琐说、家传不在收录范围。②《天和殿御览》为《册府元龟》之汇编，共四十卷，分类为一百一十五门，乾兴初，由“侍读学士临川晏殊等”③ 编写，并在天圣二年（1024）五月甲寅，与《隋书》一并下秘阁镂板。④

唐人所编《初学记》等类书得到刻印与科举需求息息相关，刘克庄就曾“仿《初学记》骈俪为书，左旋右抽，用之不尽，至五七言名对亦出于此”⑤。宋人自编类书也得到政府刻印出版，如绍兴十六年（1146），两浙东路茶盐司刊刻吴淑撰《事类赋》三十卷⑥；乾道二年（1166），泉州州学刻孔传《孔氏六帖》；淳祐四年（1244），衢州州学刻杨伯岩撰《六帖补》。一些便于观览的小型类书如《宏辞总类》成书于绍兴年间，可为创作诗文时查找

① 《玉海》卷 54《景德册府元龟》，第 1032 页。

② ［宋］洪迈：《容斋随笔》卷 11《册府元龟》，中华书局 2005 年版，第 743 页。

③ 《文献通考》卷 55《经籍考》中所载“侍读学士临川晏殊等，天圣中受诏，取《册府元龟》，掇其要者”中有时间错误，天圣时应为镂板印刷时间，而非受诏编写时间。

④ 《玉海》卷 54《乾兴天和殿御览》，第 1033 页。

⑤ ［宋］刘辰翁：《须溪集》卷 6《赵仲仁诗序》，《文渊阁四库全书》，台湾商务印书馆 1983 年版，第 1186 册，第 520 页。

⑥ 《中国版刻图录》图版 77，《中华再造善本总目》，第 62 页。

典故之用，因满足科举所需而一再被刊刻。直至嘉定元年（1208）“时相不喜此科，主司务以艰僻之题困试者”①，则不再被续刻。

表 4-2 宋代官刻类书统计表

时间	刻印机构	作者	书名	出处
太平兴国六年(981)	国子监	李昉等编	《太平广记》	《玉海》卷五四《太平广记》
天禧五年(1021)	国子监	[唐]徐坚等	《初学记》	《宋会要辑稿》崇儒四之一八
真宗时期	国子监	王钦若等编	《册府元龟》	《玉海》卷五四《景德册府元龟》
天圣二年(1024)	国子监	[唐]徐坚等	《初学记》	《宋会要辑稿》职官二八之一
天圣四年(1026)	秘阁	晏殊等编	《天和殿御览》	《玉海》卷五四《乾兴天和殿御览》
庆历二年(1042)	淮南路转运司	[唐]白居易辑	《新雕白氏六贴事类添注出经》	《宋版古籍佚存书录》
绍圣二年(1095)	建昌军学	不著撰人	《宏辞总类》	《直斋书录解题》卷一五《宏辞总类》
北宋	国子监	李昉等编	《太平御览》	《皕宋楼藏书志》卷五九《太平御览》
绍兴初年	浙江地区②	[唐]白居易	《白氏六贴事类集》	《宋版古籍佚存书录》
绍兴十六年(1146)	两浙东路茶盐司	吴淑	《事类赋》③	《中国版刻图录》图版 77
绍兴年间(1131—1162)	建昌军	不著撰人	《宏辞总类》	《宋版古籍佚存书录》

① 《直斋书录解题》卷 15《宏辞总类》，第 451 页。

② 刻本用嘉定间两浙路酒务册子印。

③ 国家图书馆藏 30 卷。

续表

时间	刻印机构	作者	书名	出处
乾道二年(1166)	泉州州学	孔传编	《孔氏六帖》①	《北京图书馆古籍善本书目》
庆元五年(1199)	成都府	李昉等编	《太平御览》	《太平御览》卷首《太平御览序》
嘉定元年(1208)	建昌军学	不著撰人	《宏辞总类》	《直斋书录解题》卷一五《宏辞总类》
嘉定五年(1212)	不详②	不著撰人	《历代故事》	《古籍宋元刊工姓名索引·子部》
淳祐四年(1244)	衢州州学	杨伯岩	《六帖补》	《书林清话》卷三《宋司库州军郡府县书院刻书》
南宋	国子监	王钦若等编	《册府元龟》③	《铁琴铜剑楼藏书目录》卷一六《册府元龟》

从上表统计可以看出，官刻类书总共 11 种，大都出自名家之手，质量较低的类书不在其刊印范围内。由于类书内容浩繁，需要广搜书籍，集中人力进行编排核校，多由官方组织编纂和刻印，其刊刻机构主要为国子监。类书的编纂及刻板保存了大量的史料，体例完备，方便后人更好地了解政治制度沿革、人物事迹源流等。

二、医学类书籍的刊刻

与前代相比，宋廷对医学的重视无以复加，官方集中大量人

① 国家图书馆藏有 1 卷，台北故宫博物院藏 29 卷。

② 壬申岁仲春望日坤宁殿题。

③ 国家图书馆藏残本 8 卷。

力和物力对医书进行了系统的整理并刻板发行，仅有关校定、编撰、刊行与传播的医学文献诏令即达 119 条，其中北宋 111 条、南宋 8 条。①

究其原因，其一，编写及刊刻医书能够宣扬宋廷实施仁政、体恤百姓的意旨，如徽宗政和四年（1114）下诏求方编书时指出："人肖形于矢地，气盭则形病。昔圣人救以医药，跻之寿域，仁政之急务也。比者医不穷理，流于世好，人以夭折，朕甚悯焉。……尚虑方书药法，有不如古，遗失不完，致误服食。其令天下应有奇方善术，许申纳本州岛，逐州缴进以闻，称朕好生之意。差曾孝忠、就提举入内医官所编类御前所降方书。差文臣米肱、刘植充检阅官，候逐路进到奇方善术，并送本部编集，俟书成进呈。仍以政和圣济经为名，下国子监刊印颁行。"②

其二，士人阶层对医经密切关注。宋代知识阶层通常认为通医经是儒者之事，为人臣、人子之本分，"通天地人曰儒，通天地不通人曰技，斯医者虽曰方技，其实儒者之事乎。班固序《艺文志》称'儒者助人君，顺阴阳，明教化，此亦通天地人之理也'。又云'方技者，论病以及国，原诊以知政'。非能通三才之奥，安能及国之政哉"③，"若不精通于医道，虽有忠孝之心，仁慈之性，君父危困，赤子涂地，无以济之，此固圣贤所以精思极论尽其理也"④。由于士人阶层对医学提倡，社会对医者的认识也

① 参见韩毅《政府治理与医学发展：宋代医事诏令研究》第二章《宋代医事诏令的内容与运行机制》，中国科学技术出版社 2004 年版，第 25 页。

② 《宋大诏令集》卷 119《求方书药法御笔》，第 843 页。

③ ［宋］林亿：《校正黄帝针灸甲乙经序》，张灿玾、徐国仟：《针灸甲乙经校注》，人民卫生出版社 1996 年版，第 12 页。

④ 《校正黄帝针灸甲乙经序》，《针灸甲乙经校注》，第 12 页。

有所转变，医人的地位也随之提高。

其三，出于防病、抵御流行疾病的实际需要。大规模疫病的发生，对整个社会造成巨大损失，而且易于引发政治事件，所谓“民饥则盗贼必起，又疾疫相承而作，天下之势，诚可大忧，非小小灾异，乃上帝警告以动圣虑也”①。因而政府积极采取防治疫病的措施，其中对医书的整理、印刷、发行是其中一项重要举措。为了有效防治疾病，朝廷往往“颁方书诸道，以救民疾”②。如雍熙四年（987），贾黄中等编修的《神医普救方》一千卷，除宣付史馆外，宋太宗下令“刊板流布天下”③，此为北宋初年雕印最大部头方剂之书。皇祐三年（1051）五月，“南方州军，连年疾疫瘴疠，其尤甚处，一州有死十余万人”，而朝臣认为“此虽天令差舛，致此札瘥，亦缘医工谬妄，就增其疾。臣细曾询问，诸州皆阙医书习读，除《素问》《病源》外，余皆传习伪书舛本，故所学浅俚，贻误病者”，因而请求“出秘阁所藏医书，委官选取要用者校定一本，降付杭州开板模印，庶使圣泽及于幽隐，民生免于夭横”④。

颁行医书还能起到移风易俗的效果。边鄙地区好巫术而不知方书和医药，开宝八年（975）十一月已朔，“琼州言俗无医，民疾病但求巫祝，诏以《方书》《本草》给之”⑤。由地方政府推广

① 《长编》卷364，元祐元年春正月甲辰，第8712页。

② 《长编》卷186，嘉祐二年八月庚戌，第4487页。

③ 曾枣庄、刘琳主编：《全宋文》卷365《贾黄中等纂神医普救方令付史馆刊板并赐器币诏》，第212页。

④ 《外台秘要方》卷尾《重订唐王焘先王外台秘要方》，《文渊阁四库全书》，台湾商务印书馆1983年版，第736册，第41页。

⑤ 《长编》卷16，开宝八年十一月己巳朔，第349页。

医书和医术能起到教化作用。

其四，皇帝个人爱好医学，如太宗“在藩邸，暇日多留意医术，藏名方千余首，皆尝有验者”①。其后太平兴国六年（981）宋太宗下诏“令诸路转运司，遍指挥所管州府，应士庶家有前代医书，并许诣阙进纳，及二百卷已上者，无出身与出身，已任职官者亦与迁转。不及二百卷，优给缗钱偿之，有诣阙进医书者，并许乘传，仍县次续食”②。此次大规模有偿征医书为淳化三年（992）《太平圣惠方》的编纂奠定了基础，“怀隐与副使王佑、郑奇、医官陈昭遇参对编类。每部以隋太医令巢元方《病源候论》冠其首，而方药次之，成一百卷。太宗御制序，赐名曰《太平圣惠方》，仍令镂板颁行天下，诸州各置医博士掌之”③。宋徽宗崇尚黄老养生之术，于政和年间编写了200卷的《圣济总录》，“可以养生，可以立命，可以跻一世之民于仁寿之城，用广黄帝氏之传”④。

此外，医学的发展使医学教育受到重视，推动了医学教育的繁荣。学校招收专门学医生员，且太医院的课程设置包括必修的《太平圣惠方》《素问》《难经》《巢氏诸病源候论》等。地方医学教育用书除上述医书外，还有《补注本草》《千金方》《伤寒论》《王氏脉经》等。医籍用书需求量增大，医书成为教材，被不同地区和机构反复刻印。医学考试也从宋廷编修的医书中出题，政和八年（1118），“令内外学校课试，于《圣济经》出题，臣等切

---

① 《宋史》卷461《方技上》，第13507页。

② 《宋大诏令集》卷219《医方》，中华书局1962年版，第840页。

③ 《宋史》卷461《方技上》，第13507—13508页。

④ ［宋］宋徽宗：《圣济总录》卷首《圣济总录序文》，人民卫生出版社1962年版，第3—4页。

谓今《内经》《道德经》既已选博士训说，乞更以《圣济经》附二经兼讲”①。

对前代医书进行核校，不但能使医书得以保存和流传，而且有效地规范了医学知识，避免了以讹传讹。据《宋史·艺文志》统计，宋代校勘前代医书 30 余部。校对后医书质量较高，后人称赞“医方一字差误，其害匪轻，故以宋刻为善”②。宋自立国之初，知制诰王祐等上二十卷《重定神农本草》，此次除了刊正谬误还增加了新条目，“凡《神农本经》三百六十种，《名医录》一百八十二种，唐本先附一百一十四种，有名无用一百九十四种，（刘）翰等又参定新附一百三十三种。既成，诏翰林学士中书舍人李昉、户部员外郎知制诰王祐、左司员外郎知制诰扈蒙详覆毕上之”③。太祖亲自为其作序，“摹印以颁天下”④。此次刻印参与人员除了尚药奉御刘翰、翰林医官翟煦等，还有道士马志。专业人士参与编修，又经馆阁人员详细校勘，反映出中央政府对医书文字准确性的重视。至嘉祐年间，对《神农本草》进行了修正和增补，嘉祐二年（1057）八月庚戌，韩琦上奏：“医书如《灵枢》《太素》《甲乙经》《广济》《千金》《外台秘要》之类，本多讹舛，《神农本草》虽开宝中尝命官校定，然其编载尚有所遗，请择知医书儒臣与太医参定颁行。”于是仁宗下诏“编修院置校正医书局，命直集贤院、崇文院检讨掌禹锡等四人，并为校正医书官”⑤。其中《神农本草》以开宝年间的版本为底版，不仅修改了

① ［宋］赵希弁：《读书附志》卷上《圣剂经十卷》，第 1158 页。
② 《遵生八笺》卷 14，《燕闲清赏笺》上《论藏书》，第 715 页。
③ 《宋史》卷 461《刘翰传》，第 13506 页。
④ 《长编》卷 14，开宝六年四月戊申，第 300 页。
⑤ 《长编》卷 186，嘉祐二年八月庚戌，第 4487 页。

讹舛，又重新增补各种药品，“旧药九百八十三种，新补八十二种，附于注者不预焉。新定一十七种，总新旧一千八十二条，皆随类附着之。英公、陶氏、开宝三序，皆有义例，所不可去，仍载于首卷”①，足见修纂官员的重视程度，使得“天下皆知学古方书”②，功在千古。

前代医书在纂修和流传过程中往往侧重于节录，根据实际需要改编，而系统性整理较少，导致古代医书内容重出互见的同时又残缺不全，存有较多谬误，所谓“公私所藏，鲜有善本。简编倒错，事理不伦”③。宋臣在整理医书时态度认真，搜集多种医书互相参校，以求能补全内容，如对《黄帝针灸甲乙经》校订，“皇甫士安能撰而集之，惜简编脱落者已多，是使文字错乱，义理颠倒，世失其传，学之者鲜矣。唐甄权但修《明堂图》，孙思邈从而和之，其余篇第亦不能尽言之。国家诏儒臣校正医书，今取《素问》《九墟》《灵枢》《太素经》《千金方》及《翼》《外台秘要》诸家善书校对，玉成缮写，将备亲览”④。

专门医药机构的设立也推动了官方医书刻印，如太医局、校正医书局、合剂局等专门机构及专业人员编修考订医书，极大地提高了医书质量。如元丰年间《太医局方》十卷，是“诏天下高手医各以得效秘方进，下太医局验试，依方制药鬻之，仍摹本传于世”⑤。大观年间的《和剂局方》由库部郎中提辖措置药局陈师

① ［宋］苏颂：《苏魏公文集》卷65《补注神农本草总序》，《文渊阁四库全书》，台湾商务印书馆1983年版，第1092册，第696页。

② 《直斋书录解题》卷13《外台秘要方》，第387页。

③ 《苏魏公文集》卷65《校订备急千金要方序》，第699页。

④ 《全宋文》卷933《校正黄帝针灸甲乙经序》，第286页。

⑤ 《郡斋读书志校证》卷15《太医局方三卷》，第729页。

文等奉敕编写并印刷，共五卷，二百九十七道，二十一门。此次修改共校正七〇八字，增损七十余方。① 该书是参考神宗时旧本基础上的重修本，“乃当时精集诸家名方，凡几经名医之手，至提领以从官内臣参校，可谓精矣”②，为医方流传和保存及医术的推广起到了积极作用。此外，朝廷收集民间常用方剂，并由太医局整理试验后刻本颁行。

经过一系列整理，不少医书得到系统性补充和修订，如天圣四年（1026）十月十二日乙酉，“命集贤校理晁宗悫、王举正校定《黄帝内经素问》《难经》《巢氏诸病源候论》，五年（1027）四月乙未，令国子监摹印颁行”③。监本早已失传，现存最早之刊本为南宋坊刻本。在唐代社会不易见到的医书通过刻板印刷得到流传。特别是哲宗时高丽献书《黄帝针经》九卷，刻板后，原本散佚的医书得以传播，“据《素问》序称，《汉书》艺文志《黄帝内经》十八篇。《素问》与此书各九卷，乃合本数。此书久经兵火，亡失几尽，偶存于东夷……下尚书工部，雕刻印板，送国子监依例摹印施行。所贵济众之功，溥及天下”④。

虽然编修和校对是由翰林医官院、校正医书局等专门机构完成，但医书大部分刻印工作由国子监承担，“宋国子监镂刻经史外，最重医学”⑤。嘉祐二年（1057），置校正医书局于编修院后，“每一书毕，即奏上，亿等皆为之序，下国子监板行。并补注《本草》、修《图经》《千金翼方》《金匮要略》《伤寒论》，悉从摹印。

① 《郡斋读书志校证》卷15《和剂局方十卷》，第729页。
② 《癸辛杂识别集》卷上《和剂药局》，第225—226页。
③ 《玉海》卷63《天圣校订难经素问》，第1196页。
④ 《宋朝事实类苑》卷31《藏书之府》，第395页。
⑤ 《书林清话》卷6《宋监重刻医书》，中华书局1957年版，第148页。

天下皆知学古方书”[①]。并不是所有医书编修都能得到刻板，政和八年（1118）成书的《圣济总录》在北宋灭亡之时“随内府书籍北行，南渡之人未睹其本”[②]，此后金朝于金世宗大定年间刊刻。

地方政府除了翻刻中央官刻医书外，还对监本医书进行修订。绍兴十七年（1147），福建路转运司公使库重刻印《太平圣惠方》，并修正了国子监本的部分错误，“一部一百卷二十六册，计三千五百三十九版对证，内有用药分量，及脱漏差误共一万余字，各已修改开版，并无讹舛，于本司公使库印行”[③]。地方政府部门还刻印方书等其他医书，对基层医术和医书的普及起到推动作用，如《诸家名方》二卷，“为福建提举司所刊，市肆常货而局方所未收者”[④]。

医书推广也经历了一个过程。如太宗时编修的《太平圣惠方》刊刻后，仅由诸州所置医博士之职掌管，或是赐予大臣[⑤]，虽然下诏令，“吏民愿传写者并听”[⑥]，但并未在社会推广开来。以致庆历六年（1046），蔡襄评论《太平圣惠方》：“诏颁州郡，传于吏民，然州郡承之，大率严管钥，谨曝凉而已，吏民莫得与其利焉。”[⑦] 地方官吏不主动推行，也是医书不能惠及底层百姓的重要原因之一，如嘉祐七年（1062），苏轼感慨：“（仁宗）然犹慊然忧

① 《直斋书录解题》卷13《外台秘要方》，第387页。

② 《四库全书总目》卷103《圣济总录纂要》，第863页。

③ 《全宋文》卷4424《印行太行平圣惠方申福建转运司状》，第230页。

④ 《直斋书录解题》卷13，第389页。

⑤ ［宋］王禹偁：《王黄州小畜集》之《谢圣惠方表》，《宋集珍本丛刊》第1册，线装书局2004年版，第698页。

⑥ 《宋大诏令集》卷219，第842页。

⑦ 《淳熙三山志》卷39《戒谕》，第8243页。

下民之疾疹无良剂以全济，于是诏太医集名方，曰《简要济众》，凡五卷三册，镂板模印，以赐郡县，俾人得传录，用广拯疗，意欲锡以康宁之福，跻之仁寿之域。已而县与律令同藏，殆愈一纪，穷达之民，莫或闻知。圣泽壅而不宣，吏之罪也。”①

随着印刷技术的普及，政府政策的支持和推广，此种状况逐渐得到了改善。经过官方编写和镂板缩减后的方书，既降低了刻印成本，又提高了医书利用率和普及率，如皇祐四年（1052），仁宗“以方书虽多，或药品之众，昧者用之寡要，贫者困于无资。命太医集诸家已试之方，删去浮冗，而标脉证，兼叙病源，名之曰《简要济众方》。且令崇文院分作上中下三册，印颁诸邑”②，推动了方剂的普及。《伤寒论》大字本于治平二年（1065）由国子监刊刻。元祐三年（1088），为了降低购买医书价格，政府下令由国子监雕印小字本，以成本价格出售，并允许民间买卖，“下项医书，册数重大，纸墨价高，民间难以买置，八月一日奉圣旨，另国子监别作小字雕印，内有浙路小字本书，令所属官司校对，别无差错即摹印雕版，并候了日，广行印造，只收官纸工墨本价，许民间请买，仍送诸路出卖”③。至绍圣元年（1094），国子监又请雕版小字医书以节约成本，降低售价，“开雕小字《圣惠方》等共五部出卖，并每节镇各十部，余州各五部，本处出卖。今有《千金翼方》《金匮要略方》《王氏脉经》《补注本草》《图经本草》等五件医书，日用而不可阙。本监虽见

① 《苏轼集》卷102《县榜》，第1800页。

② ［宋］曾巩：《隆平集》卷3《爱民方药附》，康熙辛巳年七业堂刊本，第11页。

③ ［宋］成无己：《注解伤寒论》，人民卫生出版社1963年版，第13页。

印卖，皆是大字，医人往往无钱请买，兼外州军尤不可得。欲乞开作小字，重行校对出卖，及降外州军施行。本部看详”①。南宋时，绍兴二十一年（1151），高宗下诏“诸州置惠民局，官给医书”②，同年将《太平惠民合剂局方》印颁诸路，为地方提供正确药方。③

此间也有质量不高的医书刻板，如南宋政府将王继先等校修的《绍兴校定本草》缩减为22卷，于绍兴二十九年（1159）“刻板修内司。每药为数语辨说，浅俚无高论”④。

表4-3 宋代官刻医书统计表

时间	刻印机构	作者	书名	出处
开宝六年(973)	国子监	[唐]苏敬	《新修本草》	《重修政和经史证类备用本草》卷一《序例》
		刘翰等编	《开宝新详订本草》	《长编》卷一四，开宝六年四月戊申
		[后蜀]韩保升	《蜀本草》	《重修政和经史证类备用本草》卷一《序例》
		[唐]陈藏器	《本草拾遗》	《重修政和经史证类备用本草》卷一《序例》

① 《书林清话》卷2《翻板有例禁始于宋人》，中华书局1957年版，第148页。
② 《宋会要辑稿》职官27，绍兴二十一年二月，第2970页。
③ 《宋会要辑稿》职官27，绍兴二十一年二月，第2970页。
④ 《直斋书录解题》卷13，第386页。

续表 1

时间	刻印机构	作者	书名	出处
开宝七年(974)	国子监	刘翰等编	《开宝重定本草》	《长编》卷一四，开宝六年四月戊申
太平兴国七年(982)	国子监	王怀隐等编	《太平圣惠方》	《宋史》卷四六一《方技上》
雍熙四年(987)	史馆、国子监	贾黄中等编	《神医普救方》	《全宋文》卷七〇《贾黄中等纂神医普救方令付史馆刊板并赐器币诏》
淳化三年(992)	国子监	王怀隐等编	《太平圣惠方》	《宋史》卷四六一《方技上》
天禧二年(1018)	有司	[唐]郑景岫	《四时摄生论》	《玉海》卷六三《艺文》
		陈尧叟	《集验方》	
天圣五年(1027)	国子监	[隋]巢元方等编	《诸病源候论》《难经》	《玉海》卷六三《天圣校订难经素问》
		[唐]王冰注	《黄帝内经素问》	《玉海》卷六三《天圣校订难经素问》
		王惟一	《新铸铜人腧穴针灸图经》	《四库提要·铜人针灸经》
景祐二年(1035)	国子监	[唐]王冰注	《黄帝内经素问》	《玉海》卷六三《天圣校订难经素问》
庆历五年(1045)	国子监	赵从古	小字本《五运六气图》	《全宋文》第 129 册《运气图序》
庆历八年(1048)	国子监	林士元	《庆历善救方》	《续资治通鉴长编》卷一六三，庆历八年春二月癸酉
皇祐三年(1051)	国子监	[唐]王焘	《外台秘要方》	《全宋文》卷一〇四四《校正唐王焘先生外台秘要方》
皇祐四年(1052)	崇文院	周应	《简要济生方》	《隆平集》卷三《爱民方药附》
嘉祐二年(1057)	国子监	[东汉]张仲景	《伤寒论》《金匮要略》	《注解伤寒论》

续表 2

时间	刻印机构	作者	书名	出处
嘉祐二年(1057)	国子监	[隋]巢元方等编	《黄帝内经素问》《难经》《巢氏诸病源候论》	《苏魏公文集》卷六五《本草图经序》
嘉祐二年(1057)	国子监	[唐]孙思邈	《千金翼方》《千金要方》	《书林清话》卷三《宋司库州军郡府县书院刻书》
嘉祐六年(1061)	国子监	苏颂等编	《嘉祐图经本草》	《苏魏公文集》卷六五《本草图经序》
嘉祐七年(1062)	国子监	掌禹锡等编	《嘉祐补注神农本草》	《苏魏公文集》卷六五《补注神农本草总序》
治平二年(1065)	国子监	[东汉]张仲景	《伤寒论》	《藏园群书经眼录》卷七子部一
治平三年(1066)	国子监	[东汉]张仲景	《金匮要略方论》	《书林清话》卷二《翻板有例禁始于宋人》
治平三年(1066)	国子监	[唐]孙思邈	《千金药方》	《备急千金要方》卷首《千金药方序》
熙宁元年(1068)	国子监	[晋]王叔和	《脉经》	《书林清话》卷三《宋司库州军郡府县书院刻书》
熙宁二年(1069)	国子监	[唐]王焘	《外台秘要方》	《书林清话》卷三《宋司库州军郡府县书院刻书》
熙宁二年(1069)	国子监	[西晋]皇甫谧	《黄帝针灸甲乙经》	《全宋文》卷九三三《校正黄帝针灸甲乙经序》
熙宁年间(1068—1077)	广西转运司	[晋]王叔和	《脉经》	《书林清话》卷三《宋司库州军郡府县书院刻书》
元丰八年(1085)	国子监	太医局编	《太医局方》	《郡斋读书志校证》卷一五《太医局方》

续表 3

<table>
<tr><th>时间</th><th>刻印机构</th><th>作者</th><th>书名</th><th>出处</th></tr>
<tr><td>元丰八年(1085)</td><td>河东转运司</td><td>孙用和</td><td>《孙氏传家秘宝方》①《传家秘宝脉证口诀并方》</td><td>《文献通考》卷二二三《孙氏传家秘宝方》</td></tr>
<tr><td>元丰年间(1078—1085)</td><td>国子监</td><td>陈师文等编</td><td>《太平惠民和局方》《指南总论》</td><td>《太平惠民和局方》卷首《进表》</td></tr>
<tr><td>元祐三年(1088)</td><td rowspan="4">国子监</td><td>[东汉]张仲景</td><td>小字本《伤寒论》《金匮要略方》</td><td>《注解伤寒论》</td></tr>
<tr><td>元祐三年(1088)</td><td>[唐]孙思邈</td><td>小字本《千金翼方》</td><td>《注解伤寒论》</td></tr>
<tr><td>元祐三年(1088)</td><td>[晋]王叔和</td><td>小字本《脉经》</td><td>《注解伤寒论》</td></tr>
<tr><td>元祐三年(1088)</td><td>[唐]王焘</td><td>小字本《外台秘要方》</td><td>《注解伤寒论》</td></tr>
<tr><td>元祐七年(1092)</td><td>国子监</td><td>掌禹锡等编</td><td>小字本《嘉祐补注神农本草》</td><td>《宋版古籍佚存书录》</td></tr>
<tr><td rowspan="7">绍圣三年②(1096)</td><td rowspan="7">国子监</td><td>[唐]孙思邈</td><td>小字本《千金翼方》</td><td rowspan="7">《书林清话》卷三《宋司库州军郡府县书院刻书》</td></tr>
<tr><td>[东汉]张仲景</td><td>小字本《金匮要略方》</td></tr>
<tr><td>掌禹锡等编</td><td>小字本《补注本草》</td></tr>
<tr><td>佚名</td><td>小字本《图经本草》</td></tr>
<tr><td>佚名</td><td>小字本《本草算之》</td></tr>
<tr><td>[晋]王叔和</td><td>小字本《脉经》</td></tr>
<tr><td>王怀隐等编</td><td>小字本《太平圣惠方》</td></tr>
<tr><td>绍圣三年(1096)</td><td>广西转运司</td><td>[晋]王叔和</td><td>《脉经》</td><td>《书林清话》卷三《宋司库州军郡府县书院刻书》</td></tr>
</table>

① 日本残存影宋残本。

② 绍圣年间小字本医书于绍圣元年奉旨开雕，完成于绍圣三年，为重刻熙宁本。

续表 4

时间	刻印机构	作者	书名	出处
元符二年(1099)	史馆、国子监	贾黄中等编	《神医普救方》	《长编》卷五〇五元符二年春正月甲子
大观二年(1108)	国子监	唐慎微	《大观经史证类备急本草》	《宋会要辑稿》崇儒四之三
大观四年(1110)	国子监	陈承等编	《和剂局方》	《郡斋读书志校证》卷一五《和剂局方十卷》
政和元年(1111)	国子监	朱肱	《南阳活人书》	《类证活人书》卷首《进表》
政和四年(1114)	国子监	宋徽宗等	《政和圣剂经》	《宋大诏令集》卷一一九《求方书药法御笔》
政和六年(1116)	国子监	唐慎微	《经史证类备急本草》	《宋版古籍佚存书录》
重和元年(1118)	国子监	宋徽宗等	《圣济经》	《直斋书录解题》卷二二《圣济经》
		[唐]王冰注	《黄帝内经素问》	《玉海》卷六三《天圣校订内经素问》
宣和六年(1124)	国子监	唐慎微	《经史证类备急本草》①	《宋版古籍佚存书录》
绍兴十六年(1146)	淮南转运司(舒州刻)	王怀隐等编	《大宋新修太平圣惠方》	《夷坚丙志》卷一二《舒州刻工》
绍兴十七年(1147)	福建转运司公使库	王怀隐等编	《太平圣惠方》	《天平圣惠方》卷首
绍兴二十年(1150)	荆湖南路转运司	刘昉等编	《幼幼新书》	《直斋书录解题》卷一三《幼幼新书》
绍兴二十一年(1151)	国子监	陈师文等编	《太平惠民和剂局方》	《宋会要辑稿》职官二七之六七

① 此本为政和六年重修刻本。

续表 5

时间	刻印机构	作者	书名	出处
绍兴二十七年(1157)	国子监	唐慎微	《大观经史证类备急本草》	《宋版古籍佚存书录》
		[晋]王叔和	《脉经》	《宋版古籍佚存书录·脉经》
绍兴二十九年(1159)	修内司	王继先等编	《绍兴校定经史证类备急本草》	《直斋书录解题》卷一三《绍兴校定经史证类备急本草》
绍兴年间(1131—1162)	两浙东路茶盐司	[唐]王焘	《外台秘要方》①	《书林清话》卷三《宋司库州军郡府县书院刻书》
乾道六年(1170)	太平州	洪遵	《洪氏集验方》②	《洪氏集验方》卷五《洪氏集验方题记》
乾道七年(1171)	太平州	李柽	《伤寒要旨》③《药方》	《宋版古籍佚存书录·伤寒要旨》
乾道九年(1173)	永州	许叔微	《类证普济本事方》	《宋版古籍佚存书录》
淳熙五年(1178)	太平州	杨倓	《杨氏家藏方》④《徐氏家传方》	《宋版古籍佚存书录》
淳熙七年(1180)	江南西路提举常平司	陆游	《陆氏续集验方》	《渭南文集》卷二七《跋集验方》
淳熙十一年(1184)	南康军	朱端章	《卫生家宝产科备要》⑤	《卫生家宝方》卷首《卫生家宝方序》

① 国家图书馆藏残 36 卷，1—20、24—32、34—40，卷 1、7—20、24—25、27—32、34—40 配明抄本，26—27 配清抄本。

② 国家图书馆藏 5 卷，淳熙七年、八年公文纸印。

③ 国家图书馆藏 1 卷，《药方》1 卷。

④ 日本金泽文库藏。

⑤ 国家图书馆藏 8 卷。

续表 6

时间	刻印机构	作者	书名	出处
淳熙十二年(1185)	江南西路转运司	寇宗奭	《本草衍义》①	《宋版古籍佚存书录》
淳熙十二年(1185)	福建提刑司	洪遵	《洪氏集验方》	《宋版古籍佚存书录》
		杨倓	《杨氏家藏方》②	《宋版古籍佚存书录》
		不著撰人	《胡氏经验方》	《宋版古籍佚存书录》
淳熙十二年(1185)	江南西路转运司	唐慎微	《经史证类大全本草》③	《宋版古籍佚存书录》
淳熙十三年(1186)	安庆府	叶大廉	《叶氏录验方》	《直斋书录解题》卷一三《叶氏方》
庆元元年(1195)	江南西路转运司	唐慎微	《经史证类大全本草》④	《经籍访古志》卷末《补遗》
庆元元年(1195)	福州	郭雍	《郭长阳医书》	《朱文公文集》卷八一《跋郭长阳医书》
庆元二年(1196)	沔州	王璆	《续添是斋百一选方》	《书林清话》卷三《郡斋本》
嘉泰四年(1204)	婺州	叶大廉	《叶氏录验方》	《直斋书录解题》卷一三《叶氏方》
嘉定元年(1208)	福建提举常平司	陈师文等编	《太平惠民和剂局方》	《宋版古籍佚存书录》
嘉定二年(1209)	广南西路转运司	[晋]王叔和	《脉经》	《郡斋读书志校证》卷一五《脉经》
嘉定三年(1210)	太医局	不著撰人	《小儿卫生总微方论》	《宋版古籍佚存书录》
嘉定四年(1211)	梓州	唐慎微	《经史政类备急本草》⑤	《宋版古籍佚存书录》

① 国家图书馆藏 20 卷，淳熙十二年刻、庆元元年重修本。

② 日本藏书。

③ 国家图书馆藏。

④ 国家图书馆藏。

⑤ 国家图书馆藏。

续表 7

时间	刻印机构	作者	书名	出处
嘉定九年(1216)	太医局	不著撰人	《小儿卫生总微方论》	《小儿卫生总微方论·序》
宋仁宗以后	江州	陈尧叟	《集验方》	《宋版古籍佚存书录》
元丰五年(1082)后	两浙西路转运司	唐慎微	《重修政和经史证类备用本草》	《宋版古籍佚存书录》
大观年间之后	福建路提举常平司	不著撰人	《诸家名方》	《直斋书录解题》卷一三《诸家名方》
南宋	当涂	胡元质	《胡氏总效方》	《宋版古籍佚存书录》
南宋	建康府	不详	《产宝类要》	《景定建康志》卷三三《书版》
南宋	建康府	李柽	《小儿保生方》	《景定建康志》卷三三《书版》
南宋	建康府	钱乙	《钱氏小儿药证真诀》	《直斋书录解题》卷一三《钱氏小儿药证真诀》
南宋	建康府	不详	《张氏小儿方》	《景定建康志》卷三三《书版》
南宋	建康府	钱芋	《海上名方》	《景定建康志》卷三三《书版》
南宋	建康府	不详	《伤寒须知》	《景定建康志》卷三三《书版》
南宋	建康府	不详	《小儿疮疹论方》	《景定建康志》卷三三《书版》
南宋	建康府	郭稽中增补	《保庆集》	《景定建康志》卷三三《书版》
宋代	福建提举常平司	[东汉]华佗	《中藏经》	《直斋书录解题》卷一三《医书类》

据上表统计，宋代刊刻 12 位前人所著 15 部医书，47 部宋人编修医书，以本草类书籍刊行次数多，流传范围广。北宋时期以

国子监刻医书较多，而南宋时期地方政府及学校刊刻较多。南宋时局紧张，财政相对困难，中央无暇顾及大部头医书的刊刻发行，而地方利用较灵活的财政款项自行刻印，盈余款项还可以补充财政，加上地方士人的积极参与，使得医书流布范围更加广泛。医书的刻印及广泛传播不仅宣扬了宋廷仁政思想，并促进了医学理论、教育和实践的发展，也影响了社会对医学的态度。值得注意的是，宋代官方编修刻印之医书大部分为方剂之书，而非医学理论专著，即能直接按方抓药治病，且针对病例大都是常见疾病。据《景定建康志》记载，建康府存有 9 类医学著作刻板，均为针对常见病症的实用方剂，以此可窥见当时社会所需之方。诚如元代医学家朱震亨评价："《和剂局方》之为书也，可以据证检方，即方用药，不必求医，不必修制，寻赎见成丸散，病痛便可安痊，仁民之意可谓至矣。自宋迄今，官府守之以为法，医门传之以为业，病者恃之以立命，世人习之以成俗。"①

国家编修医书多依托于校正医书所，运行机制大致为：首先由宋廷下令搜集医书集中于校正医书所，如嘉祐年间编修《本草图经》，先"令诸路转运司，指挥辖下州府军监差，逐处通判职官专切管句，依应供申校正医书所"，再由官员如太常博士集贤校理苏颂分定编撰，最后送医书所修写，镂板发行。② 校正医书所的设置，使得医书编修有了强有力的专业人力、物力支持，修订医书讹误，推动了医书的整理及传播。虽然儒、医理念有相通

① ［元］朱震亨：《局方发挥》卷 1，《文渊阁四库全书》，台湾商务印书馆 1983 年版，第 746 册，第 676 页。

② ［宋］苏颂：《本草图经奏敕》，《本草图经》，安徽科学技术出版社 1994 年版，第 166 页。

之处，但毕竟学科分工明显，专业性较强。儒臣大都仅是略通医道，因而专业医书在刻板前的校对和编排离不开专业医学人士的参与。同时，以印刷发行为目的的校勘及编修推动了官方医书类在学校和社会的普及，促进了医学的发展。宋代官刻医书使医学著作有了统一而规范的版本，不但弘扬了宋廷仁政思想，而且为医学传播及推广起到极大作用，并对后世产生深远影响。

三、历日及生产技术类书籍的刊刻

（一）历日的刊刻

历日的刊刻历来是中央官刻的重要组成部分，其制定及发售始终为官方垄断。农业社会中，“帝王之治天人，以律历为先；儒者之通天人，至律历而止。历以数始，数自律生，故律历既正，寒暑以节，岁功以成，民事以序，庶绩以凝，万事根本由兹立焉”①。一方面由中央颁历授时为农耕及日常生活时间秩序提供依据，这种时间信息的传播活动能够在地域辽阔的国家建立统一时间秩序，加强国家权力的权威性；另一方面，历书在指导农耕及日常生活规范中起着重要作用。

早在唐代就有政府印刷售卖历日的记载，文宗太和九年（835）十二月，东川节度使冯宿进言：“剑南、两川及淮南道皆以版印历日鬻于市，每岁司天台未奏颁下新历，其印历已满天下，有乖敬授之道。”② 但民间始终存在私刻历日盈利的现象，而且屡禁不止。后周太祖郭威于广顺三年（953）还下诏规定：“所有每年历日，候朝廷颁行后，方许雕印传写，所司不得预前流布

① 《宋史》卷 68《律历志一》，第 1491 页。

② 《册府元龟》卷 160《帝王部·革弊第二》，第 1782 页。

于外，违者并准法科罪”[①]，可见禁令未能被有效执行，甚至出现政府官员与民间商人相勾结，将即将颁行的新历提前在市面出售从中获利的现象。

宋因袭前制，历日由官方制定并由司天监刊刻和发售，由枢密院颁行[②]，盈利归司天监所有，“诏司天监印卖历日，民间毋得私印，以息均给本监官属”[③]。北宋前期所卖历日每本钱数百，同时禁止民间私卖小历，获利颇丰，“又民侯氏世于司天监请历本印卖，民间或更印小历，每本直一二钱。至是尽禁小历，官自印卖大历，每本直钱数百，以收其利”[④]。随着印刷技术的推广，历日传播速度和范围逐渐扩大，民间贪图利润私刻历日现象屡见不鲜。政府以法令形式禁止私历，并垄断历日售卖，天圣七年（1029）开封府上言“禁止诸色人自今不得私雕造小历，印版货卖。如违，并科违制，先断罪”[⑤]。刻板印刷历日成本较手写低很多，获利更大，“日官乞每年颁历日亦雕板印行。旧每岁募书写人，所费三百千，今模印则三十千”[⑥]。但至元丰三年（1080）三月，政府又自行发售小历，与大历一起统一颁发，福建、江浙等路由转运司负责，余路允许商人分卖，“自今岁降大小历本付川、广、福建、江浙、荆湖路转运司印卖，不得抑配。其（前）［钱］

① ［宋］窦仪等：《宋刑统》卷9《禁玄象器物》，中华书局1984年版，第128页。

② 天一阁博物馆、中国社会科学院历史研究所编：《天一阁藏明抄本天圣令校证》，中华书局2006年版，第429页。

③ 《长编》卷220，熙宁四年二月戊寅，第5360页。

④ 《长编》卷228，熙宁四年十二月辛酉，第5553页。

⑤ 《宋会要辑稿》运历1，天圣七年十月，第2131页。

⑥ 《长编》卷61，景德二年九月戊午，第1366页。

岁终市轻赍物付纲送历日所，余路听商人指定路分卖”[①]。所得历日息钱也用来支付太史局官属等日给食钱。宣和六年（1124）十月三日，户部尚书卢益认为四川并东南九路自行印卖历日，往往雕造差错，有碍公私使用，而且出售历日具体数额无从考察，于是“令在京与其余路分所用历日一体印卖收息，应副支用”[②]。但实行了一个月，发现历日在京印卖，“商贾难于般运，难以遍及远方。私历为弊，虚费工料，愈见亏损利源”[③]，于是又恢复元丰法。

至南宋，官府同时发行大历和小历两个版本，起初大历本仅作为赏赐之用，小历本则通过榷货务出售。然而在执行过程中发现匠人根据市场所需私自出售大历，影响了政府收入，于是朝廷也开始面向市场出售大历，乾道元年（1165）“秘书省辖下太史局，每岁笺注到大、小历日，小本依年例令榷货务雕印出卖，大本止是印造颁赐毕，发送太史收管，便为无用之物。其转运司雕造上件印板，费用不赀。又缘印匠递年循习，衷私印造出外，侵夺官课。乞自今后大本历日颁赐数足，将上件历板下太史局，候历日进呈毕，牒送榷货务措置定价，出卖施行”[④]。而乾道年间的历日售价大致“每本立价三百文出卖”，且“专委提辖检察，不得盗印”[⑤]。由于历日与国家统治秩序相关，因而宋廷严厉打击私自雕印及改动历日行为。对盗印官历者根据情节轻重采取不同处罚措施，“诸私雕或盗印律敕令格式《刑统》续降条制历日者，

---

① 《宋会要辑稿》职官 18，元丰三年三月，第 3782 页。
② 《宋会要辑稿》运历 1，宣和六年十月，第 2132 页。
③ 《宋会要辑稿》运历 1，宣和六年十月，第 2132 页。
④ 《宋会要辑稿》职官 18，乾道元年八月，第 2756 页。
⑤ 《宋会要辑稿》职官 18，乾道四年五月，第 2786 页。

各杖一百增添事件、撰造大小历日雕印贩卖者，准此，仍千里编管”，“节略历日雕印者，杖八十”① 等。

宋官刻历日也影响了周边少数民族的历日制定，金朝编修历书也多参考宋朝历书，如“先是金天会五年，司天杨级始造历，其所用历元日法，不知所本，或曰因宋《纪元历》而增损之也。乙亥，初颁历，其后名之曰《大明历》”②。

表 4-4 宋代颁行历日表

时间	作者	书名	出处
建隆四年(963)	王处讷	《新宋建隆应天历》	《宋会要辑稿》运历一之五
太平兴国元年(996)	吴昭素	《乾元历》	《宋史》卷六八《律历志一》
至道二年(996)	王睿	《至道历》	《宋史》卷六八《律历志一》
咸平四年(1001)	史序	《仪天历》	《长编》卷四八，咸平四年三月庚辰
天圣二年(1024)	宋行古	《崇天历》	《宋会要辑稿》运历一之六
治平三年(1066)	周琮	《明天历》	《长编》卷二〇四，治平二年三月丁卯
熙宁元年(1068)	卫朴	《奉天历》	《宋版古籍佚存书录》
熙宁八年(1075)	卫朴	《奉元历》	《长编》卷二六三，熙宁八年闰四月壬寅
元祐七年(1092)	皇居卿	《观天历》	《宋版古籍佚存书录》
崇宁五年(1106)	姚舜辅	《纪元历》	《直斋书录解题》卷一二《纪元历》
绍兴五年(1135)	陈得一	《统元历》	《直斋书录解题》卷一二《统元历》
乾道五年(1169)	刘孝荣	《乾道历》	《宋史》卷八三《律历十六》
淳熙四年(1177)	刘孝荣	《淳熙历》	《宋史》卷八三《律历志十六》

① 《庆元条法事类》卷 17，第 155 页。

② 《续资治通鉴》卷 116，绍兴五年十一月乙亥，第 3078 页。

续表

时间	作者	书名	出处
绍熙二年(1191)	刘孝荣	《会元历》	《直斋书录解题》卷一二《会元历》
庆元五年(1199)	杨忠辅	《统天历》	《直斋书录解题》卷一二《统天历》
开禧三年(1207)	鲍澣之	《开禧历》	《直斋书录解题》卷一二《开禧历》
淳祐十年(1250)	李德卿	《淳祐历》	《宋史》卷八二《律历志十五》
宝祐元年(1253)	谭玉	《会天历》	《宋史》卷八二《律历志十五》
咸淳七年(1271)	陈鼎	《成天历》	《宋史》卷八二《律历志十五》
景炎二年(1277)	邓光荐	《本天历》	《宋史》卷八二《律历志十五》

“宋自建隆至庆元二百五十年历 14 变”①，主要原因是出现岁差而颁行新历。宋立国后，沿用后周显德王朴所作的《钦天历》。“至建隆二年，以《钦天历》谬误，诏处讷别造新历。经三年而成，为六卷，太祖自制序，命为《应天历》。”②《应天历》行至太平兴国时，推验气候渐差。太平兴国六年（983），吴昭素、徐莹、董昭吉制成新历，赐号为《乾元历》。至道元年（995），司天监承王睿进呈了《至道历》，但由于制定较为粗略，未能施行。③ 至咸平年间，真宗命判司天监史序等考验前法，制定新历《仪天历》，《乾元历》被代替。④ 天圣元年（1023）八月，楚衍与宋行古修订新历，“诏翰林学士晏殊制序而施行焉，命曰《崇天历》”⑤。治平二年（1065），改用《明天历》，“历官周琮皆迁官。后三年，验熙宁三年七月月食不效，乃诏复用《崇天历》，夺琮

① 《建炎以来朝野杂记》卷 5，第 585 页。
② 《宋史》卷 461《王处讷传》，第 13498 页。
③ 《宋会要辑稿》运历 1，至道元年九月，第 2130 页。
④ 《宋史》卷 68《律历一》，第 1499 页。
⑤ 《宋史》卷 71《律历四》，第 1619 页。

等所迁官”[①]。至熙宁八年（1075）闰四月壬寅，“卫朴所造新历成，由知制诰沈括上之，赐名《奉元历》，行之”[②]。元祐七年（1092），《奉元历》被皇居卿的《观天历》所代替。[③] 崇宁五年（1106），姚舜辅编造完成《纪元历》，并于大观元年（1107）颁用，此历先后通行了二十一年。[④]

至南宋绍兴六年（1136），颁行《统元历》。[⑤] 孝宗乾道五年（1169）颁行《乾道历》。宁宗庆元五年（1199），杨忠辅制成《统天历》[⑥]，开禧三年（1207），鲍澣之上《开禧历》，附《统天历》行于世四十五年。[⑦] 淳祐十年（1250），李德卿作《淳祐历》。至淳祐十二年（1252），“诏行《会天历》，于宝祐元年（1253）颁行天下”[⑧]。咸淳六年（1270），《会天历》推行的历书失闰，因而制定《成天历》，咸淳七年（1271）颁行。“德祐之后，陆秀夫等拥立益王，走海上，命礼部侍郎邓光荐与蜀人杨某等作历，赐名《本天历》”[⑨]，为宋廷最后一部历日。

（二）农业、制造业书籍的刊刻

农业作为立国之本，备受政府重视。农书的刻印有助于农业技术的推广，有助于提高土地单位面积产量，从而缓解地狭人稠的矛盾，增加政府财政收入。宋代农业发展迅速，农学著作纷纷

---

① 《宋史》卷 82《律历一五》，第 1930 页。
② 《长编》卷 61，熙宁八年闰四月壬寅，第 6434 页。
③ 《宋史》卷 106《艺文六》，第 5276—5277 页。
④ 《玉海》卷 10《纪元历》，第 198 页。
⑤ 《宋史》卷 81《律历一四》，第 1923 页。
⑥ 《宋史》卷 37《宁宗一》，第 726 页。
⑦ 《宋史》卷 82《律历一五》，第 1948 页。
⑧ 《宋史》卷 43《理宗三》，第 847 页。
⑨ 《宋史》卷 82《律历一五》，第 1953 页。

出现，据邱志诚统计，宋代编写农学著述141部，北宋76部，南宋47部，现存53部。① 由于缺乏史料记载，其中绝大部分已经无法考证是否由官方刻印。但从大量其他书籍刻印的史实看，大部分官员的著述都得到出版，尤其是在其任官期间，用官帑刻印的现象屡见不鲜。一方面农书类与日常生产和生活紧密相关，存在巨大的市场需求；另一方面，官员负有推广农业技术职责，一些官员还常将任职所在地的特产编辑成书，如欧阳修官洛阳而作《洛阳牡丹记》，因而可以断定农书有不少是由官刻发行的。

农书内容丰富，包括生产技术、农牧业产品及种植等。一些有关农业政策的敕书也被刊刻推行，如真宗景德年间刻印的《景德农田敕》内容涉及户税条目及臣民所陈农田利害，由权三司使丁谓奉召编修，并与户部副使崔端、盐铁判官张若谷、度支判官崔曙乐黄目、户部判官王曾参议删定。最终于景德二年（1005）十月“令雕印颁行，民间咸以为便”②。天禧四年（1020），利州转运使李防请求“雕印《四时纂要》《齐民要术》，付诸路劝农司以勉民，务使有所遵用。真宗善之，即诏雕印《四时纂要》《齐民要术》二书，赐诸道劝农司”③。陈旉将其在乡间务农的经验编成《农书》，因具有较强的实用性而被地方政府广泛刊刻，如南宋时期真州及高邮军均对此书进行刊刻。以书籍为载体的农业技术的有效推广很大程度上依赖于传播方式的有效性，而官刻农业书籍及敕令等发行对宋代农业技术的应用及进步起到很大的

---

① 邱志诚：《宋代农书的时空分布及其传播方式》，《自然科学史研究》2011年第1期，第55页。

② 《长编》卷61，景德二年十月庚辰，第1369页。

③ 《长编》卷95，天禧四年四月庚辛，第1018页。

作用。

一系列经济作物书籍如茶录、蔬果、花谱等得到出版。宋代茶叶种植面积扩大，随着制茶业的发展，茶书著述颇多，如丁谓撰《北苑茶录》三卷，吕惠卿撰《建安茶记》，熊蕃撰《宣和北苑贡茶录》一卷等。蔬果类有蔡襄撰《荔枝谱》一卷，韩彦直撰《永嘉橘录》三卷，陈仁玉撰《菌谱》一卷等。宋代城市快速发展，园林众多，使得花卉普遍种植，花卉市场交易发达，以牡丹、芍药和菊花类书籍为多，如欧阳修撰《洛阳牡丹记》一卷，刘颁撰《芍药谱》一卷，范成大撰《范村菊谱》一卷等。此外还有陈景沂撰《全芳备祖》及陈翥撰《桐谱》等。

此外，养殖类书籍也得到官方出版，反映出当时养殖业的发展。畜牧类书籍有关马类的著述较多。马除了用作交通工具外，还用于军事作战，对于宋廷的重要性不言而喻，故朝廷非常注重养马及治疗马疾之法。大中祥符元年（1008）正月，“兽医副指挥使朱峭定《疗马集验方》及《牧马法》，望颁下内外坊监，仍录附诸班军”。宋真宗担心在传抄中出现差错，令群牧司“镂板模本以给之”[①]。此外，李诫著有《马经》，王愈写有《蕃牧纂验方》等。

农牧种植业书籍刊刻情况如下表所示：

① 《宋会要辑稿》兵24，大中祥符元年正月，第7182页。

表 4-5　官刻农牧种植业书籍表

时间	刻印机构	作者	书名	出处
大中祥符元年(1008)	群牧司	朱峭定	《牧马法》	《宋会要辑稿》兵二四之七
大中祥符元年(1008)	群牧司	朱峭定	《疗马集验方》	《宋会要辑稿》兵二四之七
天禧四年(1020)	崇文院	[唐]韩鄂	《四时纂要》	《长编》卷九五,天禧四年四月庚辛
天禧四年(1020)	崇文院	[后魏]贾思勰	《齐民要术》	《长编》卷九五,天禧四年四月庚辛
天圣中(1023—1031)	崇文院	[后魏]贾思勰	《齐民要术》	《宋版古籍佚存书录》
景祐元年(1034)	崇文院	周履靖	《土牛经》	《宋版古籍佚存书录》
景祐四年(1037)	国史院	杨惟德	《景祐乾象新书》	《中华再造善本》一期目录编号 215
景祐年间(1034—1038)	不详	不著撰人	《景祐医马方》	《宋史》卷一九八《兵志十二》
治平年间(1064—1069)	福建转运司	蔡襄	《茶录》	《宋版古籍佚存书录》
绍兴十四年(1144)	池州	[后魏]贾思勰	《齐民要术》	《宋版古籍佚存书录》
绍兴十九年(1149)	真州仪真	陈旉	《农书》	《四库全书总目提要》卷一〇二《农书》
乾道八年(1172)	衢州	苏颂	《新仪象法要》	《读书敏求记》卷三《新仪象法要》
淳熙九年(1182)	福建转运司	熊蕃	《宣和北苑贡茶录》	《全宋文》第 225 册,《刊北苑贡茶录题记》
嘉定三年(1210)	高邮军	陈旉	《农书》	《宋版古籍佚存书录》
嘉定七年(1214)	真州	陈旉	《农书》	《宋版古籍佚存书录》
		秦湛	《蚕书》	
嘉定年间(1208—1224)	高邮军	秦湛	《蚕书》	《续高邮志·外志》卷一《风俗附》

续表

时间	刻印机构	作者	书名	出处
南宋	浙西转运司	董煟	《救荒活民书》	《游宦纪闻》卷六
南宋	建康府	董煟	《救荒活民书》	《景定建康志》卷三三《书版》
南宋	建康府	刘珙	《救荒录》	《景定建康志》卷三三《书版》

（三）数学及技术类书籍

中央部门承担此类刻书任务较少，记载仅有两次，由崇文院和国子监承担。南宋时期，多为地方刊刻，尤其汀州州学对《算经十书》进行了集中刊刻，使数学得以传承和发展。

《算经十书》在传统数学中占有重要地位。为了满足算学教育的需要，元丰七年（1084），秘书省镂板叶祖洽校订《算经十书》，后又刻于汀州。① 嘉定六年（1213），鲍澣之在汀州对算经进行集中刊刻。南宋初年数学书籍丧失严重，相对经史类书籍而言算术类书籍得不到宋廷的足够重视，“自衣冠南渡以来，此学（算学）既废，非独好之者寡，而《九章算经》亦几泯没无传矣。近世民间之本，题之曰《黄帝九章》”②。鲍澣之出任汀州地方官，此人精通历法，对此类书籍有浓厚的兴趣。他面对算学在官学教育中式微的局面痛心疾首，自觉担当起传承算学的重任，于是利用福建刻书资源对一系列算经进行了整理和刊刻。

① ［明］程大位：《新编直指算法统宗》卷17《算法源流》，《续修四库全书》，第221页。

② ［宋］鲍澣之：《详解九章算法·序》，《中国科学技术书籍通汇：数学卷（一）》，河南教育出版社1995年版，第951页。

生产技术类书籍也在宋代各级机构雕版颁行。《营造法式》是一部由北宋官方推出的建筑技术与施工标准规范用书。书中还以大量篇幅叙述工限和料例，目的是在施工过程中实行严格的工料限定，以杜绝腐败和浪费。先是熙宁中，将作监官奉诏编修《营造法式》，元祐六年（1091）成书。而绍圣四年（1097），因“所修之本只是料状，别无变造，制度难以行用。命诫别加撰辑”。此次编写不但要考究群书，还命工匠参与编写并分立类例，在严格规范下，该书于元符三年（1100）最终编成。崇宁二年（1103）官方“用小字镂版颁行”①，节约印刷成本，借此传承并推广建造技艺。

表 4-6　官刻算法、数术及技术类书籍表

<table>
<tr><th>时间</th><th>刻印机构</th><th>作者</th><th>书名</th><th>出处</th></tr>
<tr><td rowspan="6">元丰七年(1084)</td><td rowspan="6">秘书省</td><td>[唐]李淳风注</td><td>《周髀算经》《九章算经》《孙子算经》《五曹算经》</td><td rowspan="6">《直斋书录解题》卷一四《算经》</td></tr>
<tr><td>[隋]夏侯阳</td><td>《夏侯阳算经》</td></tr>
<tr><td>[北周]甄鸾等</td><td>《张丘建算经注释》《五经算术》</td></tr>
<tr><td>[唐]王孝通</td><td>《缉古算经》</td></tr>
<tr><td>[汉]徐岳</td><td>《数述记遗》</td></tr>
<tr><td>[晋]刘徽</td><td>《海岛算经》</td></tr>
<tr><td>崇宁二年(1103)</td><td>国子监</td><td>李诫</td><td>《营造法式》</td><td>《营造法式》卷首《营造法式札子》</td></tr>
</table>

① [宋] 李诫：《营造法式·营造法式劄子》，商务印书馆 1933 年版，第 17—18 页。

续表 1

时间	刻印机构	作者	书名	出处
绍兴三年(1133)	两浙东路茶盐司	[汉]扬雄	《太玄经》	《宋版古籍佚存书录》
淳熙九年(1182)	泉州州学	司马光、张敦实	《潜虚》《潜虚发微论》	《全宋文》第274册《潜虚跋》
嘉定六年(1213)	汀州	[唐]李淳风注	《周髀算经》①	《新编直指算法统宗》卷一七《算法源流》
		[唐]李淳风注	《九章算经》②	
		[唐]王孝通	《缉古算经》③	
		[唐]李淳风注	《五曹算经》④	
		[唐]李淳风注	《孙子算经》⑤	
		[隋]夏侯阳	《夏侯阳算经》⑥	
		[北周]甄鸾等	《张丘建算经注释》⑦	
		[汉]徐岳	《数术记遗》⑧	《宋版古籍佚存书录·数术记遗》
		不著撰人	《算学源流》⑨	《宋版古籍佚存书录·算学源流》
嘉定年间(1208—1224)	安溪印书局	不详	《庚戌星历封事集录》	《嘉靖安溪县志》卷八《古迹》

---

① 上海图书馆藏北宋刻本,故宫博物院藏汲古阁影写宋刻本。

② 故宫博物院藏汲古阁影写宋刻本。

③ 故宫博物院藏。

④ 上海图书馆藏北宋刻本,故宫博物院藏汲古阁影写宋刻本。

⑤ 上海图书馆藏北宋刻本,故宫博物院藏汲古阁影写宋刻本。

⑥ 故宫博物院藏。

⑦ 分藏于上海图书馆、北京大学图书馆,故宫博物院藏汲古阁影写宋刻本。

⑧ 北京大学图书馆藏。

⑨ 北京大学图书馆藏。

续表 2

时间	刻印机构	作者	书名	出处
绍定间(1228—1233)	平江府	李诫	《营造法式》	《宋版古籍佚存书录》
南宋	建康府	许天荒	《易象图说》	《景定建康志》卷三三《书版》
南宋后期	平江府	李诫	《营造法式》①	《宋版古籍佚存书录》

四、释、道类书籍的刊刻

佛道二教有利于辅助统治，起到教化作用，“佛徒之教有俾政治，达者自悟渊微，愚者妄生诬谤”②，因而宋廷对佛道书籍编修刻板非常重视。

（一）佛教书籍刊刻

佛藏为佛家经典的总集，自开宝四年（971），《大藏经》在益州雕版，至太平兴国八年（983），13 万块板片雕成并保存于印经院，收录大、小乘佛典及圣贤集传共 1076 部，为首次刊行的佛教总集。《开宝藏》《崇宁藏》《日比卢藏》等大藏经都有明确的收录内容和范围，佛典的入藏都有各自的依据。③ 熙宁四年（1071）十月，赐于显圣寺圣寿禅院印造，并允许地方寺庙自备纸墨印造，如淳化年间婺州开元寺“相率诣阙，击登闻鼓，求方

① 国家图书馆藏残 5 卷。

② 《长编》卷 24，太平兴国八年冬十月甲申，第 554 页。

③ 蓝吉富：《刊本大藏经之入藏问题初探》，《中华佛学学报》2000 年第 13 期，第 167 页。

借版，摹印真文”[①]。

自太平兴国七年（982）六月译经院建成后，宋廷集中对一批佛教文献进行翻译及镂板，“七月，天息灾上新译《圣佛母小字般若波罗蜜多经》，法天上《大乘圣吉祥持世陀罗尼经》，施护上《如来庄严经》。……天息灾等，即持梵文，先翻梵义，以华文证之，曜众乃服。诏新经入藏，开板流行”[②]。从设置机构到完成译经并付诸刻板历时两月，可谓高效。佛教典籍的编辑和校对通常为精通佛教的僧人，或是朝中官员等，从而保证了编校质量。由于佛经有补于治道，雍熙元年（984）九月，“诏自今新译经论，并刊板摹印，以广流布”[③]。随后印经院持续翻译并刻印了一大批经书，如至道元年（995），《缘识》五卷“命两街僧笺注，由印经院开板模印，编联入藏颁行”。但有违背佛教教义及文义乖戾者不能编入藏目，也禁止被翻译。淳化五年（994），由法贤翻译的密教经典《金刚萨埵说频那夜迦天成就仪轨经》收入大藏之中，然而至天禧三年（1019）九月，发现其“荤血之祀，颇渎于真乘；厌诅之词，尤乖于妙理；方增崇尚，特示发明。其新译《频那夜迦经》四卷，不得编入藏目。令传法院似此经文，无得翻译”[④]。

仁宗景祐元年（1034），知枢密院王随删节《景德传灯录》为15卷，题名曰《传灯玉英集》，“乞摹印颁行”[⑤]，得到仁宗诏

① ［宋］杨亿：《武夷新集》卷6《婺州开元寺新建大藏经楼记》，《文渊阁四库全书》，台湾商务印书馆1983年版，第1086册，第420页。

② 《佛祖统纪校注》下卷43，第1029—1032页。

③ 《宋会要辑稿》道释2，雍熙元年九月，第7891页。

④ 《宋会要辑稿》道释2，天禧三年九月，第7892页。

⑤ 《长编》卷117，景祐二年七月辛未，第2756页。

许并依《景德传灯录》例收入大藏。《景德传灯录》刊印后在当时流传甚广，对宋代宗教和文坛都产生了很大的影响。《传灯玉英集》自宋之后失传，仅《至元法宝勘同目录》有著录，后自广胜寺《金藏》中发现此书的残卷九卷。[①] 除中央自行刻印，也交付诸郡刊行，如理宗淳祐六年（1246）十一月，“南山澄照律师《戒疏》《业疏》《事妙》等，并大智律师述三部诸记共七十三卷，乞附入藏。制可，续省部下诸郡经坊锓板颁行”[②]。地方寺院也自中央借版刻印收藏，如吴郡永安禅寺所藏为道原禅师“诣阙借版印造”[③]。

地方政府对佛经多有刻印，如大中祥符九年（1016）永兴军刻《金刚经》，元祐元年（1086）两浙转运司刻《大方广佛华严经疏》，嘉祐八年（1063）高邮军刻《金刚般若波罗蜜经》、虔州赣县刻《佛顶心观世音菩萨大陀罗尼经》[④]、平江府公使库印《佛祖统纪》[⑤] 等。

因翻译佛经的客观需要，政府也刻印华梵对翻类型字典，如僧惟净等编写的《景祐天竺字源》七卷“有十二转声、三十四字母，各有齿、牙、舌、喉、唇五音。仁宗御制序，锓板颁行”，并赐予地方寺庙。[⑥]

现将官刻佛教书籍列表如下：

---

① 冯国栋：《王随及其传灯玉英集》，《宗教学研究》2005 年第 4 期，第 52 页。

② 《佛祖统纪校注》下，第 1146 页。

③ ［宋］朱长文：《吴郡图经续记》卷中，《宋元方志丛刊》，中华书局 1990 年版，第 1 册，第 655 页。

④ 《日藏汉籍善本书录》第 3 册，第 1303—1304 页。

⑤ 《藏园订补郘亭知见传本书目》，第 887 页。

⑥ 《直斋书录解题》卷 12《景祐天竺字源》，第 356 页。

表 4-7 官刻佛教类书籍表

时间	刻印机构	作者	书名	出处
开宝四年至太平兴国八年(971—983)	益州	[后秦]鸠摩罗什等译	《开宝大藏经》	《宋版古籍佚存书录》
开宝五年(972)	不详①	[唐]释玄奘译	《大般若波罗蜜多经》	《宋版古籍佚存书录》
开宝七年(974)	印经院	求那跋陀罗译	《杂阿含经》	《宋版古籍佚存书录》
太平兴国七年(983)	译经院	天息灾译	《圣佛母经》	《佛祖统纪校注》卷四三《法运通塞志》
太平兴国七年(983)	译经院	法天译	《吉祥持世经》	《佛祖统纪校注》卷四三《法运通塞志》
太平兴国七年(983)	译经院	施护译	《如来庄严经》	《佛祖统纪校注》卷四三《法运通塞志》
太平兴国八年(984)	不详②	[东晋]佛驮跋陀罗译	《大方广佛华严经》	《宋版古籍佚存书录》
太平兴国八年(984)	太平兴国寺	月氏三藏竺法护译	《佛说阿惟越致遮经》	《佛祖统纪校注》卷四三《法运通塞志》
雍熙元年(984)	印经院	宋太宗御制	《莲花心轮回文揭颂》	《佛祖统纪校注》卷四三《法运通塞志》
		不著撰人	《秘藏诠》	《佛祖统纪校注》卷五一《天书御制》
		惠温等	《秘藏诠佛赋歌行》	《佛祖统纪校注》卷五一《天书御制》
		可升等	《秘藏诠幽隐律诗》	《佛祖统纪校注》卷五一《天书御制》
			《秘藏诠怀感诗》	《佛祖统纪校注》卷五一《天书御制》
			《秘藏诠怀感回文诗》	《佛祖统纪校注》卷五一《天书御制》
			《逍遥咏》	《佛祖统纪校注》卷五一《天书御制》

① 卷尾记“大宋开宝五年壬申奉敕雕造”，故属于官刻。

② 卷尾记“开宝九年丙子岁奉敕雕造”及“太平兴国八年奉敕印”。

续表 1

时间	刻印机构	作者	书名	出处
		不著撰人	《妙觉集》	《佛祖统纪校注》卷四三《法运通塞志》
		赞宁	《大宋高僧传》	《佛祖统纪校注》卷三九《法运通塞志》
至道元年(995)	印经院	不著撰人	《缘识》	《佛祖统纪校注》卷四三《法运通塞志》
大中祥符八年(1015)	传法院	赵安仁辑	《妙觉秘诠》《法音前集指要》	《续资治通鉴长编》卷八六,大中祥符八年正月庚午
大中祥符九年(1016)	永兴军	[后秦]鸠摩罗什译	《金刚般若波罗蜜经》	《宋版古籍佚存书录》
天禧三年(1019)	不详①	宋真宗注	《注四十二章经》《注遗教经》	《佛祖统纪校注》卷四四《法运通塞志》
天禧三年(1019)	国子监	[后秦]鸠摩罗什译	《注遗教经》	《佛祖统纪校注》卷四四《法运通塞志》
天禧五年(1021)	不详	简长等注	《法音集》	《佛祖统纪校注》卷四四《法运通塞志》
景祐二年(1035)	印经院	王随	《传灯玉英集》	《长编》卷一一七,景祐二年七月辛未
嘉祐八年(1063)	高邮军	[后秦]鸠摩罗什译	《金刚般若波罗蜜经》	《日藏汉籍善本书录》
嘉祐八年(1063)	虔州赣县	不详	《佛顶心观世音菩萨大陀罗尼经》	《日藏汉籍善本书录》
熙宁四年(1071)	显圣寺②	[后秦]鸠摩罗什译	《妙法莲华经》	《宋版古籍佚存书录》
熙宁四年(1071)	显圣寺	阇那崛多	《佛本行集》③	《宋版古籍佚存书录》

① 表中刊刻机构里“不详”为中央机构镂板发行,但具体哪个部门无从考证。

② 山西高平县(今高平市)博物馆存《妙法莲华经》无千字文号,卷 7 有“大宋开宝四年奉敕雕造”的题记,“熙宁辛亥岁赐大藏经板于显圣寺圣寿禅院印造”。

③ 日本京都南禅寺藏,广西壮族自治区博物馆藏。

续表 2

时间	刻印机构	作者	书名	出处
元祐元年(1086)	两浙转运司	[唐]释澄观	《大方广佛华严经疏》①	《日藏汉籍善本书录》
元符二年(1099)	印经院	不详	《释典藏》	《长编》卷五一〇，元符二年五月戊辰
崇年三年(1104)	荆州南路	不详	《佛说末劫经》	《宋会要辑稿》刑法二之四三
崇宁五年至政和元年(1106—1111)	永兴军	不详	《金刚般若经钞》	《佛祖统纪校注》卷四七《法运通塞志》
淳祐六年(1246)	诸郡经坊	南山澄照律师	《戒疏》《业疏》《事妙》等	《佛祖统纪校注》卷四八《法运通塞志》
咸淳五年(1269)	平江府公使库	释志磐	《佛祖统纪》	《藏园订补郘亭知见传本书目》

北宋期间印经院机构的设置为大规模的佛经编刻提供了人员及资金的保障，经过一系列佛经入藏，佛教典籍得到了较好的保存和传布。南宋期间，基本未见中央政府刊刻佛经的记载，地方政府刊刻佛经相对较多，但远远不及民间兴盛。

（二）道教书籍刊刻

道教书籍由崇文院及国子监等部门依据皇帝旨意刊刻。宋真宗推崇道教，因而对道教经典的刻板印刷极其重视。老庄之书被誉为“诸子之首”，因其“道清虚以自守，卑弱以自持，逍遥无为，养生济物，皆圣人南面之术”一直备受士人重视，多有批注释文等问世，至宋已有印刷版本。咸平六年（1003）四月，真宗下诏校勘《道德经》：“命崇文院检讨直秘阁杜镐，秘阁校理戚纶，直史馆刘锴同校勘。其年六月毕，并《释文》一卷，送国子

① 国家图书馆藏。

监刊板。”至景德二年（1005），“命奭与龙图阁待制杜镐”等将已经雕版颁行的老庄书籍重新审核校对并刻板，即“唐陆德明撰《经典释文》三十卷，内《老子释文》一卷《庄子》注本三卷。今诸经及《老子释文》共二十七卷，并已雕（即）［印］颁行。唯阙《庄子释文》三卷。欲望雕印，冀备一家之学。又《庄子》注本，前后甚多，率皆一曲之才，妄窜奇说。唯郭象所注，特会庄生之旨，亦请依《道德经》例，差官校定雕印”[①]。在此次整理过程中，崇文院对原书内容进行了修补与完善，删除了《庄子》序文，“杜镐等以《庄子序》非郭象之文，因删去之”[②]，在版本选取和校对完善上大做文章。然而至大中祥符四年（1011）书成之后，宋真宗仍旧认为此序文“观其文理可尚，但传写讹舛耳”[③]。又命李宗谔、杨亿、陈彭年等雠校《庄子序》，摹印而行之。[④]

大中祥符元年（1008）六月“崇文院检讨杜镐校《南华真经》摹刻版本毕，赐辅臣人各一本”[⑤]。自南北朝时期，道家受到佛教的影响也开始编撰道藏。大中祥符三年（1010），王钦若奉旨上所校正的道藏四千三百五十九卷，被赐名为《宝文统录》。[⑥]大中祥符四年（1011）三月，真宗祀汾阴朝陵回，到中牟县时游列子观，“因访所著书，命直史馆路振、崔遵度、直集贤院石中立校勘”，于是“诏崇文院校勘到《列子冲虚真经》，仍如‘至

① 《宋会要辑稿》崇儒4，景德二年二月，第2231页。

② 《宋会要辑稿》崇儒4，景德二年二月，第2231页。

③ 《宋会要辑稿》崇儒4，大中祥符四年二月，第2232页。

④ 《麟台故事校证》卷2《修纂》，第60页。

⑤ 《麟台故事校证》卷2《修纂》，第60页。

⑥ 李瑞良：《中国出版编年史》，福建人民出版社2006年版，第274页。

德’之号”。大中祥符五年（1012）时校对完成，镂板发行。[①] 神宗元丰三年（1080）规定补道职需要经过考试，从《道德经》《灵宝度人经》《南华真经》等书内容中选择命题，“仍试斋醮科仪祝读”[②]，此类书需求量因此提升。哲宗时期《老子》《列子》和《庄子》等书籍被列入科场出题范围之内，进一步提升了道教对科举的影响力。

徽宗政和年间，在收集道教遗书的基础上，礼部尚书黄裳“请建飞天法藏，藏天下道书，总五百四十函，赐今名，以镂板进于京”[③]，最终由福州万寿观雕版《万寿道藏》，此为历史上第一次将全部道藏镂板。由于徽宗崇尚道教，大臣亦多逢迎皇帝爱好，《内经》《庄子》《列子》等书也被列入教学科目中。政和七年（1117），宣和殿大学士蔡攸言：“庄、列、亢桑、文子，皆著书以传后世，有唐号为经，并列藏室。宋朝始加《庄》《列》‘南华’‘冲虚’之号，以其书入国子学。而《亢桑子》《文子》未闻颁行。乞取其书，于秘书省精加雠定，列于国子学之籍，与《庄》《列》并行。”[④] 于是，将《亢桑子》《文子》等书列入国子学加以刊印。政和间，即州县学别置斋授道徒。“蔡攸上《诸州选试道职法》，其业以《黄帝内经》《道德经》为大经，《庄子》《列子》为小经。”

宣和元年（1119）十一月辛亥，蔡京上奏：“乞以神霄玉清万寿宫观玉真王所说《玉婴神变妙经》刊印颁行。”[⑤] 宋徽宗还为

---

① 《宋会要辑稿》崇儒 4，大中祥符五年十月，第 2231 页。
② 《宋史》卷 157《选举三》，第 3690 页。
③ 《淳熙三山志》卷 38《寺观类六》，第 8239 页。
④ 《宋会要辑稿》崇儒 4，政和七年八月，第 2231 页。
⑤ 《宋会要辑稿》崇儒 4，宣和元年十一月，第 2331 页。

道教经典文献亲自作注，宣和五年（1123）十一月十四日，国子祭酒蒋存诚等上书："窃见御注《冲虚至德真经》《南华真经》未蒙颁降，见系学生诵习及学谕讲说，乞许行雕印，颁之学校。"①御注版本的《冲虚至德真经》《南华真经》自此得到刻板。

表 4-8　官刻道教类书籍表

时间	刻印机构	作者	书名	出处
景德二年(1006)	国子监	[西晋]郭象注	《南华真经疏解》	《麟台故事校证》卷二《修纂》
大中祥符元年(1008)	崇文院	[西晋]郭象注	《南华真经》	《麟台故事校证》卷二《修纂》
大中祥符五年(1012)	崇文院	[战国]列御寇	《列子冲虚真经》	《宋会要辑稿》崇儒四之三
大中祥符七年(1014)	崇文院	阳真道人等	《九天生神章等十二经》	《续资治通鉴长编》卷八五，大中祥符七年五月癸丑
景祐四年(1037)	国子监	阮逸注	《文中子》	《宋会要辑稿》崇儒四之七
政和三年至八年(1113—1118)	福州万寿观	元妙宗等	《万寿道藏》	《淳熙三山志》卷三八《政和万寿道藏》
政和七年(1117)	国子监	不著撰人	《亢桑子》	《宋会要辑稿》崇儒四之十
政和七年(1117)	国子监	默希子注	《文子》	《宋会要辑稿》崇儒四之十
重和元年(1118)	不详②		《道藏》	《续资治通鉴长编纪事本末》卷一二七《徽宗皇帝·道学》

① 《宋会要辑稿》职官 28，宣和五年十一月，第 2983 页。

② 先次镂板，颁之州郡。

续表

时间	刻印机构	作者	书名	出处
宣和元年(1119)	国子监	不详	《玉婴神变妙经》	《皇宋通鉴长编纪事本末》卷一二七《道学》
宣和五年(1123)	国子监	[西晋]郭象注	《南华真经注》	《宋会要辑稿》职官二八之二三
宣和五年(1123)	国子监	[东晋]张湛注	《冲虚至德真经注》	《宋会要辑稿》职官二八之二三
乾道六年(1170)	建宁府学	[曹魏]王弼注	《道德真经注》	《全宋文》第225册,《跋道德真经注》
乾道六年(1170)	镇江府	[曹魏]王弼注	《道德真经注》	《全宋文》第225册,《跋道德真经注》
淳熙八年(1181)	不详		《道藏》	咸淳临安志》卷七五《寺观一》
淳熙年间(1174—1189)	会稽	[后蜀]彭晓注	《周易参同契分章通真义》	《直斋书录解题》卷一二《参同契分章通真义》
嘉熙四年(1240)	临安府	不著撰人	《玉皇本行集经》	《宋版古籍佚存书录》
南宋	国子监	李昌龄	《感应篇》	《宋版古籍佚存书录》
南宋	建康府	不详	《苏氏道德经》	《景定建康志》卷三三《书版》
南宋	建康府	不详	《太一醮式》	《景定建康志》卷三三《书版》

北宋时期官刻道教书籍多集中于真宗和徽宗两朝，是为二帝崇尚道教的缘故。北宋期间集中收录、编写和刊刻了《道藏》，除收藏于馆阁和上清宫等官方道观，还颁赐给地方道观。靖康之变后，收藏于宋廷的《道藏》基本散失，颁赐给南方的《道藏》

保存相对完好。南宋时期，宋廷在搜访地方道观所藏《道藏》基础上，又不断增补，但未有明确记录宋廷对《道藏》等大部头书籍的刊刻行为。然而可以查到中央对地方道观的颁赐，其中很可能有印刷本，如临安府余杭县洞霄宫就曾在孝宗时期被赐予新编《道藏》，“淳熙六年《道藏》成，八年赐藏经”[①]。淳熙九年(1182)，台州凝真宫道士陈会真“得内赐《道藏》以归”[②]。刊刻地区除中央外，集中在江浙及福建，也反映出这些地区道教文化较为发达。相较而言，南宋对道教著作刊刻较少，集中在南宋前期，也与南宋初年统治者为安抚人心，重视发挥宗教作用相关。

五、其他类书籍的刊刻

（一）兵家类

仁宗时期宋夏之战，经历了延州、好水川、定川寨等多次战役，宋廷军事处于下风，进而产生危机感，“朝廷恐群帅昧古今之学”[③]，希望能够借鉴以往军事经验，由官方修订一部兵书，《武经总要》应运而生。《武经总要》成书于庆历年间，分为前后两集，共四十卷，是第一部官方修撰的综合性军事书籍，具有军事教科书性质，修成后即颁行学校。

至嘉祐六年（1061）四月，“以大理寺丞郭固编校秘阁所藏兵书。先是，四馆置官编校书籍，而兵书与天文为秘书，独不预。大臣或言固知兵法。乃命就秘阁编校，抄成黄本一百七十二

① 《咸淳临安志》卷75《寺观一》，第4033页。

② 《嘉定赤城志》卷30《寺观门》，第7525页。

③ 《郡斋读书志校证》卷14《武经总要四十卷》，第643页。

册”[①]。此次编校抄成黄本，为日后刻印提供了版本。宋廷分别于天圣三年（1025）、元丰三年（1080）由国子监对武经七书进行系统性的刊刻，“诏校定《孙子》《吴子》《六韬》《司马法》《三略》《尉缭子》《李靖问对》等书，镂板行之”[②]。康定年间，宋廷对西夏用兵屡遭挫折，引起朝廷对军事的重视，故天圣年间对武经七书进行了系统的校勘及刻印。神宗时期进行改制，武举考试科目有《孙子》《吴子》《六韬》等内容[③]，因而元丰年间重新对武经七书刊刻。两次对军事类书籍系统的刊行虽是出于仁宗和神宗时期的军事需求，但奠定了七书在古代军事学中的基础和官方正统地位。元丰六年（1083），国子司业朱服认为三年前校对时不应采用诸家注解，因为“诸家所注《孙子》，互有得失，未能去取。它书虽有注解，浅陋无足采者。臣（诸）［谓］宜去注行本书，以待学者之自得”。于是神宗下诏“《孙子》止用魏武帝注，余不用注”。而“《卫公问对》者，出阮逸家，盖逸依仿杜氏所载靖兵法为之，非靖成书也”[④]。南宋王彦的《武经龟鉴》成书于高宗时期，对实战经验进行了总结。至孝宗时意欲恢复北宋故土，看重其书，亲自为之作序，并于乾道三年（1167）刻印作为作战参考赐予武将。[⑤] 此类书籍的校勘充分反映出政府的军事需求。

（二）小说类

宋代城市发展，市民阶层兴起，识文断字之人增多，社会对

---

① 《长编》卷 193，嘉祐六年四月丙子，第 4666 页。

② 《长编》卷 303，元丰三年夏四月乙未，第 7375 页。

③ 《宋史》卷 157《选举志》，第 3679 页。

④ 《宋会要辑稿》崇儒 4，元丰六年十一月，第 2231 页。

⑤ 《藏园群书题记》卷 6，第 305 页。

小说需求增大。虽然宋廷编写了《太平广记》等小说类书籍，但小说类著作始终在官方视野中处于边缘化的位置，如天圣三年（1025）国子监认为《文选》《初学记》《六帖》《韵对》并抄集小说，“本监不合印卖。今旧版讹阙，欲更不雕造”[①]。小说类著作自南宋起，为地方刊刻，而刊刻选取内容都是符合主流思想之书。绍兴八年（1138），董棻对晏殊删定的《世说新语》进行整理，并于严州刊刻，后毁于火。淳熙十五年（1188），陆游任严州知州时重刻此书。《世说新语》虽充斥玄学思想，但对儒家伦理也大为提倡，其上卷为“德行”“言语”“政事”“文学”，正是孔门四科，符合官方思想。北宋人孔平仲所作《续世说》便是仿《世说新语》体例，一直未刊刻，直至绍兴二十八年（1158）沅州守王灌从李敏购得书版镂板。[②]

唐人著作《刘宾客嘉话》记录较为翔实，修《新唐书》时多采用其史料，但至南宋已经散失，难以见到全本。卞圜家藏旧本刻板于昌化县。宋人自编的小说也多为后人刊刻，如洪皓《松漠纪闻》，先由长子洪适“镂板歙越。遵来守建业又刻之”[③]。

小说类著作的编纂和出版，首先反映了宋代文学走向世俗化。大量鲜活的故事、琐语、传闻由文人写成了文字，对材料背后的精神内涵进行发扬。其次为官刻所选择出版的小说也必然符合主流意识形态。

此外，《墨经》《砚谱》《文房四谱》《宝晋山林集拾遗》《画

---

① 《宋会要辑稿》职官28，天圣三年二月，第2958页。

② ［宋］秦果：《续世说序》，《四库备要》，中华书局1989年版，第55册，第269页。

③ ［宋］洪尊：《松漠纪闻补遗》，《文渊阁四库全书》，台湾商务印书馆1983年版，第407册，第520页。

史》等书在地方得到刊刻，反映出文人生活、爱好和文化市场的需求所在。

表 4-9　官刻子部其他类书籍表

时间	刻印机构	作者	书名	出处
天圣三年(1025)	国子监	[春秋]孙武、[战国]吴起、[秦汉]黄石公、[秦]尉缭、[唐]李靖	《孙子兵法》《吴子》《六韬》《司马法》《三略》《尉缭子》《李靖问对》	《宋版古籍佚存书录》
庆历七年(1047)	不详①	曾公亮等	《武经总要》	《宋版古籍佚存书录》
皇祐元年(1049)	御府	李淑、杨伟纂修	《三朝训鉴图》	《直斋书录解题》卷五《三朝训鉴图》
元丰三年(1080)	国子监	[春秋]孙武、[战国]吴起、[秦汉]黄石公、[秦]尉缭、[唐]李靖	《孙子兵法》《吴子》《六韬》《司马法》《三略》《尉缭子》《李靖问对》	《长编》卷三〇三，元丰三年夏四月乙未
绍圣三年(1096)	广西转运司	晁季一	《墨经》	《宋版古籍佚存书录》
北宋	国子监	佚名	《七十二贤赞》	《宋版古籍佚存书录》
绍兴八年(1138)	严州	[南朝]刘义庆撰，刘孝标注，汪藻撰	《世说新语注》②《续录》《考异》	《宋版古籍佚存书录》
绍兴二十八年(1158)	沅州公使库	孔平仲	《续世说》	《皕宋楼藏书志》卷六七《著录》
绍兴年间(1131—1162)	修内司	不著撰人	《混成集》	《齐东野语》卷十《混成集》

① 颁行天下，应为中央官刻机构。
② 日本尊经阁文库藏。

续表 1

时间	刻印机构	作者	书名	出处
绍兴年间(1131—1162)	徽州	苏易简	《文房四谱》	《盘洲文集》卷六三《文房四谱跋》
乾道三年(1167)	杭州	王彦	《武经龟鉴》①	《藏园群书题记》卷六《武经龟鉴》
乾道四年(1168)	绍兴府	欧阳修	《砚谱》	《宋版古籍佚存书录》
乾道九年(1173)	建康府	洪皓	《松漠纪闻》	《松漠纪闻》卷末《松漠纪闻补遗跋》
乾道九年(1173)	昌化县	[唐]韦绚	《刘宾客嘉话》	《刘宾客嘉话》卷末《刘宾客嘉话跋》
淳熙元年(1174)	婺州	韩维	《宫师文编》	《宫师文编》卷首《高祖宫师文编序》
淳熙七年(1180)	池州	[晋]郭璞	《山海经》②	《国家图书馆藏名录》00780 号
淳熙十五年(1188)	严州	[南朝]刘义庆	《世说新语》	《世说新语》卷末《世说新语跋》
淳熙年间(1174—1189)	修内司	修内司编	《古法帖》	《松雪斋集》卷十《阁帖跋》
庆元四年(1198)	吉州	周煇	《清波杂志》	《宋版古籍佚存书录》
嘉泰元年(1201)	瑞州	米芾	《宝晋山林集拾遗》③《画史》《砚史》	《中华再造善本目录》一编《宝晋山林集拾遗序》
嘉泰三年(1203)	广德军学	曾槃	《绛贴释文》	《书林清话》卷三《郡学本》
开禧元年(1205)	剑州	[后唐]冯贽	《云仙散录》	《宋版古籍佚存书录》
嘉定四年(1211)	瑞州	[五代]王定保	《唐摭言》	《四库全书提要》卷一四〇《唐摭言》

① 上海图书馆藏。

② 国家图书馆藏 18 卷。

③ 国家图书馆藏 8 卷。

续表 2

时间	刻印机构	作者	书名	出处
嘉定五年(1212)	不详①	不著撰人	《历代故事》	《古籍宋元刊工姓名索引·子部》
嘉定五年(1212)	赣州	洪迈	《容斋随笔》②《续笔》	《宋版古籍佚存书录》
嘉定五年(1212)	江西提点刑狱司	洪迈	《容斋随笔》《续笔》	《宋版古籍佚存书录》
嘉定年间(1208—1224)	安溪印书局		《张忠献帖》《陈复斋修禊序》《文房四友》《王欧书诀》	《嘉靖安溪县志》卷八《古迹》
嘉定年(1224)以后	建宁府学	洪适	《夷坚志甲志》③《乙志》《丙志》《丁志》	《宋版古籍佚存书录》
绍定元年(1228)	吉州州学	[五代]王仁裕	《开元天宝遗事》	《宋版古籍佚存书录》
绍定二年(1229)	绍兴府	李昌龄	《乐善录》④	《宋版古籍佚存书录》
淳祐六年(1246)以后	明州州学	不详	《庆元府济民庄始末》	《宝庆四明志》卷二《书板》
淳祐六年(1246)以后	明州州学	不详	《问梅小稿》	《宝庆四明志》卷二《书板》
咸淳年间(1265—1274)	福建转运司	邵雍	《邵子观物外篇》⑤《邵子观物篇渔樵问对》	《宋版古籍佚存书录》
宋代	建康府	不详	《江行图录》	《景定建康志》卷三三《书版》

① 壬申岁仲春望日坤宁殿题。
② 平江县图书馆藏,国家图书馆藏《续笔》16 卷。
③ 日本静嘉堂文库藏。
④ 日本东洋文库藏。
⑤ 上海图书馆藏。

官刻子部书籍涵盖范围广泛，内容丰富，医药、生产技术、宗教、小说和生产技术类书籍的编定及刊刻是政府职能所在，也与民众生活密切相关，如宗教类书籍具有补充治道、宣扬教化的功能，小说等著作更加贴近社会需求。子部书籍的刊刻推动了知识的普及、医学和生产技术的推广，对社会多个层面都产生了深远的影响。

第二节 集部书籍

《四库全书》集部共五类，包括楚辞类、别集、总集、诗文评、词曲。宋代官刻集部书籍内容繁多，主要涉及对历代文集的汇总刻印，对前人文集的刻印、对宋人文集的刻印、地域性文集的刻印等。对本地文人作品刻板印刷为地方官刻特点之一。通过对文集的刻印，区域历史文化风貌得到较好的保存。

一、总集类书籍刊刻

总集类书籍通常是汇集两人以上文章的合集，内容包括一个朝代或多个朝代的作品，一种体裁或多种体裁的作品。《四库全书总目·总集类序》称："文籍日兴，散无统纪，于是总集作焉。一则网罗放佚，使零章残什，并有所归；一则删汰繁芜，使莠稗咸除，菁华毕出。是固文章之衡鉴，著作之渊薮矣。"① 宋廷对总集类作品的遴选反映出官方价值取向，同时也使不少著作通过刻

① 《四库全书总目》卷186总集类序，中华书局2003年版，第1685页。

印得以存世。

中央政府出版之总集影响力较大的当属《文苑英华》与《文选》。太平兴国七年（982）九月，宋太宗下诏编修《文苑英华》，至雍熙三年（986）十二月编成，全书共一千卷，收入自南朝梁至五代的作家近两千位，作品约两万首。编修完后，二书在仁宗时期又被重新校对并刻印两次。《文苑英华》刻板发行是在景德四年（1007）八月，此次不但对其内容进行了删减，而且整合了目录。而《文选》在刻板后又进行了复校，体现出宋廷对二部书的重视。在三个部门通力合作校对完成后，刻板发行，"诏三馆、秘阁、直馆、校理分校《文苑英华》、李善《文选》，摹印颁行。《文苑英华》以前所编次未精，遂令文臣择古贤文章，重加编录，芟繁补阙换易之，卷数如旧。又令工部侍郎张秉、给事中薛映、龙图阁待制戚纶、陈彭年〔覆〕校之。李善《文选》校勘毕，先令刻板，又命官覆勘"。后皇宫起火，二部书化为灰烬，于是"至天圣中，监三馆书籍之刘崇超上言：'李善《文选》援引该赡，典故分明，欲集国子监官校定净本，送三馆雕印。'从之。天圣七年（1029）十一月板成，又命直讲黄鉴、公孙觉校对焉"①。

至南宋宁宗年间，虽然刻印唐代文集浸多，但"卷帙浩繁，人力难及，其不行于世则宜"，且秘阁前刻本存在"唐讳及本朝讳，存改不定"，"元阙一句或数句，或颇用古语，乃以不知为知，擅自增损，使前代遗文幸存者转增疵类"，于是由周必大主

① 《宋会要辑稿》崇儒 4，天圣七年十一月，第 2231 页。

持对《文苑英华》进行重新校勘与刻印。①

祝尚书根据宋、明目录书统计宋人总集达三百多种②，而实际数量要远多于此。因为很多著作无从证明是否由官方直接或间接参与刻板，所以实际官刻集类数量要远远大于下面集类表格所统计数量。

表 4-10 宋代官刻总集表③

时间	刻印机构	作者	书名	出处
太平兴国八年(983)	国子监	宋太祖等	《国子监赞》《武成庙赞》	《玉海》卷一一二《建隆增修国子监》
景德四年(1004)、天圣七年(1029)	崇文院	李昉等编	《文苑英华》	《宋会要辑稿》崇儒四之三
景德四年(1004)、天圣七年(1029)	崇文院	[唐]李善等注	《文选》	《宋会要辑稿》崇儒四之三
大中祥符四年(1011)	国子监	李昉等编	《文苑英华》	《宋会要辑稿》崇儒四之三
天禧五年(1021)	国子监	[唐]李善等注	《文选》	《宋会要辑稿》职官二八之一
乾兴元年(1022)	应天府	李昉、李至	《二李唱和集》④	《宋版古籍佚存书录》
天圣七年(1029)	崇文院	李昉等编	《文苑英华》	《宋会要辑稿》崇儒四之三
天圣七年(1029)	崇文院	[唐]李善等注	《文选》	《宋会要辑稿》崇儒四之三

① [宋]周必大:《文苑英华跋》,《文苑英华》,中华书局1966年版,第8—9页。

② 祝尚书:《宋人总集叙录》前言,中华书局2004年版,第4页。

③ 集类书籍列表主要参考书籍:《宋人文集编刻流传丛考》《宋人别集叙录》《宋人总集续录》《宋集珍本丛刊提要》《日本藏宋人文集钩沉》《唐集叙录》《中华再造善本总目》。

④ 日本崇兰馆藏北宋刻本。

续表 1

时间	刻印机构	作者	书名	出处
庆历八年(1048)	杭州	[西汉]韩婴	《韩诗外传》	《容斋续笔》卷八《韩婴诗》
嘉祐三年(1058)	江宁府	[后蜀]赵崇祚	《花间集》①	《宋版古籍佚存书录》
元祐八年(1093)	秀州州学	[唐]李善等注	《六臣注文选》	《中国版刻图录》图版 81
政和元年(1111)	明州	[唐]李善等注	《六臣注文选》	《中国版刻图录》图版 81
北宋末，南宋初年补刊	鄂州公使库	[后蜀]赵崇祚	《花间集》②	《书林清话》卷三《公使库本》
南宋初	括苍	沈遘、沈括、沈辽	《沈氏三先生文集》	《宋集珍本丛刊提要》
南宋初	赣州州学	[唐]李善等注	《六臣注文选》	《中国版刻图录》图版 81
绍兴九年(1139)	临安府	姚铉编	《唐文萃》③	《藏园群书经眼录·文粹》
绍兴九年(1139)	临安府	[唐]殷璠编	《河岳英灵集》	《中华再造善本·唐宋编》集部
绍兴九年(1139)	严州	董棻编	《严陵集》	《严陵集》卷首《严陵集序》
绍兴十年(1140)	临安府	[唐]柳宗直	《西汉文类》④	《中国版刻图录》图版 9
绍兴十八年(1148)	建康府	[后蜀]赵崇祚	《花间集》⑤	《中国版刻图录》图版 105
绍兴二十三年(1153)	徽州州学	洪皓	《鄱阳集》	《盘洲文集》卷六三《跋先忠宣公鄱阳集》

① 国家图书馆藏 10 卷。淳熙十一年、十二年鄂州郡斋公文纸印，淳熙十二年后重印本。

② 国家图书馆藏。淳熙十一年、淳熙十二年鄂州公文本。

③ 国家图书馆藏 100 卷。

④ 国家图书馆藏。

⑤ 国家图书馆藏 10 卷。

续表 2

时间	刻印机构	作者	书名	出处
绍兴二十八年(1158)	明州	[唐]李善等注	《文选》①	《宋版古籍佚存书录》
绍兴末年	赣州州学	[唐]李善等注	《文选》	《宋版古籍佚存书录》
淳熙四年(1177)	临安府	江钿编	《新雕圣宋文海》	《宋版古籍佚存书录》
淳熙五年(1178)	蕲州府	[唐]窦常、窦牟、窦群、窦庠、窦巩	《窦氏联珠集》	《直斋书录解题》卷一五《窦氏联珠集》
淳熙六年(1179)	婺州	不著撰人，韩元吉编	《古文苑》②	《天禄琳琅书目后编》卷七
淳熙七年(1180)	四明	不著撰人，赵彦秀重编	《桃花源集》	《宋版古籍佚存书录》
淳熙八年(1181)	池州	苏易简编	《文选双字类要》③	《宋版古籍佚存书录》
淳熙八年(1181)	池州	[唐]李善等注	《文选》④《考异》	《宋版古籍佚存书录》
淳熙十一年(1184)	隆兴府	吕本中编	《江西宗派诗集》	《杨万里集笺校》卷七九《江西宗派诗集序》
淳熙年间(1174—1189)	抚州公使库	王安石编	《唐百家诗选》⑤	《藏园订补郘亭知见传本书目》卷一六《唐百家诗选》

① 国家图书馆藏。

② 国家图书馆藏 9 卷。

③ 上海图书馆藏。

④ 国家图书馆藏 60 卷、《考异》1 卷。台北故宫博物院藏。版面页下注有淳熙十三年重刻、淳熙十四年重刊、淳熙十五年重刊、绍熙三年重刊、开禧元年重刊、开禧二年重刊、景定年间重刊、景定三年刀、景定三年重刊等字样。

⑤ 上海图书馆藏，残 9 卷。

续表 3

时间	刻印机构	作者	书名	出处
淳熙年间(1174—1189)	台州公使库	唐仲友编	《后典丽赋》	《宋版古籍佚存书录》
绍熙元年(1190)	江南东路转运司	[东晋]习凿齿编	《襄阳耆旧集》	《襄阳耆旧集》卷末《襄阳耆旧集跋》
绍熙元年(1190)	襄阳	[东晋]习凿齿编	《襄阳耆旧集》	《襄阳耆旧集》卷末《襄阳耆旧集跋》
绍熙元年(1190)	婺州	洪迈编	《万首唐人绝句》	《宋版古籍佚存书录》
绍熙三年(1192)	池州	苏易简编	《文选双字》	《中国再造善本总目录》
绍熙四年(1193)	桂阳军学	吕祖谦编	《三苏文集》	《东莱标注老泉文集》卷首《题东莱标注老泉文集》
庆元五年(1199)	临江军	孔文仲、孔武仲、孔平仲	《三孔先生清江文集》	《三孔先生清江文集》卷首《三孔先生清江文集序》
嘉泰元年(1201)	醴陵县	不详	《萧台诗》	《萧台诗》卷末《跋萧台诗》
嘉泰元年(1201)	吉州	李昉等编	《文苑英华》	《全宋文》卷六一五六《刊印文苑英华声说》
嘉泰四年(1204)	徽州	吕祖谦编	《皇朝文鉴》①	《中华再造善本总目》
开禧三年(1207)	昆山县	龚昱编	《昆山杂咏》②	《中华再造善本总目》
嘉定元年(1208)	台州州学	林诗蔵编	《天台集》	《全宋文》第 302 册《天台集序》

① 国家图书馆藏 150 卷,序、目录下,卷 1—3、28、48—68、75—77、105—135、142—150 配清张蓉镜抄本。

② 国家图书馆藏 3 卷。

续表 4

时间	刻印机构	作者	书名	出处
嘉定元年(1208)	台州州学	林表民编	《赤城集》	《赤城集》卷首《提要》
嘉定元年(1208)	台州州学	不详	《扬州集》	《淮海集》卷首《扬州集序》
嘉定十五年(1222)	徽州	吕祖谦编	《皇朝文鉴》①	《中华再造善本总目·一编》集部
嘉定十六年(1223)	会稽	洪迈编	《万首唐人绝句》	《宋版古籍佚存书录》
嘉定年间(1208—1224)	安溪印书局	不著撰人	《唐人诗选》	《复斋先生龙图陈公文集》卷五《跋安溪县刊司马温公书议》
绍定五年(1232)	延平	任渊	《黄陈诗集注》	《黄陈诗集注》卷末《黄陈诗集注跋》
端平元年(1234)	徽州	吕祖谦编	《皇朝文鉴》②	《藏园订补郘亭知见传本书目》集部补订
端平三年(1236)	常州军	章樵注	《古文苑注》③	《中华再造善本总目》
淳祐八年(1248)	兴化军	林光朝、陈藻、林亦之	《三先生集》	《明文海》卷四〇〇《宋福清儒林传·林希逸传》
淳祐八年(1248)	台州州学	林诗蒧编，林表民撰	《天台别集》《后集》《别编》《拾遗》《续集》	《全宋文》第302册《天台集序》
咸淳二年(1266)	金华	真德秀编	《续文章正宗》	《南雍志经籍考》卷下《续文章正宗》
南宋	莆田县学	柯东海编	《唐人绝句》	《复斋先生龙图陈公文集》卷五《跋柯东海集唐人绝句》

① 国家图书馆藏。

② 日本静嘉堂文库藏。

③ 国家图书馆藏21卷，端平三年刻、淳祐六年重修本。

续表 5

时间	刻印机构	作者	书名	出处
南宋	嘉定府学	洪偲编	《三洪集》《三洪制稿》	《三洪制稿》卷首《三洪制稿序》
南宋	国子监	[唐]李善等注	《六臣注文选》	《宋版古籍佚存书录》
南宋	严州	[唐]陈子昂、宋之问	《陈宋集》	《宋版古籍佚存书录》
南宋	建康府	真德秀	《西山先生文章正宗》	《景定建康志》卷三三《书版》
南宋	建康府	[后蜀]赵崇祚	《花间集》	《景定建康志》卷三三《书版》
南宋	建康府	不详	《金陵揽古诗》《金陵怀古诗》	《景定建康志》卷三三《书版》
南宋	建康府	[唐]韦述	《集贤注记》	《景定建康志》卷三三《书版》
宋代	福州	姚铉编	大字本《唐文萃》	《诚斋集》卷一〇〇《答福州帅张子仪尚书》

通过上表可以看出，北宋期间中央政府刊刻总集行为较多，对其编选及校勘态度审慎，且集中于《文苑英华》《文选》等部头较大的书籍之上。《文选》在宋代较为流行，与科考诗赋偏好《文选》文章风格相关，所谓“文选烂，秀才半”。尤其北宋年间，朝廷崇尚《文选》，“当时文人专意此书，故草必称‘王孙’，梅必称‘驿使’，月必称‘望舒’，山水必称‘清晖’”①。因而两宋时期《文选》刊刻次数较多，除了中央刊刻外，元祐九年(1094)，秀州州学也对六家注本《文选》进行刊刻；政和元年

① [宋] 陆游：《老学庵笔记》卷 8，中华书局 1997 年版，第 100 页。

(1111）明州刊修《六臣注文选》[1]；淳熙八年（1181）池州刻本；还有南宋赣州州学本。仅安徽池州就在淳熙十三年（1186）至景定三年（1262）八十余年间对《文选》修补和重印达 9 次之多。[2]南宋时期地方政府多编辑和刊刻地域性总集，如台州官方在嘉定年间组织编写并刻印了《天台集》《赤城集》《扬州集》；昆山县于开禧三年（1207）编刻《昆山杂咏》。这些诗集不仅反映了宋人喜好题咏山川名胜，更反映出地方政府通过收集地方文献，宣扬地方文化，增强地方认同感的意识不断增强。同时此类文集的编纂还为地方政府编修方志提供了材料。

二、别集类书籍刊刻

别集为文人著作的个人专集，可分为全集和选集。种类有自编文集和他人编纂两种，编排体例较为灵活。个人文集能较为系统和全面地反映出作者创作全貌，包括了仕途经历，对政治、经济和社会现象的认识等，也能较为客观地反映出作者所处时代的面貌。别集的刻印保存了不少文人的文学成果，为后世学习和研究提供了借鉴。

（一）前朝人文集

宋之前文集传播方式主要是手抄，传播范围有限，因而前朝人文集到宋代时散佚众多。学术传承需要依靠文字，所谓立言而不朽，文传则名传，因而宋人注重对前人作品的整理和刊刻，正

---

① 《中国版刻图录》图版 81。

② 台北故宫博物院藏宋朝递修的池州《文选》，在其修补版面页下注有淳熙十三年重刻、淳熙十四年重刊、淳熙十五年重刊、绍熙三年重刊、开禧元年重刊、开禧二年重刊、景定年间重刊、景定三年刀、景定三年重刊等字样。

所谓“题之板，不如刊之石，刊之石不如墨诸纸……传之久远者，则纸本尚矣”①。官刻刊印前代人作品，为文集的存世做出了贡献。如韩婴作品至宋多散佚，仅存《韩诗外传》十卷，庆历中，“将作监主簿李用章序之，命工刊刻于杭”②。再如庆元六年（1200），华亭县学刻晋代陆云和陆机的集子，合称为《晋二俊文集》。

宋代集类官刻中的一大特色即为对唐人文集的集中整理和刊刻。万曼先生在《唐集叙录》中收录唐人108家，大部分著作在宋代得到刻印。张秀民先生总结唐人文集三百余家，“多有宋人刻本，而以蜀本、杭本为多”③。南宋时陆游称：“唐人诗文，近多刻本，亦多经校雠。”④ 而且在成板后，还不断地进行修改补刻，如绍兴三年至嘉泰三年（1133—1203），平江府刻白居易《长庆集》，“此板在平江公库，岁久漫灭，陈造以意补葺之，遂为嘉本”⑤。宋人在搜集唐人诗文的基础上，进行了选本、汇总和校勘等工作，为唐人诗文集传世做出了不可磨灭的贡献。

官刻前人文集列表如下：

① ［宋］孔延之：《会稽掇英总集》卷首《会稽掇英总集序》，《文渊阁四库全书》，台湾商务印书馆1983年版，第1345册，第3页。

② 《容斋续笔》卷8《韩婴诗》，第313页。

③ 张秀民：《中国印刷史》，浙江古籍出版社2006年版，第85页。

④ 《全宋文》卷4939《跋樊川集》，第51页。

⑤ 《全宋文》卷5759《题长庆集》，第257页。

表 4-11　官刻前人文集表

时间	刻印机构	作者	书名	出处
咸平六年(1003)	益州府	[唐]薛能	《许昌诗集》	《张乖崖集》卷上《许昌诗集序》
景祐四年(1037)	杭州	[唐]白居易	《白氏文集》	《白氏文集》卷首《白氏文集准印牒文》
嘉祐四年(1059)	平江府公使库	[唐]杜甫	《杜工部集》	《杜诗详注》附编《杜工部集后记》
元丰三年(1080)	临川	[唐]李白	《李太白文集》	《李白集校注》附录《李太白文集跋》
元祐八年(1093)	内府	[唐]陆贽	《陆宣公文集》	《四库全书总目提要》卷一五〇《翰苑集》
元祐年间(1086—1093)	曲江县	[唐]张九龄	《曲江集》	《宋版古籍佚存书录》
政和元年(1111)	吴江	[唐]陆龟蒙	《笠泽丛书》	《全宋文》第140册《笠泽丛书跋》
北宋	江州	[唐]白居易	《白氏文集》	《读书敏求记》
北宋年间，南宋补刊	宣州	[唐]李贺	《李贺歌诗编》①《集外诗》	《藏园经书群眼录》卷一二
绍兴二年(1132)	遂宁府	[唐]贾岛	《贾长江集》	《贾长江集》卷首《贾长江集后序》
绍兴三年(1133)	建康府学	[唐]杜甫	《杜工部集》②	《宋版古籍佚存书录》
绍兴三年至嘉泰三年(1133—1203)	平江府公使库	[唐]白居易	《白氏长庆集》③	《全宋文》卷五七五九《题长庆集》

① 台湾“国家图书馆”。

② 上海图书馆藏。

③ 国家图书馆藏。

续表 1

时间	刻印机构	作者	书名	出处
绍兴四年(1134)	柳州	[唐]柳宗元	《柳州旧本河东先生集》	《柳宗元集》附录《柳州旧本河东先生集后序》
绍兴八年(1138)	严州	[唐]刘禹锡	《刘宾客文集》①《外集》	《宋版古籍佚存书录》
绍兴二十八年(1158)	宁国府	[南朝]谢朓	《谢宣城集》	《书林清话》卷三《州学军本》
绍兴二十九年(1159)	袁州	[唐]李德裕	《会昌一品制集》②《别集》《外集》	《宋版古籍佚存书录》
乾道元年(1165)	永州州学	[唐]柳宗元	《唐柳先生文集》《外集》③	《宋版古籍佚存书录》
乾道三年(1167)	饶州	[唐]颜真卿	《颜鲁公集》	《颜鲁公集》卷末《颜鲁公集跋》
乾道三年(1167)	舒州	[唐]柳宗元	《增广注释音辩唐柳先生集》	《书林清话》卷三《州学军本》
乾道四年(1168)	两浙东路安抚使司	[唐]元稹	《元氏长庆集》④	《全宋文》卷五七五九《题长庆集》
乾道六年(1170)	吉州	[唐]杜审言	《杜审言诗集》	《宋版古籍佚存书录》
乾道七年(1171)	平江府学	[唐]韦应物	《韦平江府集》⑤《拾遗》	《全宋文》第200册《钱塘韦先生集跋》
乾道年间(1165—1173)	严州	[唐]皇甫湜	《皇甫持正文集》	《宋版古籍佚存书录》
淳熙八年(1181)	池州	[南朝]萧统	《昭明太子集》	《书林清话》卷三《州军学本》

① 承德避暑山庄藏。

② 上海图书馆藏。

③ 国家图书馆藏《外集》1卷。

④ 日本静嘉堂文库藏。

⑤ 国家图书馆藏递修本10卷,《拾遗》1卷。

续表 2

时间	刻印机构	作者	书名	出处
淳熙八年(1181)	台州公使库	[唐]韩愈	《昌黎先生集》	《宋版古籍佚存书录》
淳熙十三年(1186)	严州州学	[唐]柳宗元	《唐柳先生集》《外集》《附录》	《宋版古籍佚存书录》
淳熙十五年(1188)	严州	[唐]刘禹锡	《刘宾客文集》①《外集》	《宋版古籍佚存书录》
淳熙十六年(1189)	南安军	[唐]韩愈	《昌黎先生集》②	《宋版古籍佚存书录》
绍熙二年(1191)	永州州学	[唐]柳宗元	《唐柳先生文集》③《外集》	《唐柳先生文集》卷首《柳州旧本河东先生集后序》
庆元二年(1196)	邵州	[唐]黄滔	《黄御史集》	《四库全书总目》卷一五一《别集类四》
庆元六年(1200)	华亭县	[西晋]陆云	《陆士龙文集》④	《宋版古籍佚存书录》
庆元六年(1200)	华亭县学	[西晋]陆机	《陆士衡文集》	《宋版古籍佚存书录》
开禧三年(1207)	昆山县学	[唐]李端	《李端司马集》	《古籍版本题记索引》,图版 117
嘉定元年(1208)	永州州学	[唐]柳宗元	《唐柳先生文集》⑤《外集》	《宋版古籍佚存书录》
嘉定元年(1208)	严州州学	[唐]柳宗元	《唐柳先生文集》《外集》	《宋版古籍佚存书录》
嘉定六年(1213)	赣州	[西汉]扬雄	《反离骚》⑥	《宋版古籍佚存书录》

① 日本京都崇兰馆藏大字本。

② 日本静嘉堂文库藏。

③ 国家图书馆藏。此本为乾道元年修补本。

④ 国家图书馆藏 10 卷。

⑤ 日本静嘉堂文库藏。此本为乾道元年、绍熙二年修补本。

⑥ 国家图书馆藏 1 卷。

续表 3

时间	刻印机构	作者	书名	出处
嘉定十三年(1220)	宁国府	[南朝]谢朓	《谢宣城集》①	《宋版古籍佚存书录》
宝庆三年(1227)	南剑州	[唐]韩愈	《昌黎先生文集》《补集》《集传》《遗文》	《全宋文》第 323 册《朱文公校昌黎先生集序》
绍定五年(1232)以后	明州州学	[唐]崔敦礼	《崔宫教文集》	《宝庆四明志》卷二《书板》
淳祐元年(1241)	福州	[东晋]陶渊明	《陶靖节诗注》	《全宋文》第 343 册《陶靖节诗集注序》
咸淳元年(1265)	建宁府	[东晋]陶渊明	《陶靖节诗注》②	《宋版古籍佚存书录》
南宋	南安军	[唐]秦系	《秦隐君集》	《直斋书录解题》卷一九《秦隐君集一卷》
南宋	国子监	[唐]韩愈	《昌黎先生集》《外集》《遗文》	《宋版古籍佚存书录》
南宋	建康府	[唐]杜甫	《杜工部诗》	《景定建康志》卷三三《书版》
南宋	建康府	[唐]寒山子	《寒山子诗》	《景定建康志》卷三三《书版》
宋代	南康军	[东晋]陶渊明	《陶渊明集》③	《宋版古籍佚存书录》
宋代	临安府	[唐]罗隐	《甲乙集》	《宋版古籍佚存书录》
宋代	平江府	[唐]杜甫	《杜工部集》	《宋版古籍佚存书录》
宋代	临安府	[唐]鱼玄机	《鱼玄机诗》	《古籍版本题记索引》,图版 512

① 北京大学图书馆影写宋刻本。

② 国家图书馆藏。

③ 国家图书馆藏。

据上表统计，有明确记载的官刻前人文集共有49次，其中唐人文集就占40次。中央由内府和国子监刊刻2次，地方学校刊刻10次，地方政府组织刊刻37次。地方公使库出资刻印文集多带有营利性质。县级机构刻印行为较少，仅有嘉兴府华亭和平江府昆山两县。两县分别地处浙江和江苏刻印中心，经济较为发达，刊刻资源便利。地方政府刊刻前人文集多是与作者籍贯地或就职地相关，以宣扬地方文化。从刊刻内容看，前人文集对陶渊明作品刊刻次数较多，因其诗歌质朴、品节高尚而受到宋人喜爱。唐人文集中对李白、杜甫、白居易、韩愈、柳宗元等人的诗文集刊刻次数较多，反映了宋人上承唐代遗风、崇尚古文的选取偏好。唐人诗歌创作和诗学风尚对宋人影响极大，北宋中后期，李白、杜甫等人诗歌受到欢迎，尤其是杜甫，至宋代被视为江西诗派之祖。而韩愈、柳宗元的散文注重文以载道，受到欧阳修、苏轼等人推崇，其作品传播广泛，有较大的社会需求，地方政府因而重视并刊刻。

（二）宋人文集

官刻别集类书籍主要集中在宋人文集上。宋代文教兴盛，宋人文集数量蔚为大观，《宋史·艺文志》收录别集1824部、2360卷。据统计，现存宋人别集有800家左右。[①] 张秀民先生认为："宋代自著诗文集约有一千五百种，当时多镂板印行。"[②] 各类文集编集刊印及流行存在不同的情况，由于材料所限，通过官刻书籍出版的具体数目无法统计。

① 祝尚书在《宋人别集叙录》里统计为800家左右，而沈治宏在《现存宋人别集版本目录》统计为740种。

② 张秀民：《中国印刷史》，浙江古籍出版社2006年版，第117页。

文集刊行可分为四类。第一类为作者亲自编写，如范成大“日夜手编其诗文，数年成集，凡若干卷”①。由于作者注重对著述收录保存，并将作品视为个人成就，在内容选取上往往经过反复考量删减，质量精良。韩元吉自编诗集时，反复筛选，“予时所作歌词，间亦为人传道，有未免于俗者，取而焚之”②，因而此类文集收录诗文真伪性基本无须怀疑。但宋人自编文集多非全集，而且许多宋人的作品在生前并未被编集。

第二类为作者逝世后，由后人、兄弟、姻亲、门生、朋友等编辑，在内容选取上多是求全。宋代士人多注重诗礼传家，作者文集被后人整理，请名人作序，并被刊刻发行，被视为对作者的肯定，也被视为一种孝的行为。文集多由作者或是家族保存，后人刊刻也多以家集为底本，部分文集由自己家族出资刊刻。如果文集仅在家族内收藏，秘不刊刻发行反而不利于文集保存，江邈便“窃笑文人之裔，秘其家集，为私淑之计，一遭变故，己亦不能有之，或覆见有于人，甚者灰于劫火，靡有孑遗。卒之，其先无传焉”③。门人也多将老师作品刊行，如魏衍编老师陈师道的《后山居士文集》。④ 一是对师长学识和人格的尊重，宣扬秉承师门志向；二可将门派思想学术广泛传播，扩大影响力。作者的后人及门生等担任地方官员后，有了一定的财政支配权，便于解决

① 《诚斋集》卷 83《石湖先生大资参政范公文集序》，《文渊阁四库全书》，台湾商务印书馆 1983 年版，第 1159 册，第 580 页。

② ［宋］韩元吉：《南涧甲乙稿》卷 14《焦尾集序》，《文渊阁四库全书》，台湾商务印书馆 1983 年版，第 1165 册，第 200 页。

③ 《全宋文》卷 3879《文庄集序》，第 231 页。

④ ［宋］魏衍：《彭城陈先生集记》，《后山诗注补笺》卷首，中华书局 1995 年版，第 3 页。

刊刻费用，多将作者文集付诸刊刻，如陆游之子陆子遹在溧阳任上刊刻其《渭南文集》。

第三类是由地方政府主持或是学校编辑刻印，出于丰富地方文献、推行教化、宣扬地方影响力或是售卖获利等目的。陆游曾评价“近世士大夫所至，喜刻书板”①，概括了南宋时期文集刊刻的盛况。刊刻内容多为当地乡贤或是曾来此地任职的名宦作品，或是用公帑刊刻家集，如绍兴十年（1140）宣州刻梅尧臣《宛陵集》；嘉定元年（1208），台州刻《天台集》《赤城集》《扬州集》②等。由于刊刻前期资金投入较大，一般文人自身经济能力不足，因而文集刊刻大多是用官府资金，通过各类官刻机构刻印出来的。③

第四类是坊间为逐利编刻，存在内容质量不一的现象。此外，也有与作家非亲非故，但敬佩其人品学问而为其编刻。

文集是著述之人心志及思想感情的外现，宋人好古文，提倡文以载道，所谓“君子居其位思死其官，得位思修其辞以明其道”④。古文运动的兴起，宋学的蓬勃发展，使得宋代文集蔚为大观，不少文集作者在世之时便得到编排和刻印。宋代传世文集诸多，很大程度上得益于刻板印刷的传播效能，刊刻传播有利于文集的保存，这种认识在宋代已成为共识。官刻在传播和保存文集

---

① 《渭南文集》卷 26《跋历代陵名》，第 159 页。

② ［宋］秦观：《扬州集序》，《淮海集》，上海古籍出版社 1994 年版，第 1259 页。

③ 朱迎平：《宋人文集刻印的经济考察》，《上海商学院学报》2010 年第 5 期，第 93 页。

④ ［唐］韩愈撰，［宋］朱熹注：《朱文公校昌黎先生文集》卷 14《争臣论》，《四部丛刊初编》。

上发挥了极大作用。宋廷重视对文集出版的管理，“古今文集可以垂范，欲雕印者，委本路转运使选部内文士看详，可者即印本以闻”①，以路级机构专门委托文士审核文集，鼓励合乎中央主流思想的文集印刷。官刻文集与私刻文集相较更具有权威性，尤其是中央刊刻，其内容必须符合官方思想，形式合乎规范，是谓“教化为主，典训是师，无尚空言，当遵体要”②。北宋真宗年间，真宗下诏“自今有属词浮靡、不遵典式者，当加严谴。其雕印文集，令转运使择部内官看详，以可者录奏”③。南宋时，在孝宗准备取临安书坊刊刻《圣宋文海》时，吕祖谦认为其殊无伦理，在书坊刊刻尚可，一旦由中央刊行，事体则重，有必要“委馆阁别加诠次”，才能成一代之书。此观点也得到孝宗认同，可见宋廷已经认识到文集的刊刻是思想传播及文化传承的重要手段，而选择文集刊刻代表着官方对著者思想的认可，因而必须审慎。

文集在内容选择上还表现出文统时间上的延续性。南渡之后，需要有标志性人物继承北宋及之前的文统，永嘉学派吴子良认为“唐之文以韩柳倡，接之者习之，持正其徒也。宋东都之文，以欧、苏、曾倡，接之者无咎、无已、文潜其徒也。宋南渡之文，以吕、叶倡，接之者寿老其徒也”④。而文统的延续则有必要对文集进行刻印以广泛传播，因而吴子良在担任江西转运判官

---

① 《全宋文》卷235《诫约属辞浮艳令欲雕印文集转运使选文士看详诏》，第415页。

② 《全宋文》卷235《诫约属辞浮艳令欲雕印文集转运使选文士看详诏》，第415页。

③ 《长编》卷71，大中祥符二年正月己巳，第1589页。

④ ［宋］吴子良：《筼窗集续集序》，《筼窗集》卷首，《文渊阁四库全书》，台湾商务印书馆1983年版，第1177册，第4页。

期间，将叶适弟子陈耆卿的文集付诸刻印。[①]

表 4-12　官刻宋人文集表

时间	刻印机构	作者	书名	出处
景祐年间(1034—1038)	河阳军州	寇凖	《寇忠愍公诗集》	《四库全书总目提要》卷一五二《寇忠愍公诗集》
宣和四年(1122)	吉州公使库	欧阳修	《六一居士集》《续刻》	《天禄琳琅书目》卷三引《居士集》
宣和五年(1123)	道州	欧阳修	《六一居士集》《续刻》	《天禄琳琅书目》卷三引《居士集》
宣和五年(1123)	淮安军	寇凖	《寇莱公诗集》	《全宋文》第 156 册《新开寇公诗集序》
建炎二年(1128)	洪州	黄庭坚	《豫章黄先生退听堂录》	《豫章黄先生退听堂录》《豫章黄先生退听堂录序》
绍兴元年(1131)	两浙路转运司	沈与求	《龟溪集》	《宋版古籍佚存书录》
绍兴二年(1132)	福建提点刑狱司	司马光	《温国文正司马公文集》	《铁琴铜剑楼藏书目录》卷二〇
绍兴四年(1134)	两浙东路提刑司	胡仔	《苕溪渔隐丛话前集》《后集》	《宋版古籍佚存书录》
绍兴七年(1137)	福建路转运司	庄绰	《鸡肋编》	《全宋文》第 185 册《鸡肋集跋》
绍兴十年(1140)	抚州	王安石	《临川集》	《临川先生文集》卷首《绍兴重刊临川文集序》
绍兴十年(1140)	宁国府	梅尧臣	《宛陵先生文集》	《日本藏宋人文集钩沉》卷一《宋人别集》

① 《筼窗集续集序》，《筼窗集》卷首，《文渊阁四库全书》，第 1177 册，第 4 页。

续表 1

时间	刻印机构	作者	书名	出处
绍兴十年(1140)	宁国府	梅尧臣	《梅圣俞诗集》	《书林清话》卷三《州学军本》
绍兴十年(1140)	鄂州	夏竦	《文庄集》	《全宋文》第 177 册《文庄集序》
绍兴十二年(1142)	吉州	陈去非	《陈去非诗集》	《全宋文》第 142 册《陈去非诗集序》
绍兴十二年(1142)	吴兴	胡穉	《增广笺注简斋诗集》	《宋集序跋汇编・陈去非诗集序》
绍兴十三年(1143)	建昌	吕南公	《灌园集》	《灌园集》卷首《灌园集序》
绍兴十三年(1143)	无为军	杨杰	《无为集》①	《宋集序跋汇编・无为集序》
绍兴十七年(1147)	婺州州学	苏洵	《嘉祐新集》	《铁琴铜剑楼藏书目录》卷二〇《嘉祐新集》
绍兴十七年(1147)	黄州	王禹偁	《小畜集》②	《铁琴铜剑楼藏书目录》卷二〇《王黄州小畜集》
绍兴十九年(1149)	平江府	徐铉	《骑省集》	《宋版古籍佚存书录》
绍兴十九年(1149)	明州公使库	徐铉	《骑省徐公集》③	《徐公文集》卷首《明州重刊徐骑省文集后序》

① 国家图书馆藏递修本 15 卷。

② 日本静嘉堂文库藏，国家图书馆藏递修本，卷 1—11、17、25—30 配清吕氏吾研斋抄本。

③ 日本大仓文化财团藏。

续表 2

时间	刻印机构	作者	书名	出处
绍兴二十一年(1151)	惠州军	唐庚	《唐先生文集》	《宋集珍本丛刊提要》第 31 册《唐先生文集》
绍兴二十一年(1151)	两浙西路转运司	王安石	《临川先生文集》①	《宋集序跋汇编》第二册
绍兴二十一年(1151)	抚州	谢逸	《溪堂集》	《溪堂集》卷末《提识》
绍兴二十二年(1152)	抚州州学	谢迈	《谢幼槃文集》②	《抚州府志》卷五七《文苑》
绍兴二十九年(1159)	饶州	唐庚	《唐先生文集》	《宋集珍本丛刊提要》第 31 册《唐先生文集》
绍兴三十年(1160)	袁州州学	卢肇	《文标集》	《书林清话》卷三《郡学本》
绍兴三十一年(1161)	赣州	陈襄	《古灵先生文集》	《铁琴铜剑楼藏书目录》卷二十《古灵先生文集》
绍兴三十二年至淳熙三年(1162—1176)	洪州州学	汪应辰	《少陵诗集正异》	《文定集》卷十《书少陵诗集正异》
绍兴年间(1131—1162)	信州	王令	《广陵集》	《直斋书录解题》卷一七《广陵集》
绍兴年间(1131—1162)、隆兴元年(1163)、淳熙十三年(1186)	真州	葛胜仲	《丹阳集》	《丹阳集》卷二三《原跋两首》

① 湖南图书馆、江西省图书馆、广东省立中山图书馆藏。

② 上海博物馆藏。

续表 3

时间	刻印机构	作者	书名	出处
绍兴年间(1131—1162)	建康府学	郭祥正	《青山集》①	《宋版古籍佚存书录》
绍兴年间(1131—1162)	安庆府	王安石	《王文公文集》②	《藏园群书经眼录》《王文公文集》
绍兴三十二年至隆兴二年(1162—1164)	福州	杨时	《文靖集》	《宋元学案》卷二五《龟山学案》
隆兴元年(1163)	真州仪真	葛胜仲	《丹阳集》	《丹阳集》卷二三《原跋两首》
隆兴元年(1163)	扬州	欧阳修	《六一居士集》《续刻》	《苏轼文集》卷十《六一居士集叙》
隆兴元年(1163)	道州	寇準	《寇忠愍公诗集》	《皕宋楼藏书志》卷七二《寇忠愍公诗集》
隆兴二年(1164)	建昌军	郑侠	《西塘先生文集》	《全宋文》第 220 册《西塘集题识》
乾道末	有司	苏轼撰,赵夔注	《注东坡诗集》	《庚溪诗话》卷上,《历代诗话续编》
乾道二年(1166)	襄阳	周紫芝	《太仓稊米集》	《太仓稊米集》卷一六《太仓稊米集跋》
乾道二年(1166)	宁国府学	廖刚	《高峰集》	《书林清话》卷三《郡学本》
乾道二年(1166)	建昌军学	黄裳	《演山先生文集》	《演山先生文集》卷末《演山先生文集跋》
乾道二年(1166)	平江府	吕本中	《东莱先生诗集》③	《宋集珍本丛刊提要》第 38 册《东莱先生诗集》

① 国家图书馆藏 30 卷。

② 上海博物馆藏公文纸印残本 72 卷。

③ 日本内阁文库藏。

续表 4

时间	刻印机构	作者	书名	出处
乾道三年(1167)	饶州	范仲淹	《范文正公文集》	《范文正公别集》卷四《范文正公集跋》
乾道三年(1167)	江州	郑侠	《西塘先生文集》	《全宋文》第220册《西塘集题识》
乾道三年(1167)	太平州学	李之仪	《姑溪集》	《宋集序跋汇编》
乾道三年(1167)	汀州州学	晁说之	《嵩山景迂生文集》	《宋集序跋汇编》
乾道三年(1167)	两浙东路	胡仔	《苕溪渔隐丛话后集》①	《宋版古籍佚存书录》
乾道四年(1168)	汀州州学	韦骧	《钱塘韦先生集》②	《全宋文》第200册《钱塘韦先生集跋》
乾道四年(1168)	泉州州学	蔡襄	《蔡忠惠集》	《蔡忠惠集》卷首《蔡忠惠集序》
乾道五年(1169)	兴化军学	蔡襄	《端明文集》	《全宋文》第208册《端明文集序》
乾道七年(1171)	邵武军学	廖刚	《高峰文集》	《高峰文集》卷首《高峰文集序》
乾道九年(1173)	临安府	吕颐浩	《吕忠穆集》	《吕忠穆集》卷末《谢表》
乾道九年(1173)	高邮军学	秦观	《淮海集》③《淮海居士长短句》《淮海后集》	《日本藏宋人文集钩沉·宋人别集》
乾道九年(1173)	吴兴	程俱	《北山小集》④	《北山小集》卷末《北山小集跋》
乾道九年(1173)	婺州	欧阳修	《欧阳先生文粹》⑤	《宋版古籍佚存书录》

① 北京大学图书馆藏。

② 日本静嘉堂文库藏。

③ 北京大学图书馆藏，国家图书馆藏40卷、《长短句》3卷、《后集》6卷。

④ 国家图书馆藏清道光七年张蓉镜影写宋钞本。

⑤ 南京图书馆藏公文纸印本。

续表 5

时间	刻印机构	作者	书名	出处
乾道年间(1165—1173)	泉州市舶司	苏轼撰，王十朋纂	《王状元集百家注分类东坡先生诗》①	《宋版古籍佚存书录》
乾道年间(1165—1173)	太平州学	李之仪	《姑溪居士前集》《后集》	《四库简明目录标注·附录》
淳熙元年(1174)	福州	郑侠	《西塘先生文集》	《善本书室藏书志》卷二八
淳熙二年(1175)	抚州军州	谢幼槃	《谢幼槃集》	《书林清话》卷三《州军学本》
淳熙三年(1176)	静江府	范仲淹	《范文正公尺牍》	《四部丛刊》初编卷下《范文正公尺牍》
淳熙三年(1176)	蕲州州学	王蘋	《王著作集》	《王著作集》卷首《王著作集序》
淳熙三年(1176)	泉州州学	沈与求	《龟溪集》	《宋版古籍佚存书录》
淳熙三年(1176)	德安府	郑獬	《郧溪集》	《宋版古籍佚存书录》
淳熙三年(1176)	成都府	范成大	《西征小集》	《西征小集》卷首《西征小集序》
淳熙五年(1178)	处州	刘安世	《尽言集》	《尽言集》卷末《跋尽言集》
淳熙六年(1179)	抚州	葛主方	《韵语阳秋》	《天禄琳琅书目后编》卷七《韵语阳秋》
淳熙六年(1179)	淮安军公使库	程颢、程颐	《程氏文集》	《宋版古籍佚存书录》
淳熙六年(1179)	筠州公使库	苏辙	《栾城集》	《天禄琳琅书目》卷三《栾城集》
淳熙六年(1179)	筠州公使库	苏籀	《双溪集》	《双溪集》卷末《双溪集后跋》
淳熙七年(1180)	建康府	周邦彦	《片玉词》	《片玉词·片玉词序》

① 国家图书馆藏。

续表 6

时间	刻印机构	作者	书名	出处
淳熙七年(1180)	溧水县	周邦彦	《清真词》	《宋版古籍佚存书录》
淳熙九年(1182)	信州公使库	李复	《潏水集》	《潏水集》卷末《书潏水集后》
淳熙九年(1182)	江西转运司	张方平	《乐全先生文集》①《玉堂集》	《郡斋读书志附志》卷下《乐全先生文集》
淳熙十年(1183)	饶州州学	李复	《潏水集》	《潏水集》卷末《书潏水集后》
淳熙十年(1183)	襄阳	周紫芝	《太仓稊米集》	《宋版古籍佚存书录》
淳熙十年(1183)	泉州公使库	司马光	《司马太师温国文正公传家集》	《宋人别集叙录》卷七
淳熙十三年(1186)	德安府学	郑獬	《郧溪集》	《宋元明清书目题跋丛刊》卷七四《皕宋楼藏书志》
淳熙十三年(1186)	德安府	吕陶	《净德集》	《宋版古籍佚存书录》
淳熙十三年(1186)	太平州	苏颂	《苏魏公文集》	《全宋文》第 230 册《苏魏公集后序》
淳熙十三年(1186)	真州仪真	葛胜仲	《丹阳集》	《丹阳集》卷二三《原跋两首》
淳熙十三年(1186)	象州州学	慕容彦逢	《摘文堂集》	《书林清话》卷三《宋司库州军郡府县书院刻书》
淳熙十四年(1187)	饶州州学	范仲淹	《范文正公文集》	《范文正公别集》卷四《范文正公集跋》
淳熙十四年(1187)	江西转运司	赵彦端	《介庵居士集》	《宋版古籍佚存书录》

① 国家图书馆藏残 18 卷，17—34 卷。

续表 7

时间	刻印机构	作者	书名	出处
淳熙十四年(1187)	严州	陆游	《新刊剑南诗稿》①	《剑南诗稿校注》卷首《剑南诗稿序》
淳熙十四年(1187)	宁国府	曹冠	《燕喜词》	《燕喜词》卷首《燕喜词序》
淳熙十五年(1188)	吉州	王庭珪	《卢溪先生文集》	《全宋文》卷五三二《卢溪先生文集序》
淳熙十五年(1188)	临川	黄度	《知稼翁词》	《宋版古籍佚存书录》
淳熙十六年(1189)之前	嘉兴	毛滂	《东堂集》	《江湖长翁集》卷三一《题东堂集》
淳熙年间(1174—1189)	永州	穆修	《穆参军集》	《直斋书录解题》卷一七《穆参军集》
淳熙年间(1174—1189)	抚州公使库	李壁	《王荆公诗注》	《王荆公诗注》卷首《王荆公诗注序》
绍熙二年(1191)	池州州学	张纲	《华阳集》	《宋集珍本丛刊提要》第37册《华阳集》
绍熙二年(1191)	浙西转运司	沈与求	《沈忠敏公龟溪集》	《书林清话》卷三《州军学本》
绍熙三年(1192)	高邮军学	秦观	《淮海集》《淮海居士长短句》《淮海后集》	《日本藏宋人文集钩沉》
绍熙三年(1192)	浙西转运司	林逋	《林和靖先生诗集》	《林和靖先生诗集》卷末《名贤题跋·题记》
绍熙三年(1192)	邵州	贺铸	《庆湖遗老诗集》《拾遗》《后集补遗》	《庆湖遗老诗集·庆湖遗老诗集补遗序》
绍熙四年(1193)	桂阳军	苏洵撰,吕祖谦注	《东莱标注老泉先生文集》②	《东莱标注老泉先生文集》卷首《东莱标注老泉先生文集序》

① 国家图书馆藏残 10 卷,1—4、8—10、14—16 卷。

② 国家图书馆藏 12 卷。

续表 8

时间	刻印机构	作者	书名	出处
绍熙五年(1194)	当涂县	周渭	《弹冠必用集》	《书林清话》卷三《县斋本》
孝宗年间(1127—1194)	两浙转运司	吕颐浩	《家传》《遗事》《吕忠穆文集》	《忠穆集》卷八《谢表》
孝宗年间(1127—1194)	江西转运司或吉州	蔡襄	《莆阳居士蔡公文集》	《宋版古籍佚存书录》
绍熙至庆元年间(约 1193—1199)	南安军	方崧卿	《韩集举正》	《昌黎先生集考·书韩文考前》
庆元初年	福州	罗从彦	《尊尧录》	《蒲城詹氏族谱》卷一五《元善公初刻罗从彦先生〈尊尧录〉序》
庆元二年(1196)	邵州	黄公度	《知稼翁集》	《知稼翁词》卷末《题记》
庆元二年(1196)	吉州州学	王震	《元丰怀遇集》	《元丰怀遇集·元丰怀遇集后序》
庆元二年(1196)	平江府	吕本中	《紫薇集》	《宋版古籍佚存书录》
庆元三年(1197)	汀州	陈襄	《古灵先生文集》	《古灵先生文集》卷末《古灵先生文集跋》
庆元五年(1199)	兴国军	孙觌	《鸿庆居士集》	《鸿庆居士集》卷首《鸿庆居士集后序》
庆元五年(1199)	隆兴府学	京镗	《松坡居士乐府》	《松坡居士乐府》卷末《松坡居士乐府跋》
庆元五年(1199)	池州州学	胡铨	《忠简先生文选》	《书林清话》卷三《郡府学本》

续表 9

时间	刻印机构	作者	书名	出处
庆元五年(1199)	江西	吕本中	《东莱先生诗集》①《外集》	《直斋书录解题》卷二〇《东莱先生诗集》
庆元六年(1200)	罗田县学	吴仁杰	《离骚草木疏》②	《中华再造善本总目·唐宋编》集部
庆元六年(1200)	明州	陈舜俞	《都官集》	《直斋书录解题》卷一七《都官集》
庆元六年(1200)	明州	周邦彦	《清真先生集》	《宋版古籍佚存书录》
庆元中	福建	王十朋	《梅溪续集》	《西山文集》卷三四《梅溪续集序》
嘉泰元年(1201)	潮州	赵鼎	《忠正德文集》	《周文忠公集》卷五四《忠正德文集序》
嘉泰元年(1201)	隆兴府	张孝祥	《于湖居士文集》	《于湖居士文集》卷首《于湖居士文集序》
嘉泰二年(1202)	淮南东路提举常平司	苏轼撰，施元之注	《注东坡先生诗》	《渭南文集》卷一五《施司谏注东坡先生诗序》
嘉泰三年(1203)	建康	叶梦得	《石林居士建康集》	《宋版古籍佚存书录》
嘉泰三年(1203)	豫章	刘弇	《龙云先生文集》	《全宋文》卷五一二〇《龙云先生文集序》
嘉泰年间(1201—1204)	明州州学	周邦彦	《清真集》	《宋版古籍佚存书录》
开禧元年(1205)	建昌	曾巩	《元丰类稿》《南丰曾子固先生集》	《直斋书录解题》卷一七《南丰曾子固先生集》

① 国家图书馆藏残 6 卷、外集全。

② 国家图书馆藏 4 卷。

续表 10

时间	刻印机构	作者	书名	出处
开禧三年(1207)	筠州	苏辙	《栾城集》	《日本藏宋人文集钩沉》
嘉定元年(1208)	信州	黄庭坚	《豫章先生遗文》	《宋集珍本丛刊提要》第 26 册《豫章先生遗文》
嘉定元年(1208)	瑞安府	陈傅良	《止斋集》	《宋版古籍佚存书录》
嘉定二年(1209)	福建路提举市舶司	李纲	《梁溪集》《附录》	《宋集珍本丛刊提要》第 33 册《梁溪集》
嘉定二年(1209)	安州	宋庠	《元宪集》	《元宪集》卷首《元宪集序》
嘉定二年(1209)	安州	宋祁	《景文集》①	《宋版古籍佚存书录》
嘉定二年(1209)	两浙西路转运司	黄庶	《青社黄先生伐檀集》	《宋版古籍佚存书录》
嘉定三年(1210)	严州	陆游	《剑南诗续稿》	《剑南诗稿校注》卷首《剑南诗稿序》
嘉定三年(1210)	鄂州	张咏	《乖崖先生文集》《附录》	《张乖崖集》卷首《乖崖先生文集序》
嘉定三年(1210)	泉州	李纲	《梁溪先生集》《附录》	《全宋文》卷六九七六《梁溪先生文集跋》
嘉定三年(1210)	建康府	郑侠	《西塘先生文集》	《善本书室藏书志》卷二八
嘉定四年(1211)	赣州	朱熹集注	《楚辞集注》②《楚辞辩证》	《宋版古籍佚存书录》
嘉定四年(1211)	安庆军	朱熹	《楚辞辩证》	《全宋文》第 282 册《楚辞辩证跋》

① 日本帝室图书馆藏。

② 国家图书馆藏。

续表 11

时间	刻印机构	作者	书名	出处
嘉定五年(1212)	永州州学	范纯仁	《范忠宣公文集》	《范忠宣集》卷末《范忠宣集跋》
嘉定五年(1212)	台州州学	范纯仁	《范忠宣公文集》	《宋版古籍佚存书录》
嘉定五年(1212)	饶州	范仲淹	《范文正公文集》	《宋版古籍佚存书录》
嘉定五年(1212)	江西提举常平司	陆九渊	《象山先生集》	《象山集》卷首《象山先生文集序》
嘉定五年(1212)	瑞安府	陈傅良	《止斋先生文集》	《止斋先生文集》卷首《止斋先生文集序》
嘉定六年(1213)	赣州	朱熹集注	《楚辞集注》①《楚辞辩证》	《宋版古籍佚存书录》
嘉定六年(1213)	延平	罗从彦	《尊尧录》	《直斋书录解题》卷五《尊尧录》
嘉定六年(1213)	邵武军	李纲	《梁溪文集》②	《宋集序跋汇编·刊梁溪文集跋》
嘉定七年(1214)	婺州州学	陈亮	《龙川先生文集》	《水心文集》卷二九《书龙川集后》
嘉定八年(1215)	六峰县	刘昌诗	《芦浦笔记》	《芦浦笔记》卷末《跋》
嘉定十三年(1220)	江州	陆游	《剑南诗稿》	《剑南诗稿校注》卷首《剑南诗稿序》
嘉定十三年(1220)	溧阳县	陆游	《渭南文集》③	《古籍宋元刊工姓名索引》
嘉定十四年(1221)	道州	周敦颐	《濂溪先生大成集》	《宋集珍本丛刊提要》第8册《元公周先生濂溪集》

① 国家图书馆藏8卷、《辩证》2卷,卷1—2配清影宋抄本。

② 上海图书馆藏。

③ 国家图书馆藏残46卷,1—2、5—10、13—50卷。

续表 12

时间	刻印机构	作者	书名	出处
嘉定十四年(1221)	镇江府	宗泽	《宗忠简集》	《宗忠简集》卷首《宗忠简集原序》
嘉定十六年(1223)	宁国府	梅尧臣	《宛陵先生文集》	《日本藏宋人文集钩沉》卷一《宋人别集》
嘉定十六年(1223)	泉州公使库	司马光	《司马太师温国文正公传家集》	《宋人别集叙录》卷七
嘉定十七年(1224)	抚州	欧阳澈	《飘然集》	《直斋书录解题》卷一八《飘然集》
嘉定十七年(1224)	宁国府	梅尧臣	《宛陵先生文集》①	《藏园群书题记初集》卷五《宋本宛陵先生集跋》
嘉定十七年(1224)	武冈军学	司马光	《温国文正司马公文集》	《宋版古籍佚存书录》
嘉定年间(1208—1224)	安溪印书局	刘克庄	《后村先生江西诗选》	《嘉靖安溪县志》卷八《古迹》
嘉定年间(1208—1224)	邵阳	史弥宁	《友林诗稿》	《四库全书总目提要》卷一六三《友林诗稿》
嘉定年间(1208—1224)	潼川府	范仲淹	《范文正公文集》	《范文正公别集》卷四《范文正公集跋》
嘉定年间(1208—1224)	温州	刘安节	《刘左史文集》	《宋集珍本丛刊提要》第 31 册《刘左史文集》
嘉定年间(1208—1224)	信州	李复	《潏水集》	《宋版古籍佚存书录》
宝庆元年(1225)	广南东路转运司	郭知达编	《新刊校订集注杜诗》②	《宋版古籍佚存书录》

① 日本内野王朗家藏。

② 日本静嘉堂文库藏。

续表 13

时间	刻印机构	作者	书名	出处
宝庆元年(1225)	南海转运司	郭知达编	《九家集注杜诗》	《全宋文》卷六八八二《九家集注杜诗序》
宝庆二年(1226)	严州	石介	《徂徕集》	《直斋书录解题》卷一七《徂徕集》
宝庆二年(1226)	福州州学	徐恢	《月台玉雪诗》	《月台玉雪诗》卷首《月台玉雪诗序》
宝庆二年(1226)	抚州	薛季宣	《艮斋先生薛常州浪语集》①	《宋版古籍佚存书录》
宝庆三年(1227)	瑞州州学	江公望	《钓台江公文集》	《钓台江公文集》卷首《钓台江公文集序》
宝庆三年(1227)	池州	朱熹注	《朱文公校昌黎先生文集》②《外集》《集传》《遗文》	《宋版古籍佚存书录》
绍定元年(1228)	严州	魏野	《钜鹿东观集》③	《宋集珍本丛刊提要》第 2 册《钜鹿东观集》
绍定元年(1228)	严州	潘阆	《逍遥集》	《宋版古籍佚存书录》
绍定元年(1228)	严州	杨朴	《东里杨聘君集》	《直斋书录题解》卷二〇《东里杨聘君集》
绍定元年(1228)	严州	陆佃	《陶山集》	《景定新安续志》卷四《书籍》
绍定二年(1229)	武冈军	虞俦	《尊白堂集》	《尊白堂集》卷首《尊白堂集序》

① 国家图书馆藏。
② 广东省博物馆藏。
③ 国家图书馆藏 10 卷，卷 4—6 配明抄本。

续表 14

时间	刻印机构	作者	书名	出处
绍定五年(1232)	邵武军	李纲	《梁溪文集》	《宋集序跋汇编》
绍定五年(1232)	南剑州	黄庭坚	《山谷诗集注》	《宋版古籍佚存书录》
绍定五年(1232)	永州	卫泾	《后乐集》	《宋版古籍佚存书录》
绍定五年(1232)以后	明州州学	崔敦礼	《崔宫教文集》	《宝庆四明志》卷二《书板》
绍定六年(1233)	临江军学	朱熹考异	《朱文公校昌黎先生集》①《外集》《遗文》	《宋版古籍佚存书录》
绍定六年(1233)	瑞安府	钱文子	《白石诗传》《诗训诂》	《宋版古籍佚存书录》
端平二年(1235)	吉州	杨万里	《诚斋集》	《日本藏宋人文集钩沉》
端平三年(1236)	夔州	戴复古	《石屏诗集》	《石屏诗集》卷末《石屏诗集跋》
淳祐三年(1243)	博罗县	王阮	《义丰集》②	《后村先生大全集》卷九四《王南卿集序》
淳祐四年(1244)	海陵	陈耆卿	《筼窗初集》	《筼窗集》卷首《筼窗集续集序》
淳祐四年(1244)	豫章	陈耆卿	《筼窗续集》	《筼窗集》卷首《筼窗集续集序》
淳祐五年(1245)	建宁府建安书院	朱熹	《晦庵先生朱文公文集》③	《皕宋楼藏书志》
淳祐九年(1249)	兴化军	刘克庄	《后村居士集》	《后村先生大全集》卷首《后村先生大全集序》

① 辽宁省图书馆存 50 卷。

② 国家图书馆藏 1 卷。

③ 台北故宫博物院藏残卷。

续表 15

时间	刻印机构	作者	书名	出处
淳祐十年(1250)	饶州	林光朝	《艾轩集》	《全宋文》卷七七三二《鄱阳刊艾轩集序》
淳祐十年(1250)	淮南东路转运司	徐积	《徐积节先生文集》	《书林清话》卷三《宋司库州军郡府县书院刻书》
淳祐十年(1250)	饶州州学	蔡沈	《朱文公订正门人蔡九峰书集传》①《问答》	《中华再造善本总目》
淳祐十年(1250)	福建路提点刑狱司	史容注	《山谷外集诗注》②	《宋版古籍佚存书录》
淳祐十年(1250)	吉州州学	苏轼	《东坡先生别集》	《宋版古籍佚存书录》
宝祐四年(1256)以前	福州州学	王蘋	《王著作文集》	《全宋文》第351册《王著作文集序》
宝祐四年(1256)	平江府	王蘋	《王著作文集》	《全宋文》第351册《王著作文集序》
开庆元年(1259)	成都府提点刑狱司	魏了翁	《重校鹤山先生大全文集》	《中华再造善本》一期目录编号390
景定元年(1260)	衢州	赵抃	《赵清献公文集》	《宋集珍本丛刊提要》第6册《赵清献公文集》
景定二年(1261)	兴化军	徐元杰	《梅野集》	《四库全书总目》卷一六四《梅野集》
景定二年(1261)	南剑州学	杨时	《文靖集》	《铁琴铜剑楼藏书目录》卷二一《龟山杨文靖公集三十五卷》

① 国家图书馆藏。

② 上海图书馆存明覆刻淳祐刊本。

续表 16

时间	刻印机构	作者	书名	出处
景定三年(1262)	淮南东路提举常平司	苏轼撰，施元之注	《注东坡先生诗》①	《渭南文集》卷一五《施司谏注东坡先生诗序》
景定末年	淮安州学	徐积	《徐积节先生文集》	《宋集珍本丛刊》第15册《节孝先生文集》
理宗时期(1224—1264)	潼川府	范祖禹	《太史范公文集》	《宋集珍本丛刊提要》第24册《太史范公文集》
咸淳元年(1265)	建宁府建安书院	朱熹	《晦庵先生朱文公别集》②	《皕宋楼藏书志》
咸淳二年(1266)	嘉兴府学	郭祥正	《青山集》③	《宋版古籍佚存书录》
咸淳三年(1267)	湘阴县	朱熹	《楚辞集注》	《宋版古籍佚存书录》
咸淳五年(1269)	崇阳县	张咏	《乖崖先生文集》④	《张乖崖集》卷首《乖崖先生文集序》
咸淳五年(1269)	兴化军学	刘克庄	《后村先生大全集》	《全宋文》第335册《后村先生大全集序》
南宋	蕲州	司马光	《增广司马温公全集》	《山西大学学报》1991年第4期《司马光集版本渊源考》⑤

① 上海图书馆藏。

② 台北故宫博物院藏残卷。

③ 国家图书馆藏。

④ 国家图书馆藏。

⑤ 李豫：《司马光集版本渊源考》，《山西大学学报》1991年第4期。

续表 17

时间	刻印机构	作者	书名	出处
南宋	国子监	苏轼	《东坡集》《后集》《内制集》《外制集》《奏议》《和陶集》	《宋版古籍佚存书录》
南宋	建康府	袁说友	《清晖阁诗》	《景定建康志》卷三三《书版》
南宋	建康府	不详	《輶轩唱和》	《景定建康志》卷三三《书版》
南宋	建康府	晏几道	《和晏叔原小山乐府》	《景定建康志》卷三三《书版》
南宋	建康府	王安石	《半山老人绝句》	《景定建康志》卷三三《书版》
南宋	建康府	晁补之	《重编楚辞》	《景定建康志》卷三三《书版》
南宋	瑞州	李纲	《梁溪集》	《宋版古籍佚存书录》
宋代	泉州	翟汝文	《忠惠集》	《宋版古籍佚存书录》
宋代	台州	许景衡	《横塘集》	《宋版古籍佚存书录》
宋代	永嘉县	方风	《方先生诗集》	《宋版古籍佚存书录》
宋代	邵州州学	王秬	《复斋诗集》	《王侍郎秬复斋诗集》卷首《王侍郎秬复斋诗集序》
宋代	安吉州	张先	《安陆集》	《宋版古籍佚存书录》

从上表可以看出，两宋期间官刻总共进行了 216 次，中央机构对宋人文集编修及刊刻较少，仅有两次，而且时间出现得较

晚，是谓“臣下之文鲜得列焉”[①]。虽然中央机构很少刊刻宋人文集，但宋廷鼓励自著和汇编文集的刊行，并收藏合乎统治思想的上献文集。大观四年（1110），“有诸处印本及学者自著之书，臣僚私家文集，愿得藏之秘府者，皆许本省移文所属，印造取索”[②]。中央刊刻的文集多出于政治考量，如政和年间，徽宗令中书门下侍郎薛昂编订王安石遗文。[③] 至宣和年间，王安石之孙显谟阁待制王棣奉诏编王安石文集。[④] 王安石著作在南宋时期也被地方政府刊刻，绍兴十五年（1145），因前本多存谬误，抚州重刊《临川文集》。[⑤] 绍兴二十一年（1151），王安石曾孙两浙西路转运司王珏刻《临川先生文集》。[⑥] 此外，孝宗年间，两浙路转运司曾奉旨刊刻吕颐浩的《吕忠穆集》。[⑦] 中央层面对宋人文集刻印持保守和审慎态度，究其原因，主要是政治斗争中的权力更迭不断反映到学术中，个人的政治观点以文集的形式反映出来，而不少文集在政治斗争中被下令毁板禁印。一些文集刊刻与皇帝喜好相关，如宋孝宗好苏轼诗文，亲自为苏轼御制文集叙赞，并在乾道末年命有司刊行赵夔等注释东坡诗集。[⑧] 在朝廷的提倡下，“学者翕然从之，而蜀士尤盛。亦有语曰：苏文熟，吃羊肉；苏文

---

① 《鹤山集》卷51《临川诗注序》，《四部丛刊》影印本。

② 《全宋文》卷2879《乞访求遗书奏》，第293页。

③ 《全宋文》卷2879《乞访求遗书奏》，第293页。

④ ［宋］王珏：《临川先生文集序》，《临川文集》卷首，《文渊阁四库全书》，台湾商务印书馆1983年版，第1105册，第4页。

⑤ ［宋］黄次山：《绍兴重刊临川文集序》，《四部丛刊》影印本。

⑥ 祝尚书：《宋集序跋汇编》第2册，中华书局2010年版，第489页。

⑦ ［宋］吕摺：《谢表》，《吕忠穆集》卷末，《四部丛刊》影印本。

⑧ ［宋］陈岩肖：《庚溪诗话》卷上，《历代诗话续编》，第171页。

生，吃菜羹"[①]，苏轼的著作以诗歌、文集、奏章等形式被刊刻6次，位居官刻次数第二。

地方刊刻214次，主要是地方政府动用官帑刊刻书籍，地方学校和书院占46次，其中不乏由政府出资委托学校刻印。北宋年间4次刻印，分别是对寇準和欧阳修的诗文集进行出版。欧阳修为文坛领袖，诗文较受欢迎，传播较广，其文集多为地方政府刻印并一直持续至南宋。南宋以来，地方政府多注重地区性文集的刊刻，"州为一集，在昔有之。近岁东南郡皆有集，凡域内文什，汇次悉备，非特夸好事、资博闻也，于其山川土宇、民风士习，互可考见"[②]。如开禧三年（1207），昆山县刻龚昱辑《昆山杂咏》三卷。[③] 一可宣传地方风土特色，展现地方风貌，弘扬地方文化，扩大地方影响力，有利于保存地域文学史料；二可推行教化，激励后人，增强地方凝聚力，稳定地方秩序，也能显示官员政绩。同样，地方文集刊刻的兴起反映出地域文化的繁荣和地方空间意识的增强，而地方官员多为作者后人、门生、友人等，便于利用官方资源组织刊刻。后人出于光宗耀祖和恪尽孝道的心理，大多经过较为细致的收集、编排和校刻，因而文集也展现出一种家族文化理念，如陈亮的《龙川先生文集》为其子陈沆所编，嘉定七年（1214）由"太守丘侯真长刻于州学"[④]。而县级机构和学校刊刻次数较少，为9次，多集中在较为富庶的县域。

官刻总共对182种宋人文集进行了刊刻。相较而言，无论是

① ［宋］陆游：《老学庵笔记》卷8，中华书局1997年版，第100页。

② 《全宋文》第302册《天台集序》，第36页。

③ 《中华再造善本总目》，第107页。

④ ［宋］叶适：《水心文集》卷29《书龙川集后》，《四部备要》影印本。

刊刻数量还是种类，北宋远不及南宋。由于科举需求，地方文集刻印多选取名臣著作，尤其南宋中后期集中对理学家著作进行刊刻，其中朱熹著作刊刻九次，为最多。刊刻内容也与地方行政长官喜好相关，如陆子遹对潘阆和杨朴推崇备至，在绍定元年（1228）知严州时刊刻《逍遥集》和《东里杨聘君集》。① 地方政府尤其公使库刻书往往关注市场，追求利润，如嘉祐四年（1059）王琪"家有杜集善本，即俾公使库镂板，印万本，每部直千钱，士人争买之"②。除了出售营利外，公使库本书籍也作为馈赠之物，因而选取刻印的内容与当地名士相关，有推美守邦的意味。如绍兴初年，知临安府孙觌曾用公使库刻《东坡集》等书馈送过客。③

由于部分文集可作为科举考试参考，需求量较大而被反复刊刻。如葛胜仲曾为博学宏词科第一，并在建中靖国元年（1101）任兖州州学教授。其所编《丹阳集》卷六中有《策问》17 篇，可作为科考范文和教材，分别于绍兴年间、隆兴元年（1163）、淳熙年间刻板于仪真。④

在覆刻文集的过程中，核校之人也会在原版基础上纠错改正，乾道二年（1166），襄阳刻印《太仓稊米集》，后淳熙十年

---

① ［宋］陆子遹：《书乐章集后》，《宋元三十一家词》，四印斋汇刻。

② ［清］王士禛《居易录》卷 7，《文渊阁四库全书》，台湾商务印书馆 1983 年版，第 869 册，第 395 页。

③ ［宋］孙觌：《鸿庆居士集》卷 10《上皇帝书》，《文渊阁四库全书》，台湾商务印书馆 1983 年版，第 1135 册，第 103 页。

④ 《丹阳集》卷 23《原跋两首》，《文渊阁四库全书》，台湾商务印书馆 1983 年版，第 1127 册，第 708 页。

(1183) 刊订错误后重刻。[①] 乾道元年 (1165), 永州州学所刻《唐柳先生文集》分别于绍熙二年 (1191)、嘉定元年 (1208) 经过两次修板刻印。[②]

此外，南宋时期文人对北宋作品多有整理和注释，如《王荆公诗注》《东莱标注老泉先生文集》《注东坡先生诗》等。究其原因，首先是建康之变期间，不少文集散佚；其次，作品中除了收录诗歌外，还有不少的文章、奏议等，对其注释作为科举考试的参考；再次，注释能结合创作背景等阐释作者的观点，使读者更好地理解作者的意图，以宣扬本门派思想等。

---

① ［宋］陈公绍：《太仓稊米集跋》，《太仓稊米集》卷 16，《文渊阁四库全书》，台湾商务印书馆 1983 年版，第 1141 册，第 112 页。

② 《宋版古籍佚存书录》，《唐柳先生文集》，第 390 页。

第五章　官刻书籍的收藏与流通

官刻书籍刻印完毕后，进入流通环节，或是颁赐，或是投入市场，或是被收藏。书籍的流通状态不会一成不变，通过时间和空间的流布，知识在社会上得以普及，为宋代各社会阶层整体素质的提升奠定了基础。官刻书籍大部分为学校和科举考试用书，也有不少种类流入市场，带动了书籍市场繁荣。

第一节　官刻书籍的收藏

宋廷重视图书的收藏，“宋朝以文为治，而于书籍一事，尤切用心，历世相承，率加崇尚。屡下诏书，搜访遗书。或给以赏，或赐以官，凡可以得书者，无不留意”①。宋建立伊始，中央典藏书籍相对匮乏，“三馆书裁数柜，计万二千余卷”②，缺乏底本和善本，官刻发展便无从谈起。自宋着力统一战争伊始，便注重对收复地区书籍的收纳，太祖乾德元年（963），平定荆南后，便“诏有司尽收高氏书籍，以实三馆”；四年（966）五月，将孙

---

① ［明］丘濬：《大学衍义补》卷 94，中州古籍出版社 1995 年版，第 1198 页。

② 《宋朝事实类苑》卷 31《藏书之府》，第 390 页。

逢吉所上伪蜀图书付史馆[①]；开宝九年（976），平江南，命太子洗马吕龟祥“籍其图书，得二万余卷，送史馆”[②]。“伪国皆聚书籍，惟吴、蜀为多，而江左颇精，亦多修述”[③]，江南及川蜀地区丰富的书籍，为日后大规模官刻书籍刊印及收藏提供了基础。

一、宋代的征书、献书

官方征书收藏书籍是由政府主持，自上而下、由外至内的一种流通方式。献书则是由民间主动响应政府诏令，自下而上的行为。

（一）征书

中央刻印书籍过程中往往遇到版本不全的情况，尤其宋初经历过战乱之后，“编帙散失，幸而存者，百无二三”[④]，所需书籍缺失，校对无从参考，因而从民间征集图书也成为官刻书籍版本的重要来源之一。宋廷多次面向民间访求书籍，由于政策制定科学并得到较好的执行，“献书籍于阙下者，不可胜计”[⑤]。随着刻印技术的推广，民间刻印业取得长足发展，宋廷也逐渐注重对民间出版书籍的征集和收藏，如熙宁八年（1075）“街市镂板文字，供录一本看详。有可留者，各印四本送逐馆，合用纸墨、工食钱依例下度支”[⑥]。

南宋之初同样如此，“艰难以来，兵火百变，文书之厄，莫

---

① 《宋会要辑稿》崇儒4，乾德四年五月，第2237页。
② 《宋会要辑稿》崇儒4，乾德四年五月，第2237页。
③ 《宋朝事实类苑》卷31《藏书之府》，第390页。
④ 《宋史》卷155《艺文志一》，第5032页。
⑤ 《长编》卷31，淳化元年八月癸卯，第704页。
⑥ 《宋会要辑稿》职官18，熙宁八年六月，第2756页。

甚今日"[①]，中央书籍被洗劫一空。此后建炎年间宋廷又多次迁徙，所谓"御前书籍，以累经迁徙，散亡殆尽"[②]。急于确立正统地位、建立稳固统治的南宋朝廷屡次下诏求书，"虽三馆之制具在，而向来之书画亡。乞诏四方求遗书，以实三馆。果得异书，且应时用，则酬以厚赏"[③]。书籍丧失严重，因而在最初征求书籍的过程中，即便不是很好的版本也同样收录。如绍兴元年（1131）三月十八日，进士何克忠所献《太祖皇帝实录》四册、《国朝宝训》一十二册、《名臣列传》二册、《国朝会要》三册，其中《国朝会要》为节本，但"其书付秘书省，仍令录本进入"[④]。这种行为更好地宣扬了政府征书政策，有利于打开献书局面，尽快补齐所缺之书。宋廷还直接下诏从民间藏书家征书，如绍兴元年（1131）二月二日"访闻平江府贺铸家所藏，见行货之于道涂。可委守臣尽数收买，秘书省送纳"[⑤]。再如绍兴三年（1133）正月十二日，宋高宗下诏："安吉州管下故执政林摅家有道君皇帝御书，太祖以来国史、实录、国朝会要等书，及历代经、史、子、集书籍全备。开元寺有仁宗皇帝御书一大匣，道场山天圣、报本二寺各有祖宗御书。令本州守臣，劝诱献纳"[⑥]，名山道观及寺院依旧例保管的御书也在征书范围之内。

绍兴年间大规模的征书，最初效果不是十分理想。绍兴四年（1134），起居郎常同认为，"渡江以来，始命搜访典记、祖宗正

---

① 《宋会要辑稿》崇儒 4，绍兴三年四月，第 2241 页。
② 《宋会要辑稿》崇儒 4，绍兴二年二月，第 2240 页。
③ 《宋会要辑稿》崇儒 4，绍兴二年二月，第 2240 页。
④ 《宋会要辑稿》崇儒 4，绍兴元年三月，第 2240 页。
⑤ 《宋会要辑稿》崇儒 4，绍兴元年三月，第 2240 页。
⑥ 《宋会要辑稿》崇儒 4，绍兴三年正月，第 2241 页。

史、实录、宝训、会要，得于搢绅士庶之家，残缺之余，补缉仅足，良亦艰矣”。究其原因，一则战争导致官方和民间书籍损失惨重，难以在一时复全；二则南宋初年政局依旧不稳定，文化机构建制与北宋无法相比。宋廷随后制定了有针对性的征书策略，先是建立四库书籍目录，绍兴五年（1135）闰二月十二日，宋高宗因史馆“四库书籍未备，令下诸路州县学，及民间见收藏官书，并刊到书板，不以经、史、子、集、小说异书，仍具目录一本，申纳秘书省”①，将书及书板进行了广泛征集并统计，征书逐渐取得了成效。

宋代征书具有以下的特点。首先，征书是为了在诸多版本中精选善本。针对馆阁整理、使用和校对古书的时候，发现残缺而有较强目的性的征书，仁宗景祐元年（1034）七月二十九日，翰林学士张观等上书：“看详馆阁书籍内古书或缺少三五卷，便成不全部帙。欲据见少卷数晓示，许人诣馆投纳”②，单独对图书所缺卷数进行征集。嘉祐六年（1061）八月，因校书而下诏征书：“三馆、秘阁校《宋》《齐》《梁》《陈》《后魏》《后周》《北齐》七史，书有不完者，访求之。”③ 再如，绍兴九年（1139）五月四日，史馆上书求所缺“神宗正史地理而下十三志，及哲宗一朝纪、志、列传全书”，且“如无正本，但有副本净草，或部秩不全，并差人津发前来”④。

其次，有选择性地寻访书籍也为宋代征书特色之一。早在太

---

① 《宋会要辑稿》崇儒 4，绍兴五年闰二月，第 2242 页。
② 《宋会要辑稿》崇儒 4，景祐元年七月，第 2239 页。
③ 《宋会要辑稿》崇儒 4，嘉祐六年八月，第 2239 页。
④ 《宋会要辑稿》崇儒 4，绍兴九年五月，第 2242 页。

平兴国九年（984）正月，宋太宗便下诏："令三馆所有书籍，以《开元四部书目》比校，据见阙者，特行搜访。仍具录所少书，于待漏院榜示中外。"① 此举针对宋初书籍相对匮乏的情况，依照开元时期书目比照访求书籍，扩大征书范围，多多益善。而随着书籍逐步完备，国家开始编制所缺书目目录，有目的性地征收图书。如咸平四年（1001）十月，因真宗阅览开元时旧书目，发现亡逸之书尚多，故下诏按所缺书目征书："令史馆抄出所少书籍名目，于待漏院张挂，及遣牒诸路转运司遣，严行告示。"② 藏书之家收藏广泛，往往自编有目录，宋政府直接令其将目录呈上，比对中央未有收集之书，再行征收不失为省时省力之法。宋真宗曾说："国家搜访图书，其数渐广，臣庶家有聚书者，朕皆令借其目录，以参校内府及馆阁所有，其阙少者借本抄填之。"③ 至大观四年（1110）五月七日，又以庆历间所编《崇文总目》为依据，辑录"名数于天下，选文学博雅之士求访"。而此次除了《崇文总目》已收录版本之外，"别有异书，并借传写，或官给笔札，即其家传之。就加校定，上之策府"④，扩大收书范围，有利于丰富国家馆藏，提高官刻书籍的质量水平。此外，征书时要求先将具体篇目上交秘书省，再根据实际所需决定是否征收。宣和四年（1122）四月十八日，下诏令郡县谕旨访求，"许士民以家藏书所在自陈，不以卷秩多寡，先具篇目申提举秘书省以闻，听旨递进。可备收录，当优与支赐。或有所秘未见之书，有足观

① 《宋会要辑稿》崇儒 4，太平兴国九正月，第 2238 页。

② 《宋会要辑稿》崇儒 4，咸平四年十月，第 2238 页。

③ 《麟台故事校证》卷 3《选任》，第 109 页。

④ 《麟台故事校证》卷 3《选任》，第 109 页。

采，即命以官，议以崇奖。其书录毕给还。若率先奉行，访求最多州县，亦具名闻”。赏赐不仅针对个人，还对献书工作有成效的州县加以褒扬，以鼓励地方政府开展征收书籍工作。为了防止地方政府盲目追求征收书籍数量，至南宋高宗绍兴年间，比照《唐艺文志》及《崇文总目》所缺之书，“注阙字于其下，镂板降付诸州军，照应搜访”[①]，减少了地方盲目收书的成本。

此外，还有因意外事件而全范围征书的情况，即大中祥符八年（1015）四月，荣王宫起火，“延燔崇文院秘阁，于皇城外别建外院，重写书籍”。此次奖赏也优厚，“以书籍鬻于官者，验真本酬其直，五百卷以上，优其赐。或艺能可采者，别奏候旨”。结果收得一万七百五十四卷，“献书者十九人，悉赐出身，及补三班”[②]。

除征收书籍外，宋廷还直接从民间征收印板，如大中祥符八年（1015）“九月七日，以故国子祭酒知容州毋守素男克勤为奉职。克勤表进《文选》《六帖》《初学记》印板。枢密使王钦若闻其事故也”[③]。天禧五年（1021）六月，“景德寺僧溥清献其祖库部员外郎陈鄂所撰《四库韵对》九十八卷印板，诏赐钱十万，度行者一人”[④]。但征收印板的情况并不常见。地方政府还会将无人继承之书收入，“刘道原壮舆，载世藏书甚富，壮舆死，无后，书录于南康军官库”[⑤]。

所征之书基本收入馆藏之中，以备校对及刻板参考。熙宁七

---

① 《宋会要辑稿》崇儒 4，绍兴十二年十二月，第 2243 页。
② 《宋会要辑稿》崇儒 4，大中祥符八年四月，第 2239 页。
③ 《宋会要辑稿》崇儒 4，大中祥符八年四月，第 2239 页。
④ 《宋会要辑稿》崇儒 4，大中祥符八年四月，第 2239 页。
⑤ ［宋］陆游：《老学庵笔记》卷 9，中华书局 1997 年版，第 114 页。

年（1074），崇文院孔目官孟寿安所列书目单求访到书籍只各一部，而且均未经过校正，便提议“应街市镂板文字，供录一本看详。有可留者，各印四本送逐馆，合用纸墨、工食钱依例下度支支”。但监三馆、秘阁认为“馆阁书籍浩翰，若依所乞，虑难抄录”①，此项大计划最终因工作量庞大未能施行。

为了对所征书籍精加校雠，还设立机构及官吏对所收之书进行整理，如绍兴十三年（1143），“绍兴府录朝请大夫直秘阁陆宰家所藏书来上，凡万三千卷有奇，时置局于班春亭，命新信州教授虞（仲琁）、新江东安抚司准备差遣陆（淞）等数人校勘，书手百余人，再阅岁乃毕”②。地方政府还将访求到的善本自行刻板，如淳熙十三年（1186）秘书郎莫叔光上言：“今承平滋久，四方之人，益以书籍为重。凡缙绅家世所藏善本，外之监司郡守搜访得之，往往锓版，以为官书，然所在各自版行”③，推动了善本书籍的传播。

从征书内容看，随着馆藏逐渐丰富，除为查漏补缺而收录书籍外，也开始收录时人印刷的奇书，如徽宗崇宁二年（1103）五月四日，“诏两浙、成都府路有民间镂板奇书，令转运司取索，送秘书省”④。

总之，在藏书较少的基础上，全面征书实属必要之举，因而宋初“收书之初，务在数多。不嫌重复”⑤。自建隆至大中祥符年

---

① 《宋会要辑稿》职官 18，熙宁七年六月，第 2756 页。

② 《嘉泰会稽志》卷 16《求遗书》，第 7023 页。

③ 《南宋馆阁续录》卷 3，第 174 页。

④ 《宋会要辑稿》崇儒 4，崇宁二年五月，第 2239 页。

⑤ 《宋朝事实类苑》卷 3《真宗皇帝》，第 25 页。

间，仅三馆收书“著录总三万六千二百八十卷”①。至孝宗淳熙初年，秘阁藏有“经、史、子、集四类一万三千五百六卷，三千九百五十八册（分两库，在东、西廊）。御前书经、史、子、集四类，二千五百二卷，六百十四册（附秘阁东西库）。四库书经史子集二万三千五百八十三卷，六千五百十二册。续搜访库经史子集二万三千一百四十五卷，七千四百五十六册。诸州印板书六千九十八卷，一千七百二十一册”②。大规模的征书丰富了政府的馆藏，同时也推动了官刻事业的发展。

（二）献书政策

丰厚的馆藏得益于宋廷采取的一系列鼓励社会献书措施。其政令根据实际所需从卷数到赏赐形式上有所变动，但并不强行征求和扣留，如果书籍拥有者不愿送官，“借其本写毕还之”③，并且形成惯例，以致朝廷一旦不按惯例实施，便会遭到抵触。如南宋初年下诏征求时，因无恩赏，士大夫不肯将出，宋高宗下诏依照太宗朝搜访遗书推赏之制立定赏赐措施，并将此措施镂板颁行。以升官、授官、赐科名和物质奖励来满足士民获得赏金、荣登仕途提高社会地位的心理需求，鼓励献书。

宋代赏赐献书政策如下：

其一，对献书之人赐予出身、官职等名衔，为官者则可升职或是获得恩荫。献书赐科名自太祖之时便有先例，如乾德四年(966)，“诏求亡书。凡吏民有以书籍来献者，令史馆视其篇目，馆中所无则收之。献书人送学士院试问吏理，堪任职官，具以名

① 《文献通考》卷174《经籍考》，考1508页。
② 《南宋馆阁录》卷3《储藏》，第23—24页。
③ 《长编》卷25，雍熙元年春正月壬戌，第571页。

闻”。此次征求结果为“《三礼》涉弼、《三传》彭干、学究朱载皆应诏献书，总千二百二十八卷，命分置书府。赐弼等科名”①。

宋太宗时期因袭前制，但对献书者授予科名态度更为审慎，还需要通过学识考核。如太平兴国年间“若臣僚之家有三馆阙书，许上之。及三百卷以上者，其进书人送学士院引验人才书判，试问公理，如堪任职官者，与一子出身。或不亲儒墨者，即与安排。如不及三百卷者，据卷帙多少优给金帛。如不愿纳官者，借本缮写毕，却以付之”②。

自此，献书三百卷赐出身成为北宋中前期对献书者奖赏的标准。如真宗大中祥符八年（1015）四月荣王宫突起大火，波及崇文院及秘阁，翰林学士陈彭年“请募人以书籍鬻于官者，验真本酬其直，与顾笔工佣等。五百卷以上优其赐，或艺能可采者，别奏候旨。于是献书者十九人，悉赐出身，及补三班”③，此次共得书一万八千七百五十四卷。

而一些急功近利之人看到献家集能够便捷地获赐科名或授官，于是同一人文集被多个子孙重复献出的情况屡有发生。为了制止此类现象的发生，庆历元年（1041）下诏“自今臣僚子孙所藏家集已经进者，余人不得再进”④，至和二年（1055）又诏：“臣僚进家集，自今量与支赐，更不推恩。”⑤

此后，对献书授官的实施标准更加严格。徽宗宣和年间，王问曾献书万卷，补问承务郎。但至绍兴七年（1137），吏部认为

① 《长编》卷7，乾德四年闰八月，第178页。

② 《宋会要辑稿》崇儒4，太平兴国九年正月，第2238页。

③ 《长编》卷85，大中祥符八年十二月甲辰，第1961页。

④ 《宋会要辑稿》选举32，庆历元年八月，第4746页。

⑤ 《长编》卷181，至和二年九月丁巳，第4370页。

王问于当时赏赐过厚，因为“近有诸葛行仁进书，止补迪功郎为不伦，追问两官”，于是“十一月十八日，李弥逊缴王问改正审量追官不当状”。高宗对此事的看法为：“搜访书籍，自亦美事。朕遭多难，方右武之时，故行仁之赏，不得不薄。太上皇朝承平无事，留意坟典，因人献书，而授一京官，亦不为过也。然既有论驳，可止镌一官。”①

绍兴年间，高宗订立的赏赐制度更为详尽，以献秘阁阙书善本二千卷为基准，“有官人与转官，士人与永免文解，或免解。不及二千卷以上者，比类增减推赏”，且需先经过秘书省审核，才能得到赏赐。官员更乐于迁官或减少磨勘，如绍兴二年(1132)九月十三日，因将仕郎黄蒙上《太祖皇帝实录》五十卷、《太宗皇帝实录》八十卷、《真宗皇帝实录》一百五十卷、《仁宗皇帝实录》二百卷、《英宗皇帝实录》三十卷及《天圣南郊卤簿册记》一十册，而赐蒙空名度牒五道，但黄蒙不受，“乞白身补官恩例。诏与循一资”②。

而所献之书内容若出现问题，则不会得到赏赐，如绍兴十六年(1146)九月己巳，“抚州布衣吴澥进《宇内辨历代疆域志》，吴沆进《易璇玑》《三坟训义》”。但太学博士王之望认为：“《三坟》书无所传授，疑近世好事者所为。”③ 于是高宗下诏仅吴澥永免文解，而吴沆则因《三坟》犯庙讳，未予以赏赐。

其二为各类物质奖励。首先是钱币奖励，如真宗时期有“收

---

① 《宋会要辑稿》崇儒4，绍兴七年十一月，第2242页。

② 《宋会要辑稿》崇儒4，绍兴二年九月，第2240页。

③ 《建炎以来系年要录》卷156，第2514—2515页。

得三馆所少书籍，每纳到一卷，给千钱”[①] 之赏。其次赏赐度牒，绍兴元年（1131）六月十六日，以故右金吾卫上将军张楙妻镇国夫人王氏，上其亡夫家收藏的“六朝《实录》《会要》《国史志》等书计二百二十二册。诏令礼部降度牒十道付张楙家，其书付秘书省”[②]。此举既可缓解南宋初的财政压力，又可鼓励献书行为。再如赏赐束帛，嘉祐下诏购遗书规定“每一卷支绢一匹”[③]。绍兴十三年（1143）闰四月一日，沈嘉猷进监本《春秋三传》，高宗下诏户部倍赐束帛。[④]

其三，对献书者给予精神层面的鼓励，推动民间重视书籍和文化。对献书有突出贡献的个人，则张榜州县进行表彰，晓谕乡民以鼓励献书。如朝廷为编修《四朝正史》鼓励诸路州县臣僚士庶之家献上四朝文字，特将杨志发推恩事镂板，“遍下诸路州军，专委知、通多出文榜晓谕搜访，许令投献，优与推恩”[⑤]。

但如果地方官员不重视，自然阳奉阴违，即便有好的赏赐条件激励，也难以达到预期效果。在赏格施行一月之后，宋高宗又下诏督促，“昨降指挥，求访书籍，至今投献尚少。盖监司郡守视为不急，奉行灭裂，可检举申严行下”[⑥]。

此外，除民间献书外，宗室和外戚也会将所藏上献，对官方书籍进行了很好的补充。如天禧二年（1018）五月“长乐郡主献

① 《宋会要辑稿》崇儒 4，咸平四年十月，第 2238 页。

② 《宋会要辑稿》崇儒 4，绍兴元年六月，第 2240 页。

③ ［宋］施宿等：《嘉泰会稽志》卷 16《求遗书》，《宋元方志丛刊》，中华书局 1990 年版，第 7 册，第 7023 页。

④ 《宋会要辑稿》崇儒 4，绍兴十三年闰四月，第 2242 页。

⑤ 《宋会要辑稿》崇儒 4，隆兴七年二月，第 2242 页。

⑥ 《宋会要辑稿》崇儒 4，绍兴二十九年八月，第 2244 页。

家藏书八百卷，赐钱三十万，以书藏秘阁”[①]。此据大中祥符八年（1015）荣王宫起火，烧毁三馆书籍时隔不远，应是对失火损失的三馆书籍的补充。

外国使者来访亦有献书，如《嘉泰会稽志》提及“高丽来朝，亦数献书”[②]。元祐七年（1092），高丽黄宗悫献《黄帝针经》[③]，不仅补充了中央藏书，还以印板书籍为媒介进行文化交流。

虽然中央征得大批图书，但因管理不当等多种原因，仍存在较多书籍散失不全的现象，如徽宗诏书所言“屡下诏书，记求亡逸。册府、四部之藏，庶几乎古。历岁浸久，有司玩习，多致散缺。私室所闳，世或不传”[④]。在多次征书过程中，难免存在所献图书与现存藏书重复的情况，如宣和五年（1123）二月，“荥州助教张颐献五百四卷，开封府进士李东献六百卷”，经过三馆秘阁参校，仅有张颐二百二十一卷，李东一百六十二卷是未收录之书。[⑤]

总之，宋廷搜访遗缺图书规模和次数前所未有，特别是在建国之初及南渡之后次数尤为频繁，这与当时书籍因战乱散失严重、残缺不全有关。征书宣扬了政府重视书籍及崇儒重教的理念，刺激了民间对书籍的重视和收藏，由于措施制定较为合理，征书效果较为明显。自下而上的书籍流通丰富了中央政府馆藏，为刻印书籍提供了良好的版本，有利于进一步提高官刻书籍的质

---

① 《宋会要辑稿》崇儒 4，天禧二年五月，第 2239 页。

② 《嘉泰会稽志》卷 16《求遗书》，第 7023 页。

③ 《宋史》卷 487《高丽传》，第 14048 页。

④ 《宋会要辑稿》崇儒 4，宣和四年四月，第 2239 页。

⑤ 《宋会要辑稿》崇儒 4，宣和五年二月，第 2240 页。

量，推动了官刻的发展。

二、图书的收藏

印本书的大量流通，促进了图书数量成几何倍数的增长，聚书相对容易，因而官私藏书量大增。同时宋廷对图书的广泛收集，不但促进了国家藏书事业的发展，同时也促进了民间对书籍的收藏。

（一）中央藏书

宋廷藏书主要来自两部分，一是收入五代十国官府所藏书籍，二是从民间征集来的图书。中央藏书可分为皇室收藏和中央政府收藏，大多集中于崇文院、国子监、史馆、秘阁、集贤院、太清楼等处。其藏书虽各有侧重，但没有太严格的界定，互有重合。太清楼是为皇室图书重要收藏之所，所藏四部书来源于抄录三馆所藏之书，还收藏了图画、太宗御制等。真宗景德年间统计其藏有“太宗圣制诗及故事墨迹三百七十五卷、文章九十二卷。经库二千九百一十五卷，史库七千三百四十五卷，子库八千五百七十一卷，集库五千三百六十一卷。四部书共二万五千一百九十二卷”①。秘阁藏书多集中于天文、古画、墨迹、皇帝御制诗文集等。徽宗政和二年（1112）七月十七日，依秘书少监赵存诚进言“诸州取访遗书，乞委监官总领，庶天下之书，悉归秘府”②。明确将征书责任下放到诸州，并委任专门官员负责，藏书机构则为秘书省。

中央所藏之书会根据损坏程度得到补印，元祐元年（1086）

---

① 《玉海》卷52《景德太清楼四部书目》，第994页。

② 《宋会要辑稿》崇儒4，政和二年七月，第2239页。

四月二日，秘书省言：“三馆、秘阁内有系国子监印本书籍，乞今后有阙卷蠹坏者，并令补印。及有新印书籍，亦牒本送逐馆收藏。”① 而且用黄纸编写及刻印藏书，元祐二年（1087）六月八日，秘书省言：“昭文馆黄本书籍已编写了当，拨与秘阁收藏。其史馆、集贤院未有上件书籍。秘阁定本内名件及卷秩多阙，见今秘阁黄本亦多有阙，有旨令先将定本补足阙少名件，校对无差，即先补写秘阁黄本。内有印本者，印补充……内馆阁无本及不堪者，许于龙图、天章、宝文阁、太清楼及诸官司关借。合要印本书，下国子监用黄纸印造。元系诸州军印本，许从本省牒户部下本处印造”②，直接令地方印造中央未有之书后上交也是省时省力之法。使用印刷能减少在馆藏书籍的收藏管理过程中抄写的工作量，为及时修复印板提供了方便。政和四年（1114）四月十四日，龙图阁学士蔡攸上书“内有印版者即补印，更不抄写，如此不惟减省功力，庶免重复”③。

皇子及宗室的藏书也被收入国家典藏或官学之内，如赵宗晟“好古学，藏书数万卷。仁宗嘉之，益以国子监书”④。据《宝庆四明志》载，淳熙七年（1180）下诏将孝宗之子魏王所藏之书四千九十二册一十五轴赐予明州，被范成大安置在九经堂。后恐管理人员疏漏，便移至御书阁，分装共十橱。直至嘉定十七年（1224）仍安置较为妥善，略有散失。⑤ 宗室中也不乏藏书、爱书之人，如秦王赵德芳之孙赵从贽“四室聚古今书万余卷。……饰

① 《宋会要辑稿》职官 18，元祐元年四月，第 2757 页。

② 《宋会要辑稿》职官 18，元祐二年六月，第 2758 页。

③ 《宋会要辑稿》职官 18，政和四年四月，第 2762 页。

④ 《宋史》卷 245《宗晟传》，第 8712 页。

⑤ 《宝庆四明志》卷 2《学校》，第 5014 页。

舆马之玩，与悉贸以市书”[①]。

《宋史》统计中央藏书“始太祖、太宗、真宗三朝，三千三百二十七部，三万九千一百四十二卷。次仁、英两朝，一千四百七十二部，八千四百四十六卷。次神、哲、徽、钦四朝，一千九百六部，二万六千二百八十九卷。三朝所录，则两朝不复登载，而录其所未有者。四朝于两朝亦然。最其当时之目，为部六千七百有五，为卷七万三千八百七十有七焉。迨夫靖康之难，而宣和、馆阁之储，荡然靡遗。高宗移跸临安，乃建秘书省于国史院之右，搜访遗阙，屡优献书之赏，于是四方之藏，稍稍复出，而馆阁编辑，日益以富矣。当时类次书目，得四万四千四百八十六卷。至宁宗时续书目，又得一万四千九百四十三卷，视《崇文总目》，又有加焉”[②]。

（二）地方学校、书院和寺观藏书

地方政府收藏之书多来自中央颁赐和自行采购及印刷。部分地方政府专门建藏书之所收藏书籍，绍兴年间，叶梦得在建康府建细书阁，并用公厨羡钱二百万购买经史诸书藏于其中，还将所藏编制成目录。[③] 据《景定建康志》载，建康府还有书板六十八种[④]，说明地方政府较大批量印书，且种类繁多，这也使藏书成规模地增加，成为地方政府藏书来源之一。

地方学校在朝廷赐书和私人的捐助下拥有丰富的藏书。大观三年（1109）九月，徽宗赐“天下州学藏书阁为‘稽古’”[⑤]，体

---

① ［宋］张纲：《华阳集》卷39《宗室南阳侯墓志铭》，《四部丛刊》影印本。

② 《宋史》卷202《艺文志一》，第5033页。

③ 《全宋文》第147册《细书阁记》，第332页。

④ 《景定建康志》卷33《书版》，第1889页。

⑤ 《宋史》卷20《徽宗本纪二》，第382页。

现了朝廷对地方藏书建设的重视。地方州学的稽古阁、经史阁等①是专门收藏书籍和书板场所，鄂州“建稽古阁于州学，以藏绍兴《石经》、两朝宸翰，又取板本《九经》、诸史、百氏列置其旁”②。《宝庆四明志》载，明州州学原所藏官书包括经四十二部计一百六十七册，史四十部计五百七十九册，子一十四部计二十九册，文集三十七部计一百五十九册，杂书一十一部计一百十九册，有朝廷赐书，有州学教授购置。③ 藏书之所的书籍摆放也很讲究，体现尊经的理念，“经南向，史北向，子集东向，标之以油素，揭之以油黄，泽然区处，如蛟龙之鳞丽，如日月之在纪，不可得而乱矣”④。县学也有专门藏书之所，如“婺源学宫讲堂之上有重屋焉，榜曰‘藏书’，而未有以藏。莆田林侯虑知县事，始出其所宝《太帝神笔石经》若干卷以填之，而又益广市书凡千四百余卷，列庋其上，俾肄业者得以讲教而诵习焉”⑤。地方学校制定了藏书借阅制度，静江路学藏《资治通鉴》第六卷前藏书印记明确规定每月对借出书籍进行清点，“关借官书，常加爱护，亦士大夫百行之一也。仍令司书明白登簿，一月一点，毋致久假，或损坏丢失，依理追偿。收匿者闻公议罚”⑥，损坏丢失和偷窃都要受到惩罚。

---

① 《全宋文》卷5659《福州州学经史阁记》，第142—143页。

② 《湖广通志》卷77《江夏县》，《文渊阁四库全书》，台湾商务印书馆1983年版，第534册，第12页。

③ 《宝庆四明志》卷2《官书》，第5014页。

④ 《全宋文》第23册《吴郡州学六经阁记》，第42页。

⑤ 《晦庵集》卷78《徽州婺源县学藏书阁记》，《文渊阁四库全书》，台湾商务印书馆1983年版，第1145册，第620页。

⑥ 《书林清话》卷8《宋元明官书许士子借读》，中华书局1957年版，第185页。

为了便于授课、士人研究学术及传承思想，书院十分注重藏书，藏书内容主要多以儒家经典著作为主。地方官府会给予书院资助，如淳熙十二年（1185）后，在地方长官潘畤的支持下，衡州石鼓书院“摹国子监及本道诸州印书若干种若干卷”①。书院多建有专门藏书之所，如白鹿洞书院于开禧元年（1205）创建藏书楼云章阁，宝庆三年（1227）重建，原云章阁“总高深之数为丈者率不满二，其广特加一焉”。重建之后“所增或以丈计，或以尺数，蔑有不满之虑。书院伟矣，阁崇且广矣”②。建康府明道书院有五间御书阁等藏书之所。③ 其中，鹤山书院藏书十万卷，是宋代藏书最多的书院。④ 除接受赐书和捐赠外，书院也自己购买、抄录和刻印，如嘉定十七年（1224），白鹭洲书院刻《后汉书》90 卷、《志》30 卷。书院也收藏书板。地方政府有时刻板后，会将其板收藏于书院之中，如袁甫在江东提点刑狱任上刻《絜斋家塾书钞》后，将书板置象山书院。⑤ 书院学术氛围较为宽松，藏书开放程度和利用率较高。

宋代寺院和宫观藏书一般通过官赐、个人捐助、购买、刻印等途径获得。如《开宝藏》曾被宋廷多次赐予各地寺院，其印板后来置放于显圣寺，淳化年间，开元寺还派人到此“求借方板，摹印真文”⑥。寺观藏书通常以宗教类为主体，也兼收其他类书

---

① 《晦庵先生朱文公文集》卷 79《衡州石鼓书院记》，第 3782 页。

② ［宋］曹彦约：《昌谷集》卷 15《白鹿书院重建书阁记》，《文渊阁四库全书》，台湾商务印书馆 1983 年版，第 1077 册，第 389 页。

③ 《景定建康志》卷 29《儒学志二》，《宋元方志丛刊》，第 1811—1813 页。

④ 任继愈主编：《中国藏书楼》，辽宁人民出版社 2000 年版，第 898 页。

⑤ ［宋］袁甫：《蒙斋集》卷 11《絜斋家塾书钞后序》，《文渊阁四库全书》，台湾商务印书馆 1983 年版，第 1175 册，第 469 页。

⑥ ［宋］杨亿：《杨文公谈苑》，上海古籍出版社 1993 年版，第 107 页。

籍，包括皇帝的御集，如天禧五年（1021），真宗“赐近臣御集，并赐天下名山寺观”①。私家藏书也会寄存到寺观中，绍兴二年（1132），洪炎上言“太平州芜湖县僧寺寄收蔡京书籍”②。由于寺观藏书开放性较强，为一些寒门子弟提供了学习的资源和场所，促进了宗教和民间教育的发展，也使大量宗教书籍得以保存。

（三）私人藏书

从收藏个体而言，知识阶层是官刻书籍收藏的主要群体，所谓“欲致力于学者，必先读书；欲读书者，必先藏书。藏书者，诵读之姿，而学问之本”③。无论是出于科考需要，还是对书籍的喜爱、搜寻、收藏，读书成为当时文人士大夫阶层生活的主要组成部分和自觉文化意识。

官员藏书为当时一种风尚，宇文绍奕任资州知州时，起聚书楼，增藏书千余卷。④ 陆宰在绍兴十三年（1143），向朝廷献书多达一万三千卷。部分官员以此为嗜好，花费绝大多数俸禄购书，北宋仁宗时期刘季孙“仕宦四十余年，所得禄赐，尽于藏书之费”⑤，李夔“平生唯嗜书，无他好，幼学尝苦无书，既仕，节衣贬食，而积书之富至与巨室名家埒”⑥。而一些朝廷要员可以接触到不少外界不易看到的书籍和禁止流通的官刻书籍。如南宋尤袤藏书三万卷⑦，奉议郎漳浦吴与“家藏书籍甚富，闽中藏书家，

① 《长编》卷97，天禧五年庚午，第252页。

② 《宋会要辑稿》崇儒4，绍兴二年十一月，第2242页。

③ ［清］张金吾：《爱日精庐藏书志·自序》，文史哲出版社1982年版，第3页。

④ 《闽中广记》卷8《聚书楼记》，《四部丛刊》影印本。

⑤ 《苏轼全集》卷63《乞赙赠刘季孙状》，第782页。

⑥ 《龟山集》卷32《李修撰墓志铭》，《文渊阁四库全书》，台湾商务印书馆1983年版，第1125册，第403页。

⑦ 《无锡县志》卷3上，第2229页。

惟吴氏未经兵火，故多完具”[①]。

除官员和士大夫之外，民间藏书家众多，荆州田伟“藏书三万七千卷，无重复者”[②]。方崧卿“家藏书四万卷，手自校雠”[③]。官刻书籍凭其质量较高的优势颇受青睐，如温革“宝元中诣阙上书，愿以家资尽市监书”[④]，潞州的首富张仲宾用巨万之产“尽买国子监书，筑学馆，延四方名士，与子孙讲学”[⑤]。民间对官刻书籍的收藏，不但有利于官刻书籍的留存，更使得官刻书籍存在较大市场需求，推动了官刻书籍刻印的步伐。

在部分宋人尤其是藏书家眼中，藏书如同土地等财产一样宝贵，所藏之书被视为传家之宝，且多为世代相传，“藏书万卷可教子，遗金满籯常作灾”[⑥]。典卖书籍被视为一种不孝的行为，如北宋陈亚藏书万卷，作诗警告后人：“满室图书作典坟，华亭仙客岱云根。他年若不和花卖，便是吾家好子孙。”散失家藏之书也被认为是愚钝行为，如黄晞之子因将其“所聚及自著书皆散无存”而被人讥为愚鲁。[⑦] 一些有价值之书，被视为遗产争夺对象，后人各自分得图集又不得相互传阅，甚至将书籍一分为二，不能得见全貌，人为造成了文献缺损。故元祐二年（1087），“有为金

---

① 《福建通志》卷63《漳州府·漳浦县》，《文渊阁四库全书》，台湾商务印书馆1983年版，第529册，第629页。

② 《藏书纪事诗》卷1《田伟、子镐、亳州祁氏、饶州吴氏》，第23页。

③ 《福建通志》卷44《人物传》，第570页。

④ ［明］董天锡：《嘉靖赣州府志》卷10，《天一阁藏明代方志选刊》，新文丰出版公司1909年版，第38册，第103页。

⑤ ［宋］邵伯温：《邵氏闻见录》卷16，中华书局1983年版，第176页。

⑥ 《黄庭坚选集·题胡逸老致虚庵》，上海古籍出版社1991年版，第298页。

⑦ 《涑水记闻》卷10，第183页。

部员外郎者，闻于朝，请以宅舍及文籍不许子孙分割”①。保存所藏之书不散失，也被视为一种有气节的清誉，如秦熺依仗其父秦桧势力霸占王性之所藏之书，“手书移郡，将欲取其所藏书，且许以官”，被王性之长子仲信拒绝，被时人称颂。② 随着印刷的推广，宋人收藏理念有所更新，叶梦得认为：“今四方取向所亡散书，稍稍镂板渐多，好事者宜当分广其藏，以备万一。”③

相较而言，南宋时期中央政府对图书收藏在规模和数量上有所下降，与之相反，地方及民间藏书则蓬勃发展起来。此并非偶然现象，靖康之乱造成中央藏书遭受巨大破坏，且中央财力下降，军事和政治形势较为紧张，无力开展大规模征书活动。另一方面，南宋时期书籍交易市场更为活跃，为地方和民间藏书提供了便利条件。

印刷技术的普及和社会文化的发展使书籍得到极大丰富，宋代藏书呈现出收藏种类繁多、收藏数量较大、藏书家人数多、收藏地域范围广等特点。丰富的藏书量是以图书的生产为前提，并在图书的流通过程中积累起来的。同时藏书相对而言又有一定的封闭性，对书籍保存起着关键作用。地方学校及书院藏书的丰富，有助于培养人才，发展地方文教事业。

---

① 《直斋书录解题》卷 8《秦氏书目》，第 235 页。
② ［宋］陆游：《老学庵笔记》卷 2《王性之》，中华书局 1997 年版，第 20 页。
③ 《全宋文》卷 3183《紬书阁记》，第 332 页。

第二节　官刻书籍的流通与流失

一、中央颁赐

（一）对宗室及官员的赏赐

中央官刻书籍新印之后往往赏赐给官员及宗室，如咸平二年（999）六月己巳，“祭酒邢昺上新印《礼记疏》七十卷。赐诸王辅臣人一本”①。大中祥符元年（1008）六月，崇文院检讨杜镐等所校订的《南华真经》摹刻版本完毕后，真宗皇帝为宣扬崇尚道教的统治理念，“赐辅臣人各一本”②。大中祥符五年（1012）四月，“崇文院上新印《列子冲虚至德真经》，诏赐亲王、辅臣人各一本”③。

官刻书籍颁赐给皇亲及外戚既可显示殊荣，亦可培养臣子忠君、孝悌等观念，以达到宋廷内部的和谐稳定。皇室学习用书由中央颁赐，如哲宗元祐八年（1093）三月庚子，“诏皇弟诸郡王国公出就外学，各赐九经及《孟子》《荀》《扬》各一部令国子监印给”④。对皇子赏赐印书也是一种传承治国理念的方式，如天禧三年（1019）九月丙子，“赐皇太子元良《述六艺箴》《承华要略》十卷、《授时要略》十二卷，又以国史、两朝实录、太宗文

① 《玉海》卷39《咸平礼记疏》，第738页。
② 《麟台故事校证》卷2《修纂》，第60页。
③ 《麟台故事校证》卷2《修纂》，第60页。
④ 《长编》卷482，元祐八年三月庚子，第11472页。

集并御集、御览群书赐皇太子”①。中央也将地方政府所献书籍赐予宗室，用于皇子教育，淳熙三年（1176），参知政事龚良认为严州刊行《资治通鉴纪事》一书“有补治道。或取以赐东宫，增益见闻”，于是孝宗命严州刊印十部以赐东宫及诸宗王。有时皇亲主动要求赐予官刻书籍，如仁宗时期，宗室赵宗望“愿尽赐国子监书，以勉子孙之学”，作为书写第一名的奖励。② 再如宣和元年（1119）五月，皇子郓王楷上奏：“臣自蒙恩就府第以来，庶事毕备，惟是未有监书可广闻见。欲望特降睿旨，国子监印造颁赐。”③

此外，中央机构也会受到颁赐，大中祥符六年（1013），“赐御史台《九经》、诸史”④。天禧元年（1017）二月，“赐宗正寺板本经史，以备修撰玉牒”⑤。

除了书籍外，为明确颁行政令以及勉励官员，宋帝将御笔手诏等合编成书册摹印颁布。宣和三年（1121），“雕印御笔手诏共五百本，诏赐宰臣、执政侍从、在京执事、外路监司守臣各一本”⑥。绍兴十七年（1147）三月丁丑，高宗皇帝曾将自己在位以来“惠民爱物手诏，编类刊印成书，守、令陛辞门谢日，人赐一秩”⑦。

---

① 《长编》卷94，天禧三年九月丙子，第2167页。

② 《华阳集》卷54，《四部丛刊》影印本。

③ 《宋会要辑稿》帝系2，宣和元年五月，第55页。

④ 《宋史》卷8《真宗本纪三》，第154页。

⑤ 《玉海》卷51《祥符皇宋玉牒》，第959页。

⑥ 《宋会要辑稿》礼62，宣和三年八月，第1720页。

⑦ 《建炎以来系年要录》卷156，第2527页。

（二）对地方政府及学校的赏赐

中央官刻经书还直接赐予地方政府，用以教化民众，如端拱二年（989）五月三十日，康州言："愿给《九经》书，以教部民之肄业者，从之。"① 官刻尤其是监本经史类书籍常作为教材颁发给各级学校，咸平四年（1001）六月下诏"诸路郡县有学校聚徒讲诵之所，赐《九经》书一部"②。此次赏赐范围和规模空前，也为后世颁赐形成定式。将皇帝亲写的六经颁赐学校，彰显中央对地方教育之重视，绍兴十三年（1143）十一月戊午，曾将国子监石刻的宋高宗亲写的六经与《论语》《孟子》之书的墨本，赐诸路州学。③ 绍兴十四年（1144）秋七月辛未，宋高宗下诏"诸州以御书《孝经》刊石，赐见任官及系籍学生"，而此前已颁行《孝经》于郡学，为了"家至户晓，以彰圣孝"故"令诸郡募工摹刻"④。此次赏赐由中央直接命地方刊刻并赐予当地官员和学生，以最快的速度传播到了全国各地。地方州学也会主动向中央政府求赐书籍，如元祐七年（1092），郓州州学求赐书，获书二千七百卷。⑤

地方书院林立是宋代地方教育迅猛发展的表现，对全国各地书院的赏赐也是官刻书籍的重要流通渠道。地方官员为书院求赐经书是其职责之一，如太平兴国年间，"江州守臣周述之奏，诏

---

① 《宋会要辑稿》崇儒1，端拱二年五月，第2183页。

② 《宋会要辑稿》崇儒2，咸平四年六月，第2188页。

③ 《宋会要辑稿》崇儒1，绍兴十三年十一月，第2179页。

④ 《建炎以来系年要录》卷152，第2444页。

⑤ ［宋］刘挚：《忠肃集》卷9《郓州赐书阁记》，《文渊阁四库全书》，台湾商务印书馆1983年版，第1099册，第556页。

以国子监《九经》赐庐山白鹿洞书院”①，以备书院生徒阅读学习之用。至道二年（996）七月六日，“赐嵩山书院额及印本《九经》书疏。从本道转运使之请也”②。真宗咸平四年（1001）三月二十日，因“岳麓山书院修广舍宇，有书生六十余人听诵”，“降释音、文疏、《史记》、篇韵”③，可知宋廷颁降书籍范围不止是经类，还有史类等书籍。而有些大部头官刻史书仅颁赐于学校，限制了官刻书籍在民间的流通，如政和中，曾巩等人校订的《南齐》《梁》《陈》和刘恕等上《后魏书》，王安国上《周书》都校对完毕，“颁之学官，民间传之尚少”④。宋廷借助赐书推动书院发展以培养人才，还推广了官方标准用书，以期实现思想统一。

南渡后，各地方学校缺书较为严重，高宗时期曾广泛颁赐经史书籍于地方官学。⑤ 绍兴十五年（1145）十一月丁酉，太学博士王之望上书要求仿照端拱和咸平年间的旧制，将《群经义疏》及《经典释文》“令国子监印千百秩，俾郡县各市一本，置之于学”⑥。此次赏赐与北宋不同的是国子监所缺印本直接从附近州郡取印板。至南宋淳熙八年（1181）又从朱熹请求赐书白鹿洞书院“诏国子监印造太上皇帝御书石经及板本《九经》注疏、《论语》《孟子》等书给赐”⑦。南宋书院数量虽然超过北宋，但获得朝廷赐书次数却明显减少，此与书院自身藏书数量增多有直接关系。

① 《宋会要辑稿》选举 17，太平兴国二年十一月，第 4532 页。
② 《宋会要辑稿》崇儒 1，至道二年七月，第 2183 页。
③ 《宋会要辑稿》崇儒 2，咸平四年三月，第 2207 页。
④ 《郡斋读书志校证》卷 5《宋书》，第 184 页。
⑤ 《宝庆四明志》卷 2《学校》，第 5012 页。
⑥ 《建炎以来系年要录》卷 154，第 2495 页。
⑦ 《历代名臣奏议》卷 115《学校》，第 1543 页。

（三）其他赏赐

寺院和道观等宗教场所也时常受到中央赏赐，如淳化中，宋太宗将“《急就章》《逍遥咏》《秘藏诠》《太平圣惠方》凡一百四十三卷”赐予吴郡宝严禅院。[①] 大中祥符八年（1015）春正月丁亥，“赐玉清昭应宫国子监印本经书各一部”[②]，可见对寺观赐书不仅仅是宗教类书籍，还包括医书和经书等。

官刻书籍同样用以赏赐其他少数民族政权，宣扬华夏正统观念，如仁宗时期宋夏达成和议，于庆历五年（1045）向西夏颁赐《崇天万年历》。[③] 嘉祐七年（1062）四月，“夏国主谅祚进马五十匹，上表求太宗御制真草、国子监《九经》《册府元龟》《唐书》及本朝贺正旦、冬至二节仪。诏止以《九经》赐之，还其马”[④]。从这次赏赐看，宋廷并未完全按照西夏所请求的赐书书单来赐书，书籍交流仅限于经书。嘉祐八年（1063）四月丙戌，“以国子监所印《九经》及正义、《孟子》、医书赐夏国，从所乞也”[⑤]，此次医书也在赏赐范围内。

从官刻书籍颁赐选取上，也可看出宋廷始终对少数民族政权保持警惕。元丰三年（1080）四月下诏杭人“禁民毋以言涉边机文字鬻高丽人”[⑥]。而绍圣四年（1097），章惇曾言：“今所谓边事者，可雕印板千百本以遗贼，亦不畏彼知”[⑦]，更反映出宋廷将赐

① ［宋］范成大：《吴郡志》卷35《宝严禅院》，《宋元方志丛刊》，第1册，第956页。

② 《长编》卷84，大中祥符八年春正月丁亥，第1911页。

③ 龚士俊：《西夏书事校证》，甘肃文化出版社1995年版，第201页。

④ 《宋会要辑稿》礼62，嘉祐七年四月，第1714—1715页。

⑤ 《长编》卷198，嘉祐八年四月丙戌，第4802页。

⑥ 《长编》卷294，元丰三年四月戊戌，第7397页。

⑦ 《长编》卷493，绍圣四年十一月丁卯，第11700页。

书视为一种政治及军事力量的宣传。

（四）对周边国家颁赐

官刻书籍也会作为一种对外交流的载体，历日、经典书籍、农书、医书等都在颁赐范围之内。真宗大中祥符八年（1015）十二月癸酉，“高丽遣使郭元至阙下，请赐历日及《登科记》、御制赐诗。九年正月丙寅，郭元辞，赐王询诏书七函、衣带、器币、鞍马、九经、《史记》、《两汉书》、《三国志》、《晋书》、诸子、历日、《圣惠方》，从其请也”[①]。天禧五年（1021）十二月，“赐权高丽国主王询阴阳地理书、《圣惠方》，从所请也”[②]。元符二年（1099）正月甲子，“高丽国进奉使尹瑾等言：乞赐《太平御览》等书。诏所乞《太平御览》并《神医普救方》见校定，俟后次使人到阙给赐”[③]。这些颁赐对高丽等地教育、天文、医学等发展起到了推动作用。

佛教书籍颁赐还被寄予佛法感化的理念，日本、高丽、女真、西夏、安南等也多次向北宋请赠《大藏经》。安南曾先后八次求取《大藏经》。[④] 雍熙元年（984）三月，“日本国沙门奝然来朝……奝然心谒五台，及回京师。乞赐印本《大藏经》，诏有司给与之”[⑤]。淳化元年（990），“高丽国王治遣使，乞赐《大藏经》并《御制佛乘文集》，诏给之”[⑥]。天禧三年（1019）十一月，“东女真国入贡，乞赐《大藏经》。诏给与之。四年正月，右街讲经

---

① 《宋会要辑稿》礼62，大中祥符八年十二月，第1712页。
② 《宋会要辑稿》礼62，天禧五年十二月，第1712页。
③ 《长编》卷505，元符二年正月甲子，第12041页。
④ 戴蕃豫：《中国佛典刊刻源流考》，书目文献出版社1995年版，第43—44页。
⑤ 《佛祖统纪校注》上，第506页。
⑥ 《佛祖统纪校注》上，第430页。

秘演等请以《御制释典法音集》，命僧笺注凡三十卷。乞附《大藏》，诏给与之”①。真宗年间，“交州来贡，赐黎龙廷九经及佛氏书”②。元符二年（1099）五月戊辰，“交州南平王李乾德乞《释典》一大藏，诏令印经院印造入内，内侍省差使臣取赐”③。这些颁赐以官刻书籍为交流载体，散布宋廷求和尚文的理念，弘扬了中土文化。

二、市场流通

宋代商品经济迅速发展，书籍市场较为发达，印板书成为普通商品，社会需求量较大，周流天下。④ 买书被视为一种高雅行为，能为官员增添一份美德清誉，如乾兴年间李及知杭州，“任中不市物”，卸任时，唯独买白乐天集一部。⑤ 不少权贵以买书为嗜好，如陈彭年“官至贵显而居室陋敝，所得俸赐，惟市书籍”⑥。

由于学校教育的普及，民间购买多集中于教育类及实用类书籍，社会各阶层皆有爱书、买书之人，如潞州首富张仲宾为买到质优的监本书而不惜花费金钱，“尽买国子监书，筑学馆，延四方名士与子孙讲学”⑦。普通读书之人也热衷于购买书籍，部分士人即便生活困苦，也挤出钱购书，“一生多病缘勤学，五斗无余

---

① 《佛祖统纪校注》下，第 1062 页。

② 《宋史》卷 7《真宗纪》，第 134 页。

③ 《长编》卷 510，元符二年五月戊辰，第 12149 页。

④ 魏明孔主编，胡小鹏著：《中国手工业经济通史》宋元卷，福建人民出版社 2004 年版，第 458 页。

⑤ 《乾道临安志》卷 3，《宋元方志丛刊》第 4 册，第 3241 页。

⑥ 《宋史》卷 287《陈彭年传》，第 9665 页。

⑦ ［宋］邵伯温：《邵氏闻见录》，中华书局 1983 年版，第 164 页。

更买书"[①]。除了士人和平常百姓外，女性为了教子向学也参与到购书之列，如朱遵式之妻杜氏平日节俭持家，"唯贾书则不问其价，以至抽辍簪揖，略无倦色"[②]；张奎与张亢之母宋氏"不爱金帛，市书至数千卷，亲教督二子使读书"[③]；节妇荃"子渐长，筑舍于外，购书命师教之"[④]。从大量墓志铭可看出，注重书籍与家庭教育成为宋代评价女性道德品行的标准之一。信奉者众多的佛教书籍也是市场交易的重要组成部分，治平四年（1067），青龙镇邑人陈守通，"乃始出泉购书"，购买卷数较多，而栖经无所，于是特意扩建法堂，"藏所谓五千四十八卷者"[⑤]。上述诸多原因刺激了宋代图书市场的繁荣，因而书籍无论从种类还是数量上，流通量较大，官刻内容也呈现出适应市场化趋势的特征。

国子监书籍除了颁赐外，也对外售卖。雍熙四年（987）规定售书盈利所得可归国子监自行支用，"三司不得管系"[⑥]。真宗年间规定："国学见印经书，降付诸路出卖，计纲读领，所有价钱，于军资库送纳。"[⑦] 随着刻印图书种类的增多，国子监有选择性地印卖书籍，停止对《文选》、小说等类印板的雕造。天圣三年（1025）二月，"国子监言，准中书劄子，《文选》《初学记》

---

① ［宋］胡太初修，赵与沐纂《开庆临汀志》，《永乐大典》卷 7894，第 3667 页。

② 《小畜集》卷 28《监察御史朱府君墓志铭并序》，《文渊阁四库全书》，台湾商务印书馆 1983 年版，第 1086 册，第 272 页。

③ 《涑水记闻》卷 10《宋氏教子》，第 179 页。

④ ［宋］文莹：《玉壶清话》卷 5，中华书局 1984 年版，第 44 页。

⑤ ［宋］冯翊：《隆平寺经藏记》，《至元嘉禾志》卷 19，《宋元方志丛刊》第 5 册，第 4558—4559 页。

⑥ 《宋会要辑稿》职官 28，雍熙四年十月，第 2958 页。

⑦ 《宋会要辑稿》职官 28，大中祥符五年九月，第 2956 页。

《六帖》《韵对》《四时纂要》《齐民要术》等印板，令本监出卖。今详上件《文选》《初学记》《六帖》《韵对》并抄集小说，本监不合印卖。今旧版讹阙，欲更不雕造。从之”①。从旧版损耗程度可看出国子监印书数量巨大。但国子监售书范围并未有特定界限，有时会根据臣子上书要求刻印书籍，如司马光认为民间出版的《荀子》和《扬子法言》有较多文字讹误，于是“乞降敕下崇文院，将《荀子》《扬子法言》本精加考校讫，雕版送国子监，依诸书例印卖”②。国子监刻书对外销售数额较大，存在利润空间，除能支付本钱外，还有结余上交左藏库。除发售给各路印卖外，也通过学校售卖，“今传者有《脉经》一种，见《阮外集》。绍兴年间重刊，仍发各州郡学售卖”③。

官刻书籍利润根据刻印种类不同而有高低之分。经史类书籍刊刻的主要目的是宣扬官方思想，为了扩大影响力，政府对监本的出售价格做出一定干预，表现为定价较低，利润空间较小，使得受众能够以可接受的价格通过市场途径购得。如真宗天禧元年(1017)，上封者言：“国子监所鬻书，其直甚轻，望令增定”，而真宗认为，“此固非为利也，政欲文字流布耳”④，并颁布了《国子监经书更不增价诏》，进一步阐明国家发行书籍的目的，“曩以群书，镂于方版，冀传函夏，用广师儒，期于四方，固縻言利。将使庠序之下，日集于青襟，区域之中，咸勤于素业。敦本抑

① 《宋会要辑稿》职官28，天圣三年二月，第2958页。

② 《全宋文》卷1176《乞印行荀子扬子法言状与馆阁诸君同上》，第183页。

③ 《书林清话》卷3《宋司库州军郡府县书院刻书》，中华书局1957年版，第51页。

④ 《长编》卷90，天禧元年九月癸亥，第2082页。

末，不其盛欤。其国子监经书更不增价”[1]。此外，还允许在缴纳一定纸墨费用后使用国子监刻板，自行印刷，这不仅提高了刻板的使用率，还使监本书因价低得到广泛推广，“宋时国子监板，例许士人纳纸墨钱自印。凡官刻书，亦有定价出售”[2]。太平兴国八年（983），睦州知州田锡因州无经书，“乞自办纸就国子监印取九经归州”[3]。经史类常用监本书籍定价低的另一个原因是书籍要出售给各级学校。由于面向群体特殊，定价较低，如学官王瞻叔“尝请摹印诸经义疏及《经典释文》，许郡县以赡学或系省钱各市一本，置之于学。上许之”[4]。监本经史类书籍定价相对敏感，一旦出现书价变动的现象，宋臣便会上书要求政府调整价格，“臣伏见国子监所卖书，向用越纸而价少，今用襄纸而价高，纸莫不迨，而价增于旧，甚非圣朝章明古训以教后学之意。臣愚欲乞计工纸之费以为之价，务广其传，不以求利，亦圣教之一助。伏候敕旨。臣惟诸州学所卖监书，系用官钱买充官，物价之高下何所损益，而外学常苦无钱而书价贵，以是在所不能具有国子之书，而学者闻见亦寡。今乞止计工纸，别为之价，所冀学者益广见闻，以称朝廷教养之意，及乞依公使库例，量差兵士般取”[5]。

除了限定经书价格外，为了解决医人无力购买医书的现象，官刻将较大部头的医书改印小字本，降低了医书成本，并对售价

---

① 《全宋文》卷255，《国子监经书更不增价诏》，第714页。

② 《书林清话》卷6，中华书局1957年版，第143页。

③ 《全宋文》卷27《咸平集》，第189页。

④ 《建炎以来朝野杂记》甲集卷4《监本书籍》，第182页。

⑤ ［宋］陈师道：《后山先生文集》卷11《论国子卖书状》，《文渊阁四库全书》，台湾商务印书馆1983年版，第406册，第508页。

做出了限定。[①] 元祐三年（1088），国子监雕印小字本《伤寒论》《千金翼方》《金匮要略方》《脉经》，“只收官纸工墨本价，许民间请买，仍送诸路出卖”[②]，推动了医学知识的传播。

部分书籍由政府垄断经营，利润空间较大，而且售卖政策也经常变动。如历日类书籍自五代始便由政府专卖，入宋后由手抄变为印刷后成本大为降低，至景德二年（1005），费用由三百千降至三十千[③]，利润丰厚。熙宁年间为增加财政收入，规定由司天监印卖历日，“民间毋得私印，以息均给本监官属”[④]。民间尚有卖一二钱小历日，但至熙宁四年十二月，民间小历售卖也被禁止，历日彻底被官方垄断，“至是尽禁小历，官自印卖大历，每本直钱数百，以收其利”[⑤]，增加了政府财政收入。元丰三年（1080）三月，政府又发售小历与大历，并允许商人出卖，“自今岁降大小历本付川、广、福建、江浙、荆湖路转运司印卖，不得抑配。其（前）［钱］岁终市轻赍物付纲送历日所，余路听商人指定路分卖”[⑥]。至南宋初年，官府又同时发行大历和小历两个版本，但大历基本是作为赏赐之用，而小历本通过榷货务出售。至乾道时期，由于存在市场需求，匠人私自出售大历，影响了政府收入及管理，而且大历被刻印成板仅用于赏赐，造成资源浪费，于是朝廷也开始面向市场出售大历。此时期历日售价大致为“每

① 《藏园群书经眼录》卷7子部1《仲景全书四种》，第594—597页。

② 《伤寒论》卷首《国子监刻书表》，《四部丛刊》影印本。

③ 《长编》卷61，景德二年九月戊午，第1366页。

④ 《长编》卷220，熙宁四年二月戊寅，第5360页。

⑤ 《长编》卷228，熙宁四年十二月辛酉，第5553页。

⑥ 《宋会要辑稿》职官18，元丰三年三月，第3782页。

本立价三百文出卖”，且“专委提辖检察，不得盗印”①。

在书籍成为商品的大背景下，官刻书籍尽管有限价销售的情况，但整体上仍为盈利状态。北宋王安石变法期间市易务刻印及售卖书籍获利颇丰，“元造书板用钱一千九百五十一贯四百六十九文，自今日以前所收净利，已计一千八百八十九贯九百五十七文”②。为此，苏轼上书要求“罢市易务书板，赐与州学，印赁收钱，以助学粮；或乞卖与州学，限十年还钱”③，可看出地方学校刻印书籍出售并租赁刻板，也是处于盈利状态。甚至部分地方政府垄断书籍发售渠道，将此作为科敛赚钱工具，如淳熙十三年（1186）“四川科举，于习诗赋之人，令先纳买《韵略》钱二千，至有无资而改习经义者”，后朝廷规定“应诸路州郡及漕司科举，不得以科买《韵略》为名科敛钱物”④。公使库钱刻书更根据市场所需，以营利为目的，汤修年在《梦溪笔谈跋》中称：“此书公库旧有之，往往贾易，以充郡帑，不及学校。”⑤ 地方学校也自行刻印书籍并对外售卖，且处于盈利状态。如绍兴十七年（1147）黄州本《小畜集》一十六万三千八百四十八字，共八册，四百四十板。“表楷碧纸一十一张，大纸八张，共钱二百六文足。赁板棕墨钱五百文足，装印工食钱四百三十文足。除印书纸外共计一贯一百三十六文足。见成出卖，每部价钱五贯文省。”⑥

---

① 《宋会要辑稿》职官 18，乾道四年五月，第 2786 页。

② ［宋］苏轼：《苏轼文集》卷 29《乞赐州学书板状》，中华书局 1986 年版，第 840 页。

③ 《苏轼文集》卷 29《乞赐州学书板状》，第 839 页。

④ 《宋会要辑稿》选举 5，淳熙十三年十一月，第 4303 页。

⑤ ［宋］汤修年：《梦溪笔谈·跋》，明崇祯四年影印本。

⑥ 《王黄州小畜集》卷末《王黄州小畜集跋》，《四部丛刊初编》。

其他书籍如法典、韵书等作为判案、科考和学校常用参考书及官吏用书，除内部发行外，也会对外出售，元符三年（1100）"详定重修敕令所请依旧令国子监印卖编修敕格式，命官并习刑法人许置"[①]。一些条例及敕令也被编辑成册刻印出卖，靖康元年（1126），"吏部四选将逐曹条例编集成（删）[册]，镂板印卖"[②]。建炎四年（1130），条例由中央下发越州雕刻售卖，"内吏部铨注条例乞颁下越州雕印出卖"[③]。

地方学校也刊刻书籍售卖，其目的多为养士助学，如绍圣年间，慕容彦逢任越州州学教授期间"印《三史》，雠校精审，遂为善书，四方士大夫购求之，鬻以养士"[④]。地方学校除出售书籍外，同时大量购置书籍，如绍兴年间，建州州学"先是学无书籍，乃市书于四方，略备贮之以库而谨其出"[⑤]。

三、官府藏书流失

（一）官府藏书的外流

除了赐书、市场流通等正规渠道外，北宋时期，一些官员借职务之便私自携书带出，或借书不还，也使中央藏书外流，"前世藏书，分隶数处，盖防水火散亡也。今三馆、秘阁，凡四处藏书，然同在崇文院。其间官书，多为人盗窃，士大夫家往往得

---

① 《宋会要辑稿》职官28，元符三年九月，第2964页。

② 《宋会要辑稿》选举23，靖康元年七月，第4615页。

③ 《宋会要辑稿》刑法1，建炎四年八月，第6478页。

④ ［宋］蒋瑎：《慕容彦逢墓志铭》，慕容彦逢《摛文堂集》，台湾清华文化事业股份有限公司1970年版，第456页。

⑤ ［宋］张嵲：《重建州学记》，《至元嘉禾志》卷16，《宋元方志丛刊》，第4526页。

之”[①]。嘉祐年间，右正言吴及也提及“近年用内臣监馆阁书库，借出书籍，亡失已多”，并请求“其私借出与借之者，并以法坐之”[②]。

中央藏书外流的主要原因是管理不严格。馆阁借书有明确的借阅规定，“监臣有请严借书之禁，以防篇帙之散失；详印记之文，以为图书之辨证；模式样于册，以虞器物之换易。条束具存，足为永便”。熙宁七年（1074）孟寿安曾建议“不令诸处指定取索馆阁书籍，并可与施行外，欲将借本书库原书籍添入经、史、子、集，书数足备及准备阅览”，而三馆、秘阁认为“馆阁书籍浩翰，若依所乞，虑难抄录。科场借书，外面无本，方许于馆阁权借。如遇殿试科场，即馆阁一面供书入殿”[③]，规定只有外面无本，才能从馆阁借阅。但由于缺乏有效监管和具体惩罚措施，此以规定很难得到执行。地方官学书籍通常也不允许外借，如宋刻《青山集》卷中有诸色木记“嘉兴府府学官书依条不许借出，系知府何寺正任内发下，嘉定甲戌七月同日记”[④]。但仍有官员不遵守规定，“然人情积玩，欺伪易生，自非明示检防，以时稽查，则前日之所申明，殆为文具”，更有甚者将市面罕见书籍私印出售，“近之士夫，至有借出馆书，携而去国者，是久假不归，恶知其非有也；有人所未见之书，私印其本，刊售于外者，是以秘府之文为市井货鬻之利也”。为除此弊，秘书省上奏请求“欲望陛下申严旧制，行文本省，非系省官，毋得借书”，并得到

① 《梦溪笔谈》卷1《馆阁藏书》，第22页。

② 《宋会要辑稿》崇儒4，嘉祐四年正月，第2234页。

③ 《宋会要辑稿》职官18，熙宁七年六月，第2756页。

④ 《青山集》卷中，国家图书馆馆藏宋刻本。

宋理宗批准，“仍令秘书省常切遵守，毋致违戾”①。此类规定仅强调依条例遵守，但缺乏有效监管而且无具体惩罚措施，所以效果不大。况且部分士人有借书不还的恶习，“比来士大夫借人之书，不录不读不还，便为己有，又欲使人之无本。颍州一士子，《九经》各有数十部，皆有题记，是为借诸人不还者。每炫本多”②。

国史、实录原本严禁外流及私自刻印收藏，《徽宗实录》编成后藏于天章阁，一小本进禁中，且副本在有司者，不许借阅传写，然而实际却无法控制。如南宋刘仪凤因外传宫廷藏书而获罪，“奉入，半以储书，凡万余卷，国史录无遗者。御史张之纲论仪凤录四库书本以传私室，遂斥归蜀”③。此类书籍外流原因与科举考试相关，“国朝正史与凡实录、会要等书，崇护惟谨，人间私藏，具有法禁。惟公卿子弟，或因父兄得以窃窥，而有力之家冒禁传写，至于寒远士子，何缘得知?”④ 但私藏官方书籍，使得不少书籍在战火中保存下来，如绍兴年间，戚里张樾献太祖至神宗六朝《实录》《会要》《史志》等书⑤，不仅补充了南宋中央文献所缺，而且为修新实录提供了依据。

嗜书官员抄写馆阁所藏之书后流出也是官方图书传播的途径之一，如“庄蓼塘，住松江府上海县青龙镇，尝为宋秘书小史。其家蓄书数万卷，且多手抄者。经史子集，山经地志，医卜方

① 《南宋馆阁续录》卷3《储藏》，第192页，绍定元年三月，秘书省监叶禾上书。

② ［宋］赵德麟：《侯鲭录》卷7《借书应还》，中华书局2002年版，第171页。

③ 《宋史》卷389《刘仪凤传》，第11941页。

④ 《宋会要辑稿》选举5，嘉泰元年十二月，第4325页。

⑤ 《建炎以来朝野杂记》甲集卷4《神宗哲宗新实录》，第109页。

伎，稗官小说，靡所不具”[①]。《吕氏春秋》中有识语“四明使君于元丰初奉诏修书于资善堂，尝取太清楼藏本为之校定”[②]。

（二）书籍散佚

经历了靖康战火，不少中央严禁外流书籍散落至民间，毕少董“尝于相国寺鬻故书处，得熙丰日残历数帙，无复伦序”[③]。在南宋初年求访图书过程中，时常会发现官员和民间私藏此类书籍，如绍兴元年（1131），政府征得布衣何克忠所藏《太祖实录》[④]；绍兴二年（1132）十一月二十三日，秘书少监洪炎上书使福州取“福州故相余深、泉州故相赵梃之，家藏国史实录善本”[⑤]。亦有些中央藏书因战乱或其他原因散落民间。一些珍贵书籍通过馆阁官员手抄带出等方式传入民间，得以保存。曾担任过馆阁校勘的苏颂“家藏书万卷，秘阁所传者居多”。苏颂致仕后，居住丹徒，叶梦得常借书传抄，因而得见不少珍贵图集。[⑥]

靖康之变，金人从北宋都城开封携走大批秘阁三馆书籍、监本印板、宋人文集、阴阳医卜之书[⑦]，并命令宋廷主管部门搜集并送入敌营“鸿胪卿康执权、少卿元当可、寺丞邓肃押道释经版；校书郎刘才、邵溥、宿国子监主簿叶将、博士熊彦诗、上官悟等五人押监书印版，并馆中书籍往营中交割”。据载，“当时下

---

① ［元］陶宗仪：《南村辍耕录》卷27《庄蓼塘藏书》，中华书局2004年版，第59页。

② 《钦定天禄琳琅书目》卷9《吕氏春秋》，第456页。

③ 《玉照新志》卷1，第619页。

④ 《建炎以来朝野杂记》甲集卷4《神宗哲宗新实录》，第109页。

⑤ 《宋会要辑稿》崇儒4，绍兴二年十一月，第2241页。

⑥ 《嘉定镇江志》卷19《人物》，第2530页。

⑦ 《三朝北盟会编》卷77，《文渊阁四库全书》，台湾商务印书馆1983年版，第350册，第615页。

鸿胪等取经板一千七百片”[①]。所谓“国家多故，靖康之变，诸书悉不存”[②]，但这同时也打破了宋对金长期的文化封锁，不少珍贵书籍在金朝得以流传和保存。

① 《三朝北盟会编》卷77，《文渊阁四库全书》，第350册，第616页。

② 《挥麈录》卷1，第3578页。

第六章　宋代官刻书籍的影响

胡应麟认为：“雕本肇自隋时，行于唐世，扩于五代，精于宋人。”① 雕版印刷技术的发明及应用虽然早于宋，但将其大规模推广应用却始于宋代立国之后，且由北宋至南宋经历了由少至多的过程。在政府主导下进行的刻印，必然存在与其他刻印形式不同的特点。

官刻书籍作为一种媒介，是官方意识形态输出的重要途径，能充分体现官方主导思想，对政治、经济与文化产生了深远影响。而随着刻印技术的普及，官刻书籍传播速度加快，范围增大，影响也更为深远。

第一节　官刻书籍在政治方面的影响

官方的意识形态通过编纂、刻印、出版书籍的具体形式展现出来，包括传统的廉耻观、善恶观、价值观等治国理念被外化为书本典章及政策，进而将国家意志推行到社会治理之中。宋廷以

① 《少室山房笔丛》甲部卷 4《经籍会通四》，第 69 页。

官刻书籍为媒介，加强对政治舆论的控制，提升了中央政府的权威及官方舆论影响力，如宋廷在大量发行监本经史类书籍的同时，制定并执行了一系列包括对民间刻板书籍的管理政策。由于儒家思想始终为宋廷主导政治思想，通过官刻经史类书籍能直接将政治指导思想付诸实践。以经史类刻书培养出的人才，在施政过程中将一系列治国理念推行到各个层面，突出宋代文治特色，维系宋帝国的正常运行。理宗时期，大力推行理学，宝庆三年（1227）下诏："朕观朱熹集注《大学》《论语》《孟子》《中庸》，发挥圣贤蕴奥，有补治道。朕励志讲学，缅怀典刑，可特赠熹太师，追封信国公"[①]，包括《四书集注》等大量理学著作得到官方刊刻，科考也逐步以《四书》标准取士。

官刻书籍对政治最直接的影响是促进了科举制度的发展和完善，有利于选拔科举人才，为治国理政提供了人力资源。儒家经典文本对思想与知识世界的建构起着极其重要的作用，因而备受宋政府重视。从选择底本，到勘校编纂，再到付诸刻板，一套较为严格的程序，确保了文本的准确性和权威性。科举制度完善，书籍易得，知识层面得以扩大，阶级流动渠道保持畅通，进而减少了社会矛盾，可以说"在政治的组织和实施中，传播占有关键的一席。在历代各国和西方文明中，传播也占有关键的一席"[②]，官刻书籍的作用是不容小觑的。

文臣具有文人及官僚双重身份，官刻书籍在取材上不仅能反映出政治形势，又能有效传达中央政治立场。由于政治站位上的

---

① 《宋史》卷41《理宗本纪一》，第789页。

② ［加］伊尼斯著，何道宽译：《帝国与传播》，中国人民大学出版社2003年版，第3页。

不同与对立，书籍也成为党争等政治行为的反映，禁书成为打击异己的手段之一。用官帑刻印也成为官员被弹劾的一项罪责，如施宿在淮南东路提举常平司刊刻《注东坡先生诗》，并出资聘请善写欧书的傅稚写板，被弹劾，坐以赃私。①

官刻经史类书籍作为科考指定教材和考试出题范围，统一了官方思想，引导了知识阶层价值取向，培养符合统治理念的人才。如王安石变法期间，《三经新义》由政府颁行，统一士人思想为变法储备后继人才，因而王安石等人对经义解释的垄断性及权威性十分在意，不容他人修改质疑。随着变法的深入，王安石与吕惠卿等人矛盾加剧，于熙宁八年（1075）围绕修改《三经新义》内容、序言等展开过辩论。而经过吕升卿、吕惠卿等人修改后的《三经新义》，“得旨刊布，几及千本”后停止出售。② 但一家学说成为主导思想也会导致学术上的偏废，如朱熹认为王安石罢废《仪礼》后，导致士人不习此类本经和注疏，“自王介甫《新经》出，废明经学究科，人更不读书，卒有礼文之变，更无人晓得，为害不细”③。

宗教类书籍的刊刻及出版在统治策略上能够与儒家传统治国理念互为补充。宋廷校勘及刻印大部头宗教类书籍，大量国外经书被翻译刊刻。宗教书籍的快速传播为宋代宗教发展提供了便利条件，教义推广范围扩大，传播速度增快，信众增加，又带动了宗教书籍及新的教义产生，诸如禅宗的产生。

由官方统一刻印敕令不但降低了手写文本传抄过程中出现讹

① 《癸辛杂识》下，中华书局1988年版，第241页。
② 《长编》卷268，熙宁八年九月辛未，第6563页。
③ 《朱子语类》卷85《礼二》，2906页。

误的可能性，维护了法律权威性，使地方政府行使职权有了章法可循，而且节约了行政成本，提高了行政效率，同时加强了中央对地方的监控能力①，尤其是法律文本的刻印发行更确保了依法行政的准确性。

第二节　官刻书籍在经济方面的影响

由于各地刻印发展情况不一，存在着地区不平衡性，福建、浙江、四川等地发达的刻印业促进了地域经济的发展。官刻书籍对纸张和墨品要求较高，带动了纸张和墨品等相关产业的发展，产品种类增多。宋代官刻书籍成为政府经济收入新来源。

官刻自身不是封闭保守的系统，它始终面向市场流通，官刻书籍凭其较高的质量为时人所重。一些科举用书及日常用书的出版占比较大，带动了书籍消费。大规模官刻书籍投入市场促使书籍成为一般性商品，推动了书籍市场的繁荣。印刷业的繁荣，降低了书籍成本，“凡书市之中，无刻本则抄本价十倍。刻本一出，则抄本咸废不售”②，促进了全国图书贸易的发展。通过商业运输，县级图书市场售卖书籍种类也逐渐增多，如县令姚耆寅命建阳县学“斥余金鬻书于市，上自六经，下及训传、史记、子集凡若干卷以充入之”③。

① 参见杨倩描《印刷术的发展与两宋政治》，《宋代国家文化中的科学》，中国科学技术出版社2007年版，第7页。

② 《少室山房笔丛》甲部卷4《经籍会通四》，第59页。

③ 《晦庵先生朱文公文集》卷78《建宁府建阳县学藏书记》，第3745页。

第三节 官刻书籍在文化和社会方面的影响

国家对书籍的雕版颁行，推广了经典文本，普及了文化知识，促进了宋代文化知识水平的普遍提高和宋代文化教育事业的发展。

首先，宋代官刻经史书籍的大量赏赐和发售直接推动了官私教育的发展。大量书籍供给中央及地方各级学校，除了赏赐给官学及书院外，还允许地方学校及士人只纳纸墨钱摹印，“赐予州学，印赁收钱，以助学粮”①，降低了知识获得成本。官方统一学校和科举用书，改变了以往手抄难有定本的局面，提供了统一而准确的范本。印本的普及，使士人多有机会和条件广泛研习经籍，阅读范围更为广博，客观上促使了科举考试内容上的变化。

媒介和传播方式的改变打破了知识垄断，知识及信息传播空间更远、时间更快、留存率更高。由于书籍数量和种类更多、质量更精，宋人获取真知的渠道更加广泛。读书成为很多人生活中的重要组成部分，即便是穷乡僻壤也多有读书之人，“孤村到晓犹灯火，知有人家夜读书”②。印本的普及启迪了宋代民智，推动了社会的进步。正如日本学者内藤湖南所言：“印刷技术的发展对弘扬文化是个巨大推动，随之出现了学问的民众化倾向。”③ 印

---

① 《苏东坡全集》卷6，第104页。

② ［宋］晁冲之：《晁具茨先生诗集》卷12《夜行》，中华书局1985年版，第53页。

③ ［日］内藤湖南：《概括的唐宋时代观》，《日本学者研究中国史论著选译》，第389页。

刷术的发展使得文化传播方式不断更新，其受众层面成几何级数扩大，普通百姓通过阅读书籍认知世界，理解自己和社会。同时大量的知识积累和传承，促进了创新，推动了宋代学术繁荣。

印本普遍流行，据杨万里记载："东若闽浙，西若邓蜀，有善本，有精纸，有大字之书，必扣囊底，倒橐中，罄所有，走健步以致之。又聘良工，伐山木，作一书院以庋之，凡数万卷不翅也。"① 诸多书籍直接刺激了各阶层对图书的购买与收藏。大量藏书推动了地方教育的发展，人才辈出，综合型人才不断涌现。社会中下层民众相对以往更易得到教育，有利于宋代社会稳定。正如魏了翁感慨："自唐末五季以来，始为印书，极于近世，而闽、浙、蜀之锓梓遍天下。加以传说日繁，粹类益广，大纲小目彪列胪分，后生晚学开卷了然，苟有小慧纤能，则皆能袭而取之。"②

其次，官刻带来了宋代学术及文学发展的极大繁荣。经书刊刻对于支撑宋代经学发展起到重要作用。士人有更多机会和条件得以广泛研习经籍。阅读范围的扩大客观上促进了文人创作群体的扩大。官刻营造了重文的社会氛围，刻板印刷的繁荣扩大了书籍的受众，书籍创作目的也随之发生变化，直接影响到书籍内容的变革。官方对书籍的整理、编修和刊刻重新塑造了文化内涵，影响了宋人的文化观念。信息多元化导致思想多元化，社会底层与主流思想不一致的声音也被抒发而出。不同阶层不同的思想发声，在主体较为和谐的大基调下，相互碰撞。对义理的阐发和思辨也是建立在大量阅读的基础之上，官刻书籍的发展为宋学的产

---

① ［宋］杨万里：《诚斋集》卷75《廖氏龙潭书院记》，《四库丛刊初编》本。

② 《鹤山集》卷41《眉山孙氏书楼记》，《文渊阁四库全书》，台湾商务印书馆1983年版，第1173册，第396页。

生和形成提供了土壤。

宋人创作文集得到官方刻印，是一种对作者及其作品的认同，也是作者家族的光荣，因而文集被编订后多上报于官方，希望因此而扬名。地方也多利用手中资源刊刻与乡土本籍或是地方官员有所关联之人的文集，推动了宋人创作及地方文学的发展。由于雕版刻印前期花费较多，文人往往无力负担，需要官府的资助或是直接由官府刻印。[①] 大量宋人文集得到公帑资助刻印，如胡铨《澹庵文集》七十卷，其子孙“欲刻板以传，贫未能也”，后得到池阳太守蔡必胜的资助才得以印行[②]，这些对保存宋代文化，方便后人了解宋代生活面貌起到极大作用。

再次，官刻书籍丰富了宋代的图书种类和数量，有利于继承和保存文化。印刷术“使书籍的成本减低，产量增加，流传广远，使书籍有更多的流传后世的机会”[③]。印本书籍不仅在空间上扩大了流通范围，而且在时间上延长了流通时限。图书复本增多，流通数量增大，流通速度也增快。造成图书亡佚的原因很多，如天灾人祸等，但最主要的还是复本数量过少。刻板印刷流行之前，手写为书籍的主要传播途径，由于费时费力，不易保存及传播。宋前期，刻板印刷仍处于发展初期，手写传抄依旧为主流，众多书籍流传范围较小，姚铉在大中祥符四年（1011）集《唐文粹》感叹：“况今历代坟籍，略无亡逸。观铉所类文集，盖

① 参见朱迎平《宋人文集刻印的经济考察》，《上海商学院学报》2010年第5期，第94页。

② ［宋］杨万里：《胡忠简先生文集序》，《胡澹庵先生文集》卷首，乾隆刊本。

③ 钱存训著，郑如斯编订：《中国纸和印刷文化史》，广西师范大学出版社2004年版，第360页。

亦多不存。”① 随着官刻书籍的发展，此种情况一直到宋中期才有所改善。官刻对书籍的保存及流通具有积极作用，所谓“题之板不如刊之石，刊之石，不如墨诸纸。苟欲诵前人之清芬，搜斯文之放逸而传之久远者，则然本尚矣”②，使得不少手写本得以大规模传播而得到较完整的保存。官刻书籍对宋代文化起到极大的推动作用，宋代文化的繁荣又反过来带动了官刻书籍的发展。官刻书籍充实了中央及地方私人馆藏，如北宋温革“凡书在国子监者，皆市取且为楼以藏之”③。大量图书的保存，使中华文化得以传承和持续发展。

一些图书因未被刻印或在抄写流传过程中逐渐缺失、散佚，如《嘉泰永阳志》“旧无刻本，阅岁既久，传写桀讹，残缺益甚”④。或没有及时刻印而失传，如贾师宪曾刻《奇奇集》，“其所援引，多奇书”，终因“板成未及印，其书遂不传”⑤。宋乾道中，“只降秘书省依《通鉴》纸样缮写一部，未经镂板，流播日稀”⑥，随着时间的推移，该书仅剩残卷。

此外，官刻书籍通过朝贡、贸易、走私等各种渠道，流入少数民族地区和周边各国，扩大了汉文化的影响力，促进了不同文化间的交流。医书、宗教等类书籍的传入，带动了当地医学及宗

---

① ［宋］洪迈：《容斋随笔》5笔卷7《国初文籍》，中华书局2005年版，第908页。

② 《皕宋楼藏书志》卷113《宋元明清书目题跋丛刊》，第1275页。

③ 《李觏集》卷13《虔州柏林温氏书楼记》，第253页。

④ ［明］陈琏：《永乐永阳志序》，《日本见藏稀见中国地方志书录》，书目文献出版社1986年版，第109页。

⑤ 《癸辛杂识》后集《贾廖刊书》，第3177页。

⑥ 《钦定四库全书总目》卷47《通鉴》，《文渊阁四库全书》，台湾商务印书馆1983年版，第217页。

教的发展；儒家著作及文集则对东亚文化圈的思维方式、道德观念、审美情趣等产生一定程度的影响，对世界文化的发展起着不可低估的作用。

第四节　官刻书籍对刻印出版业的影响

就刻印机构而言，中央官刻系统强有力的组织和朝廷的重视，以及委托地方政府刊刻等行为，对地方官刻书籍的发展起到极大的推动作用。而地方官刻，尤其是已经形成的杭州、四川、福建等几大刻印中心，凭其丰富的刻印资源和相对灵活的出版形式，对中央官刻系统又起到了很好的补充作用。各刻印中心各具特色，但刻印中心内部区域发展也存在不平衡性，相较而言，浙江地区整体发展较高。地方官刻对四周区域形成较强的辐射带动效应，但四川地区则主要集中在成都和眉山两地。

地方官刻以其开放性面向市场的刻印形式弥补了中央官刻相对封闭的短板，也推动了民间刻印业及整个刻印业的发展。中央和地方刊印机构以及书籍种类和数量的增多，必然会刺激新的刊印地点与地区的出现，除了五大刻印中心外，江西、两广地区刻印业也发展迅速。

与官刻并行发展的民间刻印在此情形下也得到长足的发展，繁荣日盛。官刻与民间刻印始终保持着互动，官刻书籍为私刻、坊刻等提供了可靠的范本。如宋真宗时官方刻印的《齐民要术》，缘由为“市人辄抄要术之浅近者摹印”。随着雕版的逐步普及，官刻与私刻之间相互影响越来越密切。如苏辙《栾城集》的刻印，先是淳熙年间“建安本颇多缺谬，其在麻沙者尤甚，蜀本舛亦不免。是以览者病之”，于是时任筠州知州的苏诩用公帑“同官及小儿辈校雠数过”后锓版。而苏森在进呈孝宗皇帝此版时认为“字画差太粗”，且“其板以岁久字画悉皆漫灭，殆不可读”，又再次镂板。[①] 同时，官刻书籍参考家刻和坊刻版本，不断完善，如嘉定十五年（1222），徽州知州赵彦适得吕祖谦家本《皇朝文鉴》，“易其谬误，补其脱略，凡三万字，命工悉取旧板及漫裂者，刊而新之，遂为全书”[②]；至端平元年（1234），时任徽州知州刘炳再次“于东莱家塾得正误续本，命郡录事刘君崇卿参以他集而订正之，凡删改之字，又三千有奇，与刓缺不可读者百余板，并新之”[③]。

官方刻印事业推动了校勘学、目录学、文献学和版本学的发展。刻板之前首先对书籍进行必要的整理。无论是在原有书籍基础之上的注疏，还是单独刊正文字错误，在官方组织下的校勘得到了极大发展，并取得了一系列成果。这些成果使经典文本定型，统一了学术思想，为后人阅读提供了方便。校勘类书籍也在宋代不断涌现，如吴缜的《新唐书纠谬》和《五代史纂误》、方崧卿的《韩集举正》、朱熹的《韩文考异》、余靖的《汉书刊误》等，也得到了刊印发行。这些在校勘工作中形成的方法和原则为后世校勘学的发展打下了基础。大量前人著作印本的增加，可以帮助宋代士人通过类比文本考订史事进行新的研究，带动了宋代文献学的发展。

---

① 《栾城集》下册，第1854页。

② ［宋］赵彦适：《端平重修皇朝文鉴跋》，《宋人总集叙录》卷3，第128页。

③ ［宋］刘炳：《端平重修皇朝文鉴跋》，《宋人总集叙录》卷3，第129页。

宋政府因校对和刻印所需，面向民间进行了几次大规模有偿征书，此举促使宋朝社会更注重对书籍的保存和完善，也推动了版本学的发展。各种版本并存于世，刻印过程中有删削，有节录，有增补编修，有脱误讹谬，形成讲究版本的风气。宋廷核校时往往不偏废版本，择善而从，各本互相参校进而形成新的版本，如校对《礼阁新仪》时“史馆秘阁及臣书皆三十篇，集贤院书二十篇。以参相校雠，史馆秘阁及臣书多复重，其篇少者八，集贤院书独具。然臣书有目录一篇，以考其次序，盖此书本三十篇，则集贤院书虽具，然其篇次亦乱。既正其脱谬，因定著从目录，而《礼阁新仪》三十篇复完”①。不但对文字进行审核，还对篇章次序进行考证梳理、重新编订。随着刻本书籍的发展，民间刻印业日益繁荣，书籍版本繁多，其不仅仅以官刻机构作为区分命名，又以各自不同出版地和特点命名，如叶德辉之言，“自镂板兴，于是兼言板本，一其例创于宋尤袤《遂初堂书目》，目中所录，一书多至数本，有成都石经本、秘阁本、旧监本、京本、江西本、吉州本、杭本、旧杭本、严州本、越州本、湖北本、川本、川大字本、川小字本、高丽本。此类书以正史为多，大约皆州郡公使库本也”②。与此同时，书籍各版本优劣所长也被宋人所重视，“岳珂刻《九经三传》，其《沿革例》所称有监本、唐石刻本、晋天福铜版本、京师大字旧本、绍兴初监本、监中现行本、蜀大字旧本、蜀学重刻大字本、中字本、中字有句读附音本、潭州旧本、抚州旧本、建大字本、俞绍经家本、又中字凡四本、婺

① 《元丰类稿》卷11《礼阁新仪目录序》，《文渊阁四库全书》，台湾商务印书馆1983年版，第1098册，第233页。

② 《书林清话》卷1《书之成本》，中华书局1957年版，第12页。

州旧本、并兴国于氏、建余仁仲凡二十本，又越中注疏旧本、建有音释注疏本，蜀注疏本，合二十三本。知辨别板本，宋末士大夫已开其风”[①]。

此外，雕版印书也影响了书籍的装订方式，书籍由卷轴转向册页，一版一印及版面上设置边栏、界行和版心等一系列设计装帧为后世图书设计出版树立了典范。宋代较为流行蝴蝶装，它避免了经折装容易断页并破坏完整版面的现象，更好地适应了书版印刷的方式。装订书籍方式随着现实需要不断完善。官刻多为蝴蝶装，“今秘阁中所藏宋版书，皆蝴蝶装，其糊经数百年不脱落”[②]。发展至南宋，又出现包背装。书口、版心、行格线等设计方式影响了元明清刻书风格，《明史·艺文志》序中称明时“秘阁书籍皆宋元所遗，无不精美，装用倒折，四周向外，虫鼠不能损”。新的装订形式也便于阅读、携带和收藏。由于刻印纸面字符和阅读效果要求，字体渐成规范，成为印刷版式，宋体字应运而生，被元明清继承和发展，至今影响深远。

事物多存在两面性，书籍增多新的问题也随之出现。刊本书籍可以有效减少传抄过程中的文字讹误，但由于图书流通形式改变，刻板印刷使文字相对固定下来，受众可以直接收藏使用而无须手写，这也导致了刻印固定后对错误及其刊正的忽视。“唐以前，凡书籍皆写本，未有模印之法，人以藏书为贵。书不多有，而藏者精于校勘，故往往皆有善本。学者以传录之艰，故其诵读亦精详。五代时冯道始奏请官镂《六经》板印行。国朝淳化中，复以《史记》、前后《汉》付有司摹印，自是书籍刊镂者益多，

---

① 《书林清话》卷1《书之成本》，第12页。

② 《疑耀》卷5《古装书法》，第104页。

士大夫不复以藏书为意。学者易于得书，其诵读亦因灭裂。然板本初不是正，不无讹误。世既一以板本为正，而藏本日亡，其讹谬者遂不可正，甚可惜也。”① 首先是读书易得，部分读书人不似从前珍惜文字。“承平时，士大夫家如南都戚氏、历阳沈氏、庐山李氏、九江陈氏、番阳吴氏，俱有藏书之名，今皆散逸。近年所至群府多刊文籍，且易得本传录，仕宦稍显者家必有书数千卷，然多失于雠校也。吴明可帅会稽，百废具举，独不传书。明清尝启其故，云：‘此事当官极易办，但仆既簿书期会，宾客应接，无暇自校。子弟又方令为程文，不欲以此散其功，委之他人，孰肯尽心。漫盈厢箧，以误后人，不若已也。’”② 其次是版本既定，有时同一书籍不同写本因被弃置不用而湮灭，导致校勘无从着手。“前代经史，皆以纸素传写，虽有舛误，然尚可参雠。至五代，官始用墨板摹印《六经》，诚欲一其文字，使学者不惑。至太宗朝，又摹印司马迁、班固、范晔诸史，与《六经》皆传，于是世之写本悉不用。然墨板讹驳，初不是正，而后学者更无他本可以刊验矣。”③ 版本之上的文字及内容的统一，尤其是官刻经史书籍的统一发行，导致不少异本、别本书籍佚亡，不利于文化的多样性发展，也为日后的勘误带来不便。且官方版本存在权威性，一旦形成，民间再想更改很难，如北宋将长兴版经文颁行天下，“收向日民间写本不用。然有讹舛，判知其谬，犹以为官既刊定，难以独改”④，但难以更改的错误也会反过来影响官刻书籍

① 《石林燕语》卷8，第116页。

② 《挥麈录》前录卷1，第3579页。

③ 《麟台故事校证》卷2，第70页。

④ ［明］曹学佺：《蜀中广记》卷91《石本九经》，《文渊阁四库全书》，台湾商务印书馆1983年版，第592册，第482页。

的权威性。

总体而言，官刻对书籍内容的选取和整理基本是围绕皇帝偏好、科举、学校教育及实际治理需要而展开的。以宣传官方意旨的经史类书籍为主体，同时注重有实用价值的各类医书、农政、历书等书籍刻印，又兼顾符合统治需要的各类书籍。为树立官方话语权及保证信息传达的准确性，官刻书籍在内容选取及校对方面极为审慎，对不同版本的异文进行考辨甄别，清理繁复。官刻自上而下系统刻印书籍，因其人力、物力雄厚，总体刻印质量较高，发现讹误也会及时修正，保障了刻印质量。而宋廷自建立之初，各代未间断对官刻书籍的校对及刻印。即便在两宋交替之际，版籍沦丧，很快又经过绍兴年间大规模翻刻得以陆续恢复，所需书籍在短时间内得到印刷出版，及时填补了国家典藏的空虚。而地方官刻内容选取重点与地方文教事业及地方长官意志密切相关。此外，官刻也根据市场需要出版一些书籍，尤其是地方政府及学校所刊科举时文、流行书籍及名贤类书籍等。由于政府刊刻行为带有一定权威性，人力和财力相对雄厚，较为注重内容和质量，且刻印机构在运行机制上存在优越性和便利性，官刻内容大多较为规范且书籍质量较高。通过对书籍内容的选取、对私刻的限定等方式宣传官方主流价值观，体现宋廷统治意志，影响政治和学术研究的走势。官刻书籍较大程度地推动了知识普及的广度和深度，提高了社会文化水平和宋代民众素质，带动了刻印行业快速持续的发展。

结　语

宋代是雕版印刷迅速发展的时代，比以往手抄方式更具有优越性和先进性。印刷技术的发展节约了人力和物力，使人们获得文化知识的时间缩短。宋代官刻由于具有资源优势，在印刷技术提升的基础上迅速发展，刻印书籍的数量逐渐增多，范围逐渐扩大。虽然经历了战争破坏，官刻书籍出现短暂的停滞，但官刻各级系统在一系列政策的支持下很快得到恢复，并且使地方刻印获得发展契机（如中央直接下发刻印任务于地方等）。南宋时期，中央机构刻书职能相对弱化，地方官刻机构表现更为活跃，市场化程度更高，发展速度也更快，更有利于文化的普及。而传播媒介及传播内容的变化，也必然对宋代政治、经济及社会文化产生深远影响。

宋代官刻书籍的主要目的是服务于宋政府，因而官刻书籍的发展必然强化了中央集权。官刻书籍成为官方意识形态输出的主要载体，对引导政治舆论、规范科举考试、培养及选拔合格人才起到重要作用。官刻书籍面向市场发售，随着经济的发展，官刻系统与市场的互动性不断增强。尤其是南宋以来，地方政府及郡学刻书更为活跃。地方有较为灵活的资金，如公使库钱可以用来刻印并出售书籍营利，充实公帑。将地方名人或地方官员相关人员（如亲属、师徒等）的书籍付诸刻印，以书籍传承思想，宣扬地方文化。官员对家集的刻印，一旦上表得到官方认可，即为一种家族的荣耀，也被认为是一种孝道。部分地方政府逐利和违规刻印的行为，引起中央政府的关注，如宋廷下达禁止地方政府参与刊刻部分文集的诏令，也从一定程度上反映出诏令在地方执行的状况及中央与地方的博弈。私刻的兴盛对官刻主导思想的影响力具有一定的消解作用，激发了民间思想的活跃度，也引起中央政府的关注，进而加强了对私刻的管理。

宋代文化之所以能产生广泛和深远的影响与刻书业的发达有着密切关系。抽象的思想经过刻板付诸文本后，从流动状态变为相对固定的形式，所谓“读书不如刻书，读书只以为己，刻书可以泽人；上以寿作者之精神，下以惠后来之沾溉，其道不更广耶”①。思想共享进而产生精神上的共鸣，“以私一人之观览，不若镂版而传诸好事，度斯文之不坠，而鲁望之名复振，亦儒者之用心也”②。经书类的注解，史书的编修，文集的撰述，个人政治、社会生活理念，通过官刻书籍的形式在社会中流传，对时人及后人均产生很大影响。印本代替手抄本，在诸多变化当中，也产生了矛盾，引发时人的争论。如印本和知识易得，反而导致不重视阅读和品鉴的现象出现，“近岁市人，转相摹刻诸子百家之书，日传万纸，学者之于书，多且易致如此，其文词学术，当倍蓰于昔人，而后生科举之士，皆束书不观，游谈无根”③。

文化复兴离不开对中国古代文化的传承，而古代文化传承的重

① 《藏书纪事诗》，第618页。

② 《全宋文》卷2821《甫里先生文集序》，第375页。

③ 《全宋文》卷1968《李氏山房藏书记》，第397—398页。

要载体就是古籍。宋廷重视书籍，将古籍整理出版上升到政治高度，造就了宋代辉煌的文明。宋代官刻如同一面镜子，不仅反映出宋代文化面貌，而且或多或少地映射出宋代政治及社会多层面景象。

传播媒介的发展促进了社会发展，不仅影响了传播效率，更影响了人们的生活方式和思维。进入新时代后，电子书籍及数字化技术的两面性再次呈现。知识呈爆炸式增长，更新速度更快，民众的选择更加多样，扁平化的交流方式使得文化触角快速延伸。

信息多元及文化多元促使人们的思维方式发生变化，人们的思想更加多元化，人人成为自媒体。政府负有文化传承的责任，核心价值观的建构必须坚持以政府各级部门为主体，吸纳社会组织共同推行，正面引导和批判错误观念同步实施。出版的工作重点和方式也应随之发生变化，把握民众对媒介心理及行为的变化，适应时代潮流发展。

此外，虽然数字传媒逐渐发展为一种主流的传播方式，但纸质书籍并未退出历史舞台，且仍为现今学生获取知识的主要媒介。教育类书籍正是树立社会主义核心价值观的重要途径，提升课本质量不容忽视。总之，面对一系列改变，政府主导的意识形态工作，出版工作的转型，文化产业的建设，以及民众对媒介心理及行为的变化均是值得关注的重点所在。

参考文献

一、古籍部分

[1]李焘.续资治通鉴长编[M].北京:中华书局,2004.

[2]脱脱等.宋史[M].北京:中华书局,1977.

[3]马端临.文献通考[M].北京:中华书局,1999.

[4]徐松.宋会要辑稿[M].北京:中华书局,1987.

[5]毕沅.续资治通鉴[M].北京:北京燕山出版社,2008.

[6]欧阳修.新五代史[M].北京:中华书局,1974.

[7]杨仲良.皇宋通鉴长编纪事本末[M].哈尔滨:黑龙江人民出版社,2006.

[8]李心传.建炎以来朝野杂记[M].北京:中华书局,2000.

[9]李心传.道命录[M].台北:文海出版社,1981.

[10]郑樵.通志[M].北京:中华书局,1995.

[11]王应麟.玉海[M].扬州:广陵书社,2003.

[12]赵汝愚.宋朝诸臣奏议[M].上海:上海古籍出版社,1999.

[13]章如愚.群书考索[M].北京:中华书局,1992.

[14]司马光.涑水记闻[M].北京:中华书局, 1989.

[15]程俱.麟台故事校证[M].北京:中华书局,2000.

[16]陈骙.南宋馆阁录[M].北京:中华书局,1998.

[17]陈振孙.直斋书录解题[M].上海:上海古籍出版社,1987.

[18]晁公武.郡斋读书志校证[M].上海:上海古籍出版社,2006年.

[19]江少虞.宋朝事实类苑[M].上海:上海古籍出版社,1981.

[20]窦仪.宋刑统[M].北京:中华书局,1984.

[21]王钦若.册府元龟[M].北京:中华书局,1989.

[22]赵明诚.宋本金石录[M].北京:中华书局,1991.

[23]陆游.老学庵笔记[M].北京:中华书局,1987.

[24]王明清.挥麈录[M].北京:中华书局,1961.

[25]周煇.清波杂志校注[M].北京:中华书局,1997.

[26]叶适.习学记言序目[M].北京:中华书局,1977.

[27]邵伯温.邵氏闻见录[M].北京:中华书局,1997.

[28]周密.齐东野语[M].北京:中华书局,1983.

[29]周密.癸辛杂识[M].北京:中华书局,1988.

[30]志磐.佛祖统纪校注[M].上海:上海古籍出版社,2012.

[31]祝穆.方舆胜览[M].北京:中华书局,2003.

[32]王象之.舆地纪胜[M].北京:中华书局,1992.

[33]范成大.吴郡志[M].台北:商务印书馆,1983.

[34]赵与泌,黄严孙.仙溪志[M]//宋元方志丛刊:第8册.北京:中华书局,1990.

[35]梁克家.淳熙三山志[M]//宋元方志丛刊:第8册.北京:中华书局,1990.

[36]周应合.景定建康志[M]//宋元方志丛刊:第2册.北京:中华书局,1990.

[37]施宿.嘉泰会稽志[M] //宋元方志丛刊:第 7 册.北京:中华书局,1990.

[38]耐得翁.都城纪胜[M].上海:上海古籍出版社,1993.

[39]吕祖谦.宋文鉴[M].北京:中华书局,1992.

[40]周必大.文苑英华[M].北京:中华书局,1966.

[41]苏辙.栾城集[M].上海:上海古籍出版社,1987.

[42]王禹偁.小畜集[M].台北:商务印书馆,1983.

[43]杨亿.武夷新集[M].台北:商务印书馆,1983.

[44]宋祁.景文集[M].台北:商务印书馆,1983.

[45]范仲淹.范仲淹全集[M].成都:四川大学出版社,2002.

[46]欧阳修.欧阳修全集[M].北京:中华书局,2001.

[47]王安石.临川文集[M].台北:商务印书馆,1983.

[48]王安石.王文公文集[M].上海:上海人民出版社,1974.

[49]苏轼.东坡志林[M].北京:中华书局,1981.

[50]陈造.江湖长翁集[M].台北:商务印书馆,1983.

[51]陈师道.后山集[M].台北:商务印书馆,1983.

[52]陈之强.元宪集[M].台北:商务印书馆,1983.

[53]杨时.龟山集[M].台北:商务印书馆,1983.

[54]叶适.叶适集[M].北京:中华书局,1961.

[55]刘宰.漫塘文集[M].台北:商务印书馆,1983.

[56]刘克庄.后村诗话[M].北京:中华书局,1983.

[57]王栐.燕翼诒谋录[M].北京:中华书局,1981.

[58]张邦基.墨庄漫录[M].北京:中华书局,2002.

[59]庄绰.鸡肋编[M].北京:中华书局,1997.

[60]王明清.挥麈录余话[M].上海:上海书店出版社,2001.

[61]文莹. 玉壶清话[M]. 北京:中华书局,1984.

[62]赵德麟. 侯鲭录[M]. 北京:中华书局,2002.

[63]杨亿. 杨文公谈苑[M]. 上海:上海古籍出版社,1993.

[64]陈傅良. 陈傅良先生文集[M]. 杭州:浙江大学出版社,1999.

[65]胡应麟. 少室山房笔丛[M]. 北京:北京燕山出版社,1999.

[66]包拯. 包拯集校注[M]. 合肥:黄山书社,1999.

[67]王令. 王令集[M]. 上海:上海古籍出版社,1980.

[68]文彦博. 潞公文集[M]. 台北:商务印书馆,1983.

[69]蔡襄. 蔡忠惠公集[M]. 台北:商务印书馆,1983.

[70]陈傅良. 陈傅良先生文集[M]. 杭州:浙江大学出版社,1999.

[71]苏易简:文房四谱[M]. 台北:商务印书馆,1983.

[72]宋敏求. 春明退朝录[M]. 北京:中华书局,1980.

[73]朱熹. 朱子全书[M]. 上海、合肥:上海古籍出版社、安徽教育出版社,2002.

[74]廖刚. 高峰文集[M]. 宋两淮马裕家藏本.

[75]王得臣. 麈史[M]. 上海:上海古籍出版社,1987.

[76]孟元老,邓之诚. 东京梦华录注[M]. 北京:中华书局,1982.

[77]王清明. 玉照新志[M]. 台北:商务印书馆,1983.

[78]西湖老人等. 西湖老人繁胜录[M]. 台北:文海出版社,1981.

[79]洪迈. 容斋随笔[M]. 北京:中华书局,2005 .

[80]张世南. 游宦纪闻[M]. 北京:中华书局,1981.

[81]晁冲之. 晁具茨先生诗集[M]. 北京:中华书局,1985.

[82]陶宗仪. 南村辍耕录[M]. 北京:中华书局,2004.

[83]天一阁藏明代方志选刊[M]. 上海:上海古籍书店,1981.

[84]解缙. 永乐大典[M]. 北京:中国书店,2013.

[85]黄淮,杨士奇. 历代名臣奏议[M]. 上海:上海古籍出版社,1989.

[86]张萱. 疑耀[M]. 北京:中华书局,1985.

[87]黄仲昭. 八闽通志[M]. 福州:福建人民出版社,1991.

[88]谢肇淛. 五杂俎[M]. 北京:中华书局,1959.

[89]丘濬. 大学衍义补[M]. 北京:中州古籍出版社,1995.

[90]黄以周等. 续资治通鉴长编拾补[M]. 上海:上海古籍出版社,1986.

[91]黄宗羲. 宋元学案[M]. 北京:中华书局,1986.

[92]王夫之. 宋论[M]. 北京:中华书局,1964.

[93]厉鹗. 宋诗纪事[M]. 上海:上海古籍出版社,1983.

[94]金镇. [康熙]扬州府志[M]. 济南:齐鲁书社,1996.

[95]李圭. 海宁州志稿[M]. 上海书店出版社,1993.

[96]叶德辉. 书林清话[M]. 北京:中华书局,1957.

[97]傅增湘. 藏园群书经眼录[M]. 北京:中华书局,1983.

[98]于敏中等. 钦定天禄琳琅书目[M]. 北京:中华书局,1996.

[99]瞿镛. 铁琴铜剑楼藏书目录[M]. 上海:上海古籍出版社,2000.

[100]陆心源. 皕宋楼藏书志[M]. 北京:中华书局,2007.

[101]叶昌炽. 藏书纪事诗[M]. 上海:上海古籍出版社,1989.

[102]黎庶昌. 古逸丛书[M]. 南京:江苏古籍出版社,2006.

[103]莫友芝.藏园补订郘亭知见傅本书目[M].北京:中华书局,2009.

[104]黄丕烈.士礼居藏书题跋记[M].北京:书目文献出版社,1989.

[105]张金吾.爱日精庐藏书志[M].台北:文史哲出版社,1982.

[106]何秋涛.宋元稀见文献史料集[M].香港:蝠池书院出版有限公司,2012.

[107]朱彝尊.经义考新校[M].上海:上海古籍出版社,2010.

[108]郭柏苍.闽产录异[M].长沙:岳麓书社,1986.

[109]陆心源.宋史翼[M].北京:中华书局,1991.

[110]孙从添.藏书纪要[M].影印本.士礼居,1914.

[111]钱大昕.潜研堂文集[M].南京:江苏古籍出版社,1997.

[112]莫友芝.宋元旧本书经眼录[M].北京:中华书局,2008.

二、今人著述

(一)著作

[1]王国维.观堂集林[M].北京:中华书局,1959.

[2]佐伯富.宋代文集索引[M].台北:宗青图书出版有限公司,1969.

[3]王重民.中国善本书提要[M].上海:上海古籍出版社,1983.

[4]魏隐儒.中国古籍印刷史[M].北京:印刷工业出版社,1984.

[5]吴涛.北宋都城东京[M].郑州:河南人民出版社,1984.

[6]中科院北京天文台.中国地方志联合目录[M].北京:中华书局,1985.

[7]崔见英.日本藏稀见中国地方志书录[M].北京:书目文献出版社,1986.

[8]漆侠.宋代经济史[M].上海:上海人民出版社,1987.

[9]张秀民.中国印刷史[M].北京:印刷工业出版社,1988.

[10]朱士嘉.国会图书馆藏中国方志目录[M].台北:新文丰出版公司,1989.

[11]钱大昕.潜研堂集[M].上海:上海古籍出版社,1989.

[12]中国古籍善本书目编辑委员会.中国古籍善本书目[M].上海:上海古籍出版社,1989.

[13]北京图书馆.中国版刻图录[M].北京:文物出版社,1990.

[14]李致忠.历代刻书考述[M].成都:巴蜀书社,1990.

[15]王肇文.古籍宋元刊工姓名索引[M].上海:上海古籍出版社,1990.

[16]吉少甫.中国出版简史[M].上海:学林出版社,1991.

[17]静嘉堂文库.静嘉堂文库宋元版图录 [M].东京:汲古书院,1992.

[18]辛德勇.日本学者研究中国史论著选译[M].北京:中华书局,1993.

[19]尾崎康.以正史为中心的宋元版本研究[M].北京:北京大学出版社,1993.

[20]阿部隆一.阿部隆一遗稿集(第一卷)[M].东京:汲古书院,1993.

[21]杜信孚.江西历代刻书[M].南昌:江西人民出版社,1994.

[22]李致忠.宋版书叙录[M].北京:北京图书馆出版社,1994.

[23]钱穆.国史大纲[M].北京:商务印书馆,1994.

[24]林文勋.宋代四川商品经济史研究[M].昆明:云南大学出版社,1994.

[25]龚士俊.西夏书事校证[M].兰州:甘肃文化出版社,1995.

[26]谢水顺.福建古代刻书[M].福州:福建人民出版社,1997.

[27]季羡林等.四库全书存目丛书[M].济南:齐鲁书社,1997.

[28]陈谷嘉,邓洪波.中国书院制度研究[M].杭州:浙江教育出版社,1997.

[29]祝尚书.宋人别集续录[M].北京:中华书局,1999.

[30]北京大学图书馆.北京大学图书馆藏古籍善本书目[M].北京:北京大学出版社,1999.

[31]林申清.宋元书刻牌记图录[M].北京:北京图书馆出版社,1999.

[32]李瑞良.中国古代图书流通史[M].上海:上海人民出版社,2000.

[33]肖东发.中国图书出版印刷史论[M].北京:北京大学出版社,2001.

[34]郭东旭.宋朝法律史论[M].保定:河北大学出版社,2001.

[35]四库全书存目丛书补编编纂委员会.四库全书存目丛书补编[M].济南:齐鲁书社,2001.

[36]范凤书.中国私家藏书史[M].郑州:大象出版社,2001.

[37]中国历史博物馆图书资料信息中心.中国历史博物馆藏普通古籍目录[M].北京:北京图书馆出版社,2002.

[38]北京师范大学图书馆古籍部.北京师范大学图书馆古籍

善本书目[M].北京:北京图书馆出版社,2002.

[39]漆侠.宋学的发展和演变[M].石家庄:河北人民出版社,2002.

[40]章宏伟.出版文化史论[M].北京:华文出版社,2002.

[41]哈佛大学哈佛燕京图书馆.美国哈佛大学哈佛燕京图书馆藏中文善本汇刊[M].桂林:广西师范大学出版社,2003.

[42]殷梦霞.日本藏中国罕见地方志丛书续编[M].北京:北京图书馆出版社,2003.

[43]王河.宋代佚著辑考[M].南昌:江西人民出版社,2003.

[44]周宝荣.宋代出版史研究[M].郑州:中州古籍出版社,2003.

[45]王岚.宋人文集编刻流传丛考[M].南京:江苏古籍出版社,2003.

[46]王澄.扬州刻书考[M].扬州:广陵书社,2003.

[47]清水茂.清水茂汉学论集[M].北京:中华书局,2003.

[48]贾贵荣,王冠.宋元版书目题跋辑刊[M].北京:北京图书馆出版社,2003.

[49]哈罗德·伊尼斯.帝国与传播[M].何道宽译.北京:中国人民大学出版社,2003.

[50]祝尚书.宋人总集续录[M].北京:中华书局,2004.

[51]何忠礼.中国古代史史料学[M].上海:上海古籍出版社,2004.

[52]魏明孔.中国手工业经济通史·宋元卷[M].福州:福建人民出版社,2004.

[53]钱存训.中国纸和印刷文化史[M].桂林:广西师范大学

出版社,2004.

[54]王菱菱.宋代矿冶业研究[M].保定:河北大学出版社,2005.

[55]天一阁博物馆,中国社会科学院历史研究所天圣令整理课题组.天一阁藏明抄本天圣令校证[M].北京:中华书局,2006.

[56]李更.宋代馆阁校勘研究[M].南京:凤凰出版社,2006.

[57]李瑞良.中国出版编年史[M].福州:福建人民出版社,2006.

[58]张秀民.中国印刷史[M].杭州:浙江古籍出版社,2006.

[59]戚福康.中国古代书坊研究[M].北京:商务印书馆,2007.

[60]严绍璗.日藏汉籍善本书录[M].北京:中华书局,2007.

[61]王文进.文禄堂访书[M].上海:上海古籍出版社,2007.

[62]山东大学图书馆.山东大学图书馆古籍善本书目[M].济南:齐鲁书社,2007.

[63]贾贵荣.地方经籍志记编[M].北京:北京图书馆出版社,2008.

[64]中国国家图书馆、中国国家古籍保护中心.第一批国家珍贵古籍名录图录[M].北京:国家图书馆出版社,2008.

[65]李致忠.中国出版通史·宋辽西夏金元卷[M].北京:中国书籍出版社,2008.

[66]朱迎平.宋代刻书产业与文学[M].上海:上海古籍出版社,2008.

[67]顾志兴.南宋临安书籍文化[M].杭州:杭州出版社,2008.

[68]程民生.宋代物价研究[M].北京:人民出版社,2008.

[69]金程宇.稀见唐宋文献丛考[M].北京:中华书局,2009.

[70]李万建. 历代史志书目丛刊[M]. 北京:国家图书馆出版社,2009.

[71]巩本栋. 宋集传播考论[M]. 北京:中华书局,2009.

[72]天津图书馆. 天津图书馆古籍善本图录[M]. 天津:天津古籍出版社,2009.

[73]上海图书馆. 上海图书馆藏宋本图录[M]. 上海:上海古籍出版社,2010.

[74]中国古籍总目编纂委员会. 中国古籍总目[M]. 上海:上海古籍出版社,2010.

[75]林平. 宋代禁书研究[M]. 成都:四川大学出版社,2010.

[76]祝尚书. 宋集序跋汇编[M]. 北京:中华书局,2010.

[77]夏其峰. 宋版古籍佚存书录[M]. 太原:三晋出版社,2010.

[78]顾宏义. 宋朝方志考[M]. 上海:上海古籍出版社,2010.

[79]魏天安. 宋代官营经济史[M]. 北京:人民出版社,2011.

[80]方彦寿. 福建刻书论稿[M]. 台北:花木兰文化出版社,2011.

[81]李明杰. 中国古籍版本文化拾微[M]. 北京:社会科学文献出版社,2012.

[82]《域外汉籍珍本文库》编纂出版委员会. 域外汉籍珍本文库[M]. 重庆、北京:西南师范大学出版社、人民出版社,2012.

[83]《域外汉籍珍本文库》编纂出版委员会. 日本五山版汉籍善本集刊[M]. 重庆、北京:西南师范大学出版社、人民出版社,2012.

[84]金程宇. 和刻本中国古逸书丛刊[M]. 南京:凤凰出版社,2012.

[85]中国古籍总目编纂委员会. 中国古籍总目·集部[M]. 北京、上海:中华书局、上海古籍出版社,2012.

[86]《日本宫内厅书陵部藏宋元版汉籍选刊》编委会. 日本宫内厅书陵部藏宋元版汉籍选刊[M]. 上海:上海古籍出版社,2012.

[87]方建新. 南宋藏书史[M]. 北京:人民出版社,2013.

[88]张丽娟. 宋代经书注疏刊刻研究[M]. 北京:北京大学出版社,2013.

[89]黄华珍. 日藏汉籍研究——以宋元版为中心[M]. 北京:中华书局,2013.

[90]邓广铭,张希清. 宋人文集篇目分类索引[M]. 北京:中华书局,2013.

[91]顾宏义. 宋代四书文献论考[M]. 上海:上海古籍出版社,2014.

[92]韩毅. 政府治理与医学发展:宋代医事诏令研究[M]. 北京:中国科学技术出版社,2014.

[93]中华再造善本工程编纂出版委员会. 中华再造善本总目[M]. 北京:国家图书馆出版社,2015.

[94]辛德勇. 中国印刷史研究[M]. 北京:生活·读书·新知三联书店,2016.

[95]田建平. 宋代出版史[M]. 北京:人民出版社,2017.

(二)论文

[1]肖鲁阳. 北宋官书整理事业的特点[J]. 上海师范大学学报,1982(1).

[2]公振. 简论北宋三馆秘阁的地位和作用[J]. 图书情报知识,1983(2).

[3]王晟. 北宋时期的古籍整理[J]. 史学月刊,1983(3).

[4]王星麟. 宋代的刻书业[J]. 史学月刊,1986(1).

[5]邓广铭. 谈谈有关宋史研究的几个问题[J]. 社会科学战线,1986(2).

[6]张希清. 论宋代科举取士之多与冗官问题[J]. 北京大学学报,1987(5).

[7]金柏东. 早期活字印刷术的实物见证——温州白象塔出土北宋佛经残叶介绍[J]. 文物,1987(5).

[8]姚广宜. 宋代国家图书事业[D]. 河北大学硕士学位学位论文,1988.

[9]曹之. 宋代医书的刻印[J]. 山东图书馆季刊,1988(4).

[10]曹之. 宋代公使库刻书[J]. 晋图学刊,1988(4).

[11]何忠礼. 科举制度与宋代文化[J]. 历史研究,1990(5).

[12]李豫. 司马光集版本渊源考[J]. 山西大学学报,1991(4).

[13]戴建国. 宋刑统制定后的变化——兼论北宋中期以后宋刑统的法律地位[J]. 上海师范大学学报,1992(4).

[14]袁逸. 唐宋元书籍价格考——中国历代书价考之一[J]. 编辑之友,1993(2).

[15]周宝荣. 宋代打击非法出版活动述论[J]. 编辑之友,1994(3).

[16]程民生. 略论宋代地域文化[J]. 历史研究,1995(1).

[17]陈豪. 宋明时期莆田刻书业初探[J]. 福建图书馆学刊,1996(1).

[18]杨晏平. 宋代的江西刻书[J]. 文献,1996(3).

[19]陈国灿. 略论南宋两浙地区的出版业[J]. 宁波师院学报,

1996(5).

[20]方厚枢.宋代政府主办的出版事业[J].中国出版,1997(1).

[21]曹之.宋代四川刻书[J].四川图书馆学报,1998(1).

[22]孔学.宋代全国性综合编敕纂修考[J].河南大学学报,1998(4).

[23]徐枫.宋代对出版传播的管理和控制[J].新闻与传播研究,1999(3).

[24]祝尚书.论宋代的图书盗版与版权保护[J].文献,2000(1).

[25]陈春秀.略述宋元时期安徽刻书[J].淮北煤师院学报,2000(2).

[26]方彦寿.宋代建本编辑考述[J].编辑学刊,2000(3).

[27]郭孟良.论宋代的出版管理[J].中州学刊,2000(6).

[28]蓝吉富.刊本大藏经之入藏问题初探[N].中华佛学学报,2000(13).

[29]郭声波.宋朝官方图书机构考述[J].宋代文化研究,2000(9).

[30]汝企和.论两宋馆阁之校勘史书[J].史学史研究,2001(1).

[31]杨文.宋辽金时期山西的雕版印刷[J].新闻出版交流,2001(2).

[32]林拓.福建刻书业与区域文化格局关系的研究[J].华东师范大学学报,2001(4).

[33]山口谣司,桑濑明子.中国版刻图录所载宋版刻工名索引

[J]. 大东文化大学汉学会志,2001.

[34]张玉春. 史记早期版本源流研究[J]. 史学史研究,2002(1).

[35]田建平. 论宋代图书出版的版权保护[J]. 河北大学学报,2002(2).

[36]谢彦卯. 宋代图书市场初探[J]. 河南图书馆学刊,2002(2).

[37]李庆利. 宋代经学著作雕版印刷述论[J]. 古籍整理研究学刊,2002(2).

[38]顾宏义. 宋代国子监刻书考论[J]. 古籍整理研究学刊,2003(4).

[39]杨玲. 宋刻研究[D]. 西北大学硕士学位论文,2003.

[40]周宝荣. 唐宋岁末的历书出版[J]. 学术研究,2003(6).

[41]徐全胜. 南宋绍兴国子监本阁帖跋[J]. 图书馆杂志,2003(12).

[42]刘莎荣. 两宋刻书及其影响[J]. 内蒙古师范大学学报,2004(6).

[43]徐鸿钧. 略论南宋浙东刻书业的地域特征及其类型[J]. 宁波大学学报,2004(6).

[44]吴怿. 宋代九江刻书简论[J]. 江西图书馆学刊,2005(1).

[45]冯国栋. 王随及其传灯玉英集[J]. 宗教学研究,2005(4).

[46]孔学. 宋代书籍文章出版和传播禁令述论[J]. 河南大学学报,2005(6).

[47]俞兆鹏. 南宋人才之盛原因的探讨[J]. 杭州:生活品质,2006(3).

[48]张邦炜. 瞻前顾后看宋代[J]. 河北学刊,2006(5).

[49]杨青. 南宋官府对刻书业的管理[D]. 山东大学硕士学位论文,2007.

[50]孔学. 宋代专门编敕机构——详定编敕所述论[J]. 河南大学学报,2007(1).

[51]彭燕. 宋代绍兴雕版印刷考略[J]. 图书馆工作与研究,2007(5).

[52]李明杰. 宋代国子监的图书出版发行[J]. 出版科学,2007(6).

[53]李景文. 宋代公使库及其刻书[J]. 图书情报工作,2007(11).

[54]李传军. 南宋临安睦亲坊陈宅书籍铺考略[J]. 青岛大学师范学院学报,2007(24).

[55]于兆军. 北宋汴梁刻书及其历史贡献[D]. 河南大学硕士学位论文,2008.

[56]刘晓多. 宋代"右文"政策与图书业的发展[D]. 山东大学硕士学位论文,2008.

[57]李洪华. 宋代"小学"文献考略[D]. 山东大学博士学位论文,2008.

[58]王晓龙. 论宋代提刑司在地方文化教育、法律宣传中的作用[C]. 中国古代社会与思想文化研究论集(三),2008.

[59]方彦寿. 两宋莆田官私刻书考述[J]. 文献,2008(3).

[60]韩毅. 国家与医学:宋代政府对新本草、新方书、新针灸著作的编撰及其对宋代医学的影响[C]. 中华文明的历史与未来国际学术研讨会论文集,2008.

[61]虞万里. 北宋本通典刊刻年代和学术价值[N]. 文汇报,2008-11-29.

[62]周宝荣. 走向大众——宋代的出版转型[D]. 华中科技大学博士学位论文,2009.

[63]韩毅. "仁政之务"与"医书辅世":北宋政府对前代医学文献的校正与刊行[C]. 宋史研究论丛,2009.

[64]王盛恩. 北宋编修院初探[J]. 中州学刊,2009(3).

[65]周生春,孔祥来. 宋元图书的刻印、销售价与市场[J]. 浙江大学学报,2010(1).

[66] 朱迎平. 宋人文集刻印的经济考察[J]. 上海商学院学报,2010(5).

[67]韩毅. 国家、医学与社会:《太平圣惠方》在宋代的应用与传播[C]. 宋史研究论丛,2010.

[68]邱志诚. 宋代农书的时空分布及其传播方式[J]. 自然科学史研究,2011(1).

[69]田建平. 宋代书籍出版史研究[D]. 河北大学博士学位论文,2012.

[70]耿海燕. 宋代书刻述论[D]. 郑州大学硕士学位论文,2013.

[71]王新荣. 宋代书籍刻印研究[D]. 郑州大学博士学位论文,2013.

[72]谭新红. 宋代的书业贸易与文学的商品价值[J]. 福州大学学报,2013(4).

[73]田建平. 书价革命:宋代书籍价格新考[J]. 河北大学学报,2013(5).

[74]叶烨，刘学."公使库本"概念及"公使钱刻书"问题辨析[J].文献，2013(5).

[75]田志光.宋朝国子监对图书出版的监管[J].知识管理论坛，2013(6).

[76]张敏敏.宋代佛教书籍出版史研究[D].西南交通大学硕士学位论文，2014.

[77]于兆军.版印传媒与两宋文学的传播及嬗变[D].河南大学博士学位论文，2014.

[78]王记录.理学与两宋史学的义理化特征[J].学习与探索，2014(2).

[79]王定毅.北宋时期的开封国子监刻书影响[J].兰台世界，2014(7).

[80]桂始馨.北宋九域图志所考[J].中国地方志，2016(2).

[81]章宏伟.南宋书籍印造成本及其利润[J].中国出版史研究，2016(3).

[82]金雷磊.宋代闽本图书传播研究[D].华中师范大学博士学位论文，2017.

[83]刘元堂.论北宋版刻楷书及其书手、刻工[J].书画艺术，2017(4).